はじめて学ぶ スポーツ マネジメントの 基礎と実践

編集　中西純司

JN122972

Sport management

みらい

著者一覧

編　者
なかにしじゅんじ
中西純司／立命館大学

執筆者（掲載順）

中西純司（前出）⋯⋯ 第 1 章、第 3 章、第 4 章、第 7 章

やまもとえつし
山本悦史／新潟医療福祉大学⋯⋯⋯⋯⋯ 第 2 章、第 10 章

にしはらやすゆき
西原康行／新潟医療福祉大学⋯⋯⋯⋯⋯⋯⋯⋯第 5 章

かわさきとしき
川崎登志喜／玉川大学⋯⋯⋯⋯⋯⋯⋯⋯⋯⋯⋯第 6 章

たしろゆうこ
田代祐子／平生町教育委員会⋯⋯⋯⋯⋯⋯⋯⋯第 7 章

ながたひでたか
永田秀隆／仙台大学 ⋯⋯⋯⋯⋯⋯⋯⋯⋯⋯⋯⋯第 8 章

ふるやたけのり
古屋武範／クラブビジネスジャパン⋯⋯⋯⋯⋯第 9 章

さいとうたかし
齊藤隆志／日本体育大学 ⋯⋯⋯⋯⋯⋯⋯⋯⋯ 第 11 章

はせがわけんじ
長谷川健司／太成学院大学 ⋯⋯⋯⋯⋯⋯⋯⋯ 第 12 章

ばばひろき
馬場宏輝／帝京平成大学 ⋯⋯⋯⋯⋯⋯⋯⋯⋯ 第 13 章

ゆきざねてっぺい
行實鉄平／久留米大学⋯⋯⋯⋯⋯⋯⋯⋯⋯⋯ 第 14 章

はじめに —スポーツ文化の普及と高質化のためのマネジメント

　本書の目的は、スポーツ文化の普及・推進とWell-being（豊益潤福）なスポーツ社会の創造をめざす「スポーツマネジメント」（Sport Management）の理論知（サイエンス）と実践知（アート）についてわかりやすく解説することにある。このスポーツマネジメントという言葉は、今や日常会話の中でもごく自然に使われ、便利な「バズワード」のように広く浸透しているが、基本的には「スポーツ」と「マネジメント」という2つの用語からなる構成概念である。だとすれば、この2つの用語について理解しておく必要があろう。

　スポーツは自発的な運動の楽しみ（プレイ欲求の充足）を基調とする「人間の文化的な営み」であり、スポーツという「文化」には不思議な魅力がある。それは、普段の生活では誰もが「便利さ」を求めるはずなのに、例えば、サッカーという文化にかかわると、キーパー以外は手や腕を使わない（＝身体的自由をルールで制限した）「不便で面倒くさい（身体）運動」が一転して、そうした面倒くさい運動を上手になることに夢中になる楽しさや喜びを伴う「豊かな生活」として味わうことができる、という逆説の魅力である。このように、スポーツという文化には「不便で面倒くさい運動に自ら進んで挑戦しなければ得られない価値や効用＝『不便益』（不便だからこそ得られる益（価値や効用）＝不便がもたらす効用）」があり、何でもコンピュータ化される「便利な（すぎる）現代社会」においては、スポーツという「不便益」文化が人々の人間らしい楽しさや生きる喜びを伴う「Well-beingな生活」の形成・発展に大きな役割を果たすことが期待される。

　翻って、マネジメントという言葉は、日本語に訳すと「管理」「経営」「経営管理」などの意味で、利益を目的とする企業の経営方法や組織運営ノウハウなどをイメージしがちである。しかし、社会生態学者・未来学者であり、「マネジメントの父」とも呼ばれるピーター・F・ドラッカー（Peter F. Drucker）は、集大成著書『マネジメント―課題・責任・実践―』（1973年）において、「人と人とが成果をあげるために工夫し、人間を幸せにするよりよい（Well-being）社会づくりをするためのマネジメント」を重要視し、そうした人間主義的なマネジメントには「自らの組織に特有の使命を果たす」「仕事を通じて働く人たちを生かす」「社会の問題について貢献する」といった3つの役割があると定義している。そして、企業がこれら3つの役割を調整していくためには、利潤をその目的とするのではなく、「社会の公器」としての企業が存続していくための条件（コスト）として捉えたうえで、「マーケティング」「イノベーション」「経営資源」「生産性（組織づくり）」「社会的責任」といった5つの目標を達成するための努力をしていくことが重要であるという。

　本書の特徴は、これら2つの用語の含意を融合したスポーツマネジメントを構想し、ドラッカーの「理論は現実に従う。我々にできることは、すでに起こったこと（未来）を体系化することだけである」という帰納法的な考え方に従って、多領域にわたるスポーツマネジメン

ト実践の現実（実践知）から共通する理論（知）を創造し、「スポーツ文化の普及と高質化のためのマネジメント」（Management for Sport）を志向した点にある。そのため、本書では、スポーツマネジメントを「スポーツ組織が、スポーツの文化的価値の創造と豊益潤福なスポーツ社会の実現をめざして、スポーツプロダクトの効率的な生産と供給および交換と共創・協創を促進するために行う人間的かつ協働的な調整活動」と定義し、「調整機能」としてのスポーツマネジメントの現実を理論的にわかりやすく説明することに挑戦した。

　本書は、この定義と挑戦を読者のみなさんにも伝えるために、スポーツマネジメントの必要性や考え方、および基礎理論などを重点的に説明した【第Ⅰ部】（第1章～第5章）と、実際のスポーツマネジメント領域（現場）ですでに起こった現実を客観的に考察した【第Ⅱ部】（第6章～第14章）という2つのパーツを合わせて14の章から構成している。各章は、読者のみなさんができるかぎり読みやすく、学習しやすいように、その内容と順序を工夫したが、必ずしも【第Ⅰ部】から学習する必要はなく、【第Ⅱ部】を読み込んで実践知を学んだ後に、【第Ⅰ部】を読んでその意義を考えてもよい。また、本文を読み進めるうえでの手掛かりとして、各章末の「Column（コラム）」も参考にしていただきたい。

　初学者を含めて読者のみなさんは、本書の学習を通じて、スポーツという自発的な運動の楽しみを基調とする「人間の文化的な営み」を創造し、人々の Well-being な生活の充実・発展を図っていくのがスポーツマネジメントの使命と責務であることを理解し、今後のスポーツの推進と指導・支援に活かしていただければ幸甚である。しかし、スポーツマネジメント実践の現実は刻々と変化し多様化・複雑化しているため、本書の理論的・実践的内容と構成には不十分な点も多々あり、編者の力不足ということでご海容ください。

　最後に、本書の作成にあたって、基本テキストとしての出版の意図にご賛同いただいた執筆者の皆様に心より感謝とお礼を申し上げたい。また、本書の出版を打診していただくとともに、企画から編集・出版作業に至るまでを丁寧に根気強く進めていただいた株式会社みらい企画編集課の吉村寿夫様と山下　桂様には大変お世話になりました。執筆者を代表して深く感謝申し上げます。こうした多くの皆様のご協力とご支援のおかげで、「スポーツ文化の普及学」を志向する本書を上梓できたことはとても光栄である。この場をお借りして厚くお礼を申し上げたい。

2024年2月

編者　中西純司

もくじ

＼第Ⅱ部／ スポーツマネジメントの実践領域（現場）

第6章　学校体育・スポーツのマネジメント

第7章　総合型地域スポーツクラブのマネジメント

第一部

スポーツマネジメントを
学習するうえでの
基礎理論

第1章 現代社会とスポーツの文化的価値

なぜこの章を学ぶのですか？

　現代社会におけるスポーツは、私たちの Well-being（ウェルビーイング）な生活の形成にとって必要不可欠な「人間の文化的な営み」として重視されています。それは、私たち人間がスポーツとの多様なかかわり方を通じて様々な文化的価値を享受することができるからです。

第1章の学びのポイントは何ですか？

　本章では、現代社会におけるスポーツの文化的価値の考え方や、人間とスポーツ文化とのかかわり方を通じた Well-being なスポーツライフの形成・定着と、それをささえる生涯スポーツ社会の現状と課題について理解を深めていきましょう。

考えてみよう

1. スポーツにはどのような文化的価値があるのかを考えてみましょう。

2. 私たちが Well-being なスポーツライフを形成するには、日常生活の中にスポーツ文化をどのような形で取り込めばよいのでしょうか。

1 文化としてのスポーツの価値

現代社会は、ICT をはじめ、IoT（Internet of Things）や AI（人工知能）、ビッグデータ、ロボットなどのデジタルテクノロジーの進化によって、人々の生活が便利で豊かになる一方で、人間の思考力や身体能力を退化させ、機械を信じるしか術がないなどの「人間的貧困」という病理的現象を生み出している。このような現代社会に対して、スポーツという「人間の文化的な営み」がどのような価値を創造できるかを探究することはとても重要である。

1 現代社会とスポーツの可能性

（1）「便利な（すぎる）現代社会」の人間的貧困

宇沢弘文は、広い範囲に及ぶ 12 の社会問題を吟味し、日本の高度経済成長による経済的「繁栄」とは裏腹に、＜豊かな日本＞社会の「人間的貧困」が 1980 年代後半から顕著な病理的現象となって現れてきたことに警鐘を鳴らしている。それは、日本経済がいかに繁栄しても、「効率性」（抽象的な"効用"の思想）のみを判断基準とすれば、経済的繁栄の陰に「人間らしさ」（人間らしい生活）の喪失という深刻な文化的貧困が生まれてくるリスクを抱えざるを得ない、ということである。まさに 1980 年代後半の日本社会の経済的繁栄は、「豊かな社会」ではなく、むしろ、ドイツの社会学者ベック（U. Beck）のいう「リスク社会」[*1] を創り出していたのかもしれない。

現代社会もまた、IoT や AI、ビッグデータ、ロボットなどの最先端テクノロジーをあらゆる産業や社会生活の中に取り入れて、人々の多様なニーズや欲求にきめ細かく対応した便利な製品・サービスや新たな価値を創造する「超スマート社会」（Society5.0）の実現をめざしている[1]。しかし、イギリスのオックスフォード大学で AI 研究に取り組むフレイ研究員とオズボーン准教授（C. B. Frey and M. A. Osborne）は、コンピュータ化（AI・ロボット化）が急激に進行する便利な超スマート社会が「雇用の未来」に及ぼす影響について米国の 702 職種を分析し、今後 10 ～ 20 年以内に米国の総雇用者の約 47％の職種（仕事）がコンピュータ化（AI 等に代替）されて消滅するリスクにさらされており、やがて人間（の能力）が淘汰される 21 世紀社会に変わるという予測結果を公表して、世界中に大きな衝撃を与えた。

なかでも、スポーツ関連では、「三苫の 1 ミリ」を判定したビデオ・アシスタント・レフェリー（VAR）からも想像できるように、「684. スポーツの審判等」（98.0％）が消滅するリスクの高い仕事となっている。これに対

＊1　リスク社会
「科学技術や産業技術経済が発展した近代産業社会は、豊かさを生み出し分配するとされていたが、同時に地球環境問題などのリスクまでも生み出し、そのリスクが全人類に対して分配され、生活環境や社会・経済の発展に影響を与えるようになる社会」を意味している。

して、「35. アスレティックトレーナー（AT）」（0.71％）や「58. コーチ／スカウト」（1.3％）をはじめ、「164. フィットネストレーナー／エアロビクスインストラクター」（8.5％）、「220. スポーツ代理人等」（24.0％）、「234. アスリート／スポーツ選手」（28.0％）など、非定型的で創造性や社会的スキルが求められる仕事は生き残る可能性が高いという。

　加えて、朝日新聞が 2017（平成 29）年に 2 回実施したフォーラム「便利すぎる？社会」では、66.0％（229 ／ 347 名）が「いま自分が暮らしているのは『便利すぎる社会』だと思う」ことが「よくある」と回答すると同時に、「便利すぎる社会」は、人間の生活が便利で楽になる一方で、人間の思考力や身体能力を退化させる道を歩み、自ら評価・判断し、苦労し、工夫して段取りをする能力を低下させる「人間崩壊の社会」である、という自由意見も出された。

　もはや、自動化・効率化が進む「便利な（すぎる）現代社会」は、人間の手間を省くのと引き換えに、豊かな社会づくりと、人間がよりよく生きるために創造してきた生活文化を衰退させるという「人間的貧困」をもたらし、将来予測が困難な VUCA*2 の「リスク社会」へと変わりつつある。

(2) スポーツという「不便益」文化

　スポーツという「文化」には不思議な魅力がある。それは、普段の生活では誰もが「不便で面倒くさいこと」を嫌がるはずなのに、例えば、サッカーという文化にかかわると、キーパー以外は手や腕を使わない（＝身体的自由をルールで制限した）「不便で面倒くさい（身体）運動」が一転して、そうした面倒くさい運動を上手になることに夢中になる楽しさや喜びを伴う「豊かな生活」として味わうことができる、という逆説の魅力である。

　同じように、ラグビーという競技も、「楕円形ボールを前に運ぶ」という運動に対して「前方へのパスの禁止」（スローフォワード）といった特有のルールによって身体的自由を意図的に制限している。そうした中で、選手たちは、この「不便で面倒くさい運動」を克服するために、"One for All, All for One"の精神で、ランパスやオフロードパス、キックパス、相手ディフェンスの裏側のスペースに蹴り込むグラバーキックなどを駆使しながらタックルをかわしてトライを奪うことに夢中になる楽しさを味わっている。

　このように、多くの人々がスポーツに魅了されるのは、スポーツという文化装置がもともと、人間にとって実は最も苦しいことである「何もしない」という心身の退屈さから逃れて、日常生活を豊かにするために、あえて意図的に身体的自由を制限するという「不便で面倒な営み」（ルールやプレイ）を創り出す工夫によって発明されたからである。私たち人間は、なんでもコ

＊2　VUCA（ブーカ）
Volatility（変動性）、Uncertainty（不確実性）、Complexity（複雑性）、Ambiguity（曖昧性）の頭文字をとった略語で、「社会・経済環境の変化が著しく、将来（未来）の予測が困難になってきている状況（状態）」を表すビジネス用語である。

ンピュータ化される「便利な（すぎる）現代社会」にあっても、あえて「不便で面倒くさい」スポーツを自ら進んで求め、自分が今もっている能力や、学習によって高まった力量で楽しむことにいつしか夢中になることで、人間的貧困や心身の退屈さというリスクから逃れた「豊かな生活」を新鮮な気持ちで実感することができるのかもしれない。

　スポーツという文化には「不便で面倒くさい運動に自ら進んで挑戦しなければ得られない価値（効用）」があり[2)]、システムデザインを専門とする川上浩司は、こうした「不便だからこそ得られる益（価値や効用）＝不便がもたらす効用」を「不便益」と命名し、独創的な不便益システム論を展開している。それゆえ、「便利な（すぎる）現代社会」においては、スポーツという「不便益」文化が人々の人間らしい楽しさや生きる喜びを伴う「豊かな生活」の形成・定着に大きな役割を果たすことが期待されている。

2　スポーツの文化的側面

（1）スポーツをめぐる文化の構成要素

　文化とは、「われわれ人間が、環境に適応しながら欲求を充足するために創意工夫してきた歴史的・社会的な遺産（社会生活の仕方・送り方など）の総体」[3)]であり、観念文化・行動文化・物質文化といった 3 つの構成要素によって成り立っている[4)]。そうした意味では、スポーツも、人類（人間）が人生をより豊かに充実して生きていくために、その時代その時代にもてる英知や思いを結集して、これら 3 つの文化的構成要素を創意工夫しながら発展させてきた「人類共通の文化」として捉えることができる[5)]。

　それでは、スポーツがそれぞれの文化的構成要素によってどのように関係づけられるのかを説明しておきたい[3) 4) 5)]（ 図 1-1 参照）。第 1 に、観念文化は、各時代や各社会におけるスポーツの意義や価値づけ方に関する信念や観念（考え方）の体系であり、人間と社会に対するスポーツそれ自体の存在や正当性を意味づける「スポーツ観」といってもよい。このスポーツ観は、スポーツをめぐる思想やイデオロギーなどのスポーツ論によって形成されてきたが、人間と社会におけるスポーツとの関連から「スポーツ手段論」と「スポーツ目的論」といった 2 つに分かれる。前者は、特定の社会的諸課題（問題）の解決手段としてスポーツを活用し、その外在的価値の実現によってスポーツを正当化する考え方である。これに対して後者は、スポーツという文化に内在する本質的価値（スポーツの内在的価値）を重視し、人間の本源的なプレイ欲求（活動・競争・達成・克服・自己表現など）の充足のための自

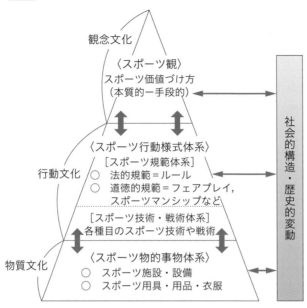

図 1-1 スポーツの文化的構成要素

観念文化

〈スポーツ観〉
スポーツ価値づけ方
（本質的－手段的）

〈スポーツ行動様式体系〉

[スポーツ規範体系]
行動文化
○　法的規範＝ルール
○　道徳的規範＝フェアプレイ，
　　スポーツマンシップなど

[スポーツ技術・戦術体系]
各種目のスポーツ技術や戦術

〈スポーツ物的事物体系〉
物質文化
○　スポーツ施設・設備
○　スポーツ用具・用品・衣服

社会的構造・歴史的変動

出典　菊幸一「序 スポーツ文化論の視点」井上俊・菊幸一編著『よくわかるスポーツ文化論』ミネルヴァ書房　2012 年　p.4 に筆者加筆修正

己目的的で自由な活動（遊び：遊戯）としてスポーツを意味づける考え方である。

　第 2 に、行動文化は、具体的なスポーツ実践における人間の活動を統制・秩序づけ、遵守すべき行動の仕方を指示する「スポーツ規範体系」とそれに基づく「スポーツ技術・戦術体系」から構成され、各スポーツ種目の具体的な行動様式を方向づける「スポーツ行動様式体系」と呼ぶことができる。

　最後の物質文化とは、スポーツの価値を実現し、目標を達成するために工夫・改善され、洗練されてきたものにかかわる文化であり、スポーツ活動の合理性・安全性・公平性を保証するために創り出されてきた施設・設備や用具・用品・衣服等の「スポーツ物的事物体系」である。

　このように、スポーツは、人間が自分たちの生活を維持し、より豊かにしていくために、スポーツ観やスポーツ行動様式体系、およびスポーツ物的事物体系という 3 つの文化的要素を相互に関係づけて創り出した「歴史的・社会的な遺産の総体」であり、今後も社会状況や歴史的変動などの影響によって変化・進化し続けていくであろう。まさに、スポーツは自発的な運動の楽しみ（プレイ欲求の充足）を基調とする「人間の文化的な営み」であり、それをささえるのがスポーツマネジメントの使命なのである。

（2）スポーツ文化の「6 つ」の価値

　私たち人間は、「便利な（すぎる）現代社会」において、スポーツ文化と

の多様なかかわり方（する・みる・ささえる）を楽しむことによって、スポーツを発明した先人たちの英知や思いなどを追体験しながら、その文化性を学ぶことができる。そして、スポーツのこの文化性を十分に尊重したスポーツマネジメントが実践されるとき、個人的にも社会的にもスポーツの豊かな価値を創造することができる。具体的には、❶個人的価値、❷教育的価値、❸鑑賞的価値、❹社会・生活向上価値、❺経済的価値、❻国際的価値という「6つ」がスポーツの文化的価値として期待されている [6]。

　第 1 に、個人的価値は、ⓐプレイ欲求の充足という「運動の楽しみ」から得られる内在（本質）的価値と、ⓑ人間生活上のある種の必要充足という外在的価値（健康・体力の維持向上やストレス解消、生活習慣病の予防など）の 2 つが表裏一体化している。しかし何よりも、スポーツは「運動の楽しみ」を自ら求めていく点に、文化的な意味や独自の価値があることはいうまでもない。第 2 に、教育的価値は、相互尊敬に基づく公正さと自己規律を尊ぶフェアプレイの精神の醸成や豊かな人間性の育成に役立つことである。第 3 に、鑑賞的価値とは、人間の可能性の極限に挑戦するアスリートのひたむきな姿やトップスポーツの試合・イベントなどが“みる人”に夢や感動、希望や勇気を与え、スポーツ文化への関心や意欲を高めるという効果である。第 4 に、社会・生活向上価値とは、家族・友人や地域社会との人間的交流の促進や、活力ある社会の形成、ソーシャルキャピタル[*3] の高い豊かな地域づくりなどに貢献するという効用である。第 5 に、経済的価値とは、スポーツ関連産業の拡大等による新たな需要と雇用の創出や観光の推進、および人々の心身の健康保持・増進による医療費等の節減といった経済活性化にかかわる効用である。最後は、国際平和の希求と世界の人々との相互理解を促進し、国際交流・協力関係の構築（友好と親善）に寄与するとともに、国際的地位の向上にも役立つという国際的価値である。

　これまで、スポーツ文化の 6 つの価値について説明してきたが、ある意味、上記❶と❷は、不便で面倒くさいスポーツに自ら進んで挑戦しなければ得られない効用であり、スポーツ文化が各個人（の豊かな生活の形成）にもたらす「不便益」といってもよい。これに対して、上記❸～❻は、スポーツ文化が社会全体にもたらす効用であり、豊かなスポーツ文化の創造や地域社会・経済の発展に寄与するという「社会的価値」ということもできる。しかし、スポーツ文化とは本来、「無色透明で無価値なものに等しい」メディア（媒体）特性を有するものであり [7]、こうした無色透明で無価値なスポーツ文化に対して多様な価値づけ（価値付与）をしているのは、スポーツと多様なかかわり方を楽しむ人間自身であることを銘肝しておく必要がある。

＊3　ソーシャルキャピタル
信頼関係に基づく社会的な絆や豊かな人間関係（社会的ネットワーク）、および互酬性規範を統合的に捉えた新しい概念であり、「社会関係資本」と訳されることが多い。

17

2 人間とスポーツ文化とのかかわり方

私たち人間が心身ともに充実した「ホモ・ルーデンス」としてよりよく生きる（Well-being）ためには、ヒューマニティ（人間らしさ）やプレイ（遊戯）性を備えた身体運動としてのスポーツと多様なかかわり方を主体的に創造していく必要がある。それが実現できれば、多くの人々は「豊益潤福」[8] なスポーツライフを形成・定着させることができるであろう。

1 運動－スポーツ－人間のかかわり

（1）「ホモ・ルーデンス」としての人間の創造

ホイジンガ（J. Huizinga）によれば、通常、われわれ人間を表現する場合、「ホモ・サピエンス」（人類：理性人）あるいは「ホモ・ファベル」（作る人）という用語を使うが、これらの用語では不十分であるという。特に後者は、ものを作る動物は少なからずいるという理由から、前者よりもさらに不適切であると説明している。そして、ホイジンガは、「ある本質的機能をもった人間」を表す言葉として「ホモ・ルーデンス」（Homo Ludens：遊戯人：遊ぶ人）という用語を提唱し、「人間文化は遊戯の中に―遊戯として―発生し、展開してきたのだ」[9] といったように、「遊戯」（遊び＝プレイ）を原点とする人間文化の創造が重要であることを主張している。つまり、人間文化こそ、自由な雰囲気の中で、日常生活とは異なるルールに従って、自己目的的な活動をする遊戯から生まれるということである。

また、ホイジンガは、こうした「プレイ」の本質や人間をプレイに誘い込み夢中にさせる原動力が「面白さ・楽しさ」（fun）であり、プレイとしての「競技」（agon：アゴーン）では、勝利のための努力過程の中に"fun"があるのであって、勝敗の結果のみを重視すれば、その結果次第ではプレイの"fun"が消失してしまうという。さらに、スポーツという文化もプレイの本質を充たしてはいるものの（スポーツ目的論）、今日の高度化・手段化された（競技）スポーツは、プレイ性を失い、文化として人間の生の営みの過程を豊かにすることから逸脱しているという批判もしている。つまり、プレイ性を失ったスポーツはもはや、人々を夢中にさせることはできないし、人間にとっても魅力的な文化とは言い難いのである。

しかし、島崎仁は、「スポーツが単なる筋肉運動としてとらえられるのではなく、心身一如の存在としての人間、ホモ・ルーデンスとしての人間（Homo Ludens：Man, the player）の創造、分有、享受行動および行動の諸結果

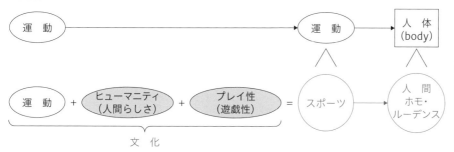

図 1-2　運動−スポーツ−人間のかかわりの説明モデル

※スポーツは単なる筋肉運動ではなく、ヒューマニティやプレイ性を要素として、心身一如のホモ・ルーデンスとしての人間が、よりよく生きる（well-being）ために創造、分有、伝播する行動と行動の諸結果の総合体、すなわち文化である（島崎）。

出典　島崎仁『スポーツに遊ぶ社会にむけて―生涯スポーツと遊びの人間学―』不昧堂出版　1998 年　p.31 に筆者加筆修正

との総合体である『文化』ととらえられ、人生の長きにわたって生活の内容そのものに和合され、人生の質の充実に独特の位置を得るものとなるのでなくてはならない」[10]と、プレイとしてのスポーツの文化性に期待している。それゆえ、スポーツ文化におけるこのプレイ性の保証あるいは担保は、豊かなスポーツ文化の形成と人々の Well-being な生活の充実・発展を図っていくうえで、スポーツマネジメントが果たすべき重要な責務である。

（2）スポーツ文化との多様なかかわり方

　私たち人間が心身ともに充実したホモ・ルーデンスとしてよりよく生きる（Well-being）ためには、プレイ性をもったスポーツと「3つ」のかかわり方を主体的に創り出していくことが基本的に重要である。第 1 は、スポーツを「する（行う）」というかかわり方である。これは、活動・競争・達成・克服・自己表現といった各個人の本源的なプレイ欲求の充足（内在的価値）にとどまらず、健康・体力の維持向上やストレス解消、生活習慣病の予防などの外在的価値の創造にも役立つかかわり方である。また、この「する」というかかわり方は、わが国のスポーツ政策においても「スポーツ実施率の向上（週 1 回以上／週 3 回以上）」という施策目標の 1 つとして掲げられており、人間とスポーツ文化とのかかわり方の基盤（基本）となるものである。
　第 2 のかかわり方は、スポーツを「みる」という鑑賞的価値を希求するものである。これには、スタジアムやアリーナに出向いて試合を直接的に観戦し応援するスタイルや、テレビやラジオ、インターネットなどの様々なメディアを介して間接的に視聴するという「メディアスポーツ」としての楽しみ方などがある。しかし、直接的なスポーツ観戦は、スポーツの迫力・緊張感や感動、スタジアムの生の雰囲気（観客同士の一体感）といった独特の経験価値を楽しむことができるであろう。また最近では、新聞・雑誌・書籍や

Webサイトなどを用いてスポーツを「読む・知る・調べる」や、Facebook、Twitter、YouTubeなどに代表されるソーシャルメディアを活用してスポーツ関連情報を自由にリアルタイムでSNS等に「投稿・共有・拡散する」といったかかわり方が新たなスポーツ消費スタイルとして注目され始めている。

　最後は、スポーツを「する・みる」という直接的なかかわり方を「ささえる」ことである。スポーツを「ささえる」というかかわり方には、スポーツの指導・支援をはじめ、スポーツイベントへのボランティア参加や各種スポーツ大会・教室等の企画・運営、および地域スポーツクラブの自主運営、高齢者・障害者等のためのニュースポーツの開発など、利他性やボランタリズム（他者奉仕と自己充実・発展を願う心性）を基調とする活動が含まれており、スポーツマネジメントの実践には欠かせないかかわり方である。

2 Well-being なスポーツライフの創造

（1）Well-being（ウェルビーイング）の捉え方

　今やWell-beingという概念は、社会福祉分野に限らず、ビジネスや教育、ITなどの分野でも注目され、身体的・精神的・社会的・経済的に健康で良好な状態にあることを意味する用語として「幸福」とも翻訳される。しかし、もともとは1946年7月22日にニューヨークで61か国の代表により署名された「世界保健機関（World Health Organization：WHO）憲章」の前文で「健康」の定義*4として使われたのが最初である。

　それがやがて、人間のネガティブな心の働きに注目するのではなく、人間の健全な心理状態を促進することに焦点を当てる「ポジティブ心理学」という学問領域の主要概念になったのである。こうしたポジティブ心理学に脚光を浴びせたセリグマン（M.E.P. Seligman）博士は、Well-beingを理論的に測定する構成要素として、❶ポジティブ感情（Positive Emotion）、❷何かに熱中・没頭したフロー状態を生み出す活動への関与（Engagement）、❸他者との良好な関係性（Relationship）、❹人生の意味や仕事の意義および目的の追求（Meaning and Purpose）、❺達成感（Achievement）という"PERMA"（略称：パーマ）理論を提唱し、これらの5つが満たされた「よい生き方」（持続的幸福）を重視している。

　一方、現代のイノベーションを成功裏に導くためのマネジメントをプロセスと組織の「設計図」から読み解いた野城智也は、現代のイノベーションのありようを理解するための概念として「豊益潤福」というそれぞれの字義を

＊4 「健康」の定義
「健康とは、病気ではないとか、弱っていないということではなく、肉体的にも、精神的にも、そして社会的にも、すべてが満たされた状態（well-being）にあること」をいう。
日本WHO協会仮訳
https://www.japan-who.or.jp/about/who-what/charter/

包含した造語を用いている。すなわち、「豊」は精神的・身体的・経済的な豊かさ、「益」は人や社会に役立つこと、「潤」は精神的・身体的・経済的な潤い、「福」はしあわせ、を合わせた概念であり、イノベーションとは「豊益潤福の創造・増進と社会的変革の創出」と捉えることができる[11]。

　Well-being とは、いってみれば、「豊益潤福の創造・増進」であり、精神的にも、身体的にも、経済的にも豊かで潤いと安心感があり、人や社会の役に立つという利他性を尊重し、生きる喜びと楽しさを味わえる、幸せな状態にあることなのである。

（2）豊益潤福なスポーツライフの形成・定着

　豊益潤福なスポーツライフとは、スポーツ文化との多様なかかわり方（する・みる・ささえる）を生涯生活の中に「年・月・週単位」でバランスよく形成・維持することで、スポーツの文化的な価値や便益を存分に享受したWell-being な生活（ライフ）ということができる。そして、こうした豊益潤福なスポーツライフの形成・定着は、人々の人間らしい文化的生活や生きる喜びと楽しさを伴う有意義な生涯生活の基盤となる可能性をもっている。

　例えば、A 君（小学校 5 年生）は、ジュニアサッカークラブ（週 2 回）

図 1-3　豊益潤福なスポーツライフと文化的生活・生涯生活

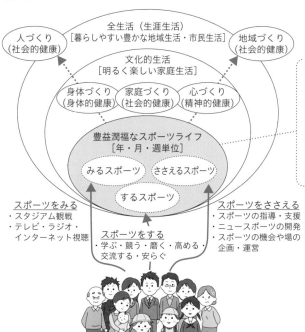

する スポーツ	みる スポーツ	ささえる スポーツ	スポーツ ライブ※
○	○	○	2.1%
○	○	―	11.6%
○	―	○	1.6%
○	―	―	43.2%
―	○	○	0.3%
―	○	―	5.3%
―	―	○	0.3%
―	―	―	35.6%

出典　笹川スポーツ財団『スポーツライフ・データ 2022』2023 年　p.32 の図 6・図 7 の割合（n = 2,999 名）をもとに作表（スポーツライフの現状として用いた）

や親子水泳教室（月2回）、そして、季節ごとの地域交流スポーツ大会（年4回）といった「するスポーツ」に参加したり、クラブ運営のお手伝い（月2～3回程度）や地域のボランティア活動（年2回程度）といった「ささえるスポーツ」にもかかわったり、家族や友人などとJリーグの試合を年4回ほどスタジアムで観戦するという「みるスポーツ」までも楽しんだりすることで、主体的に豊益潤福なスポーツライフを創り出し、それが心身ともに健康で豊かな家庭生活や楽しい学校生活を送る原動力にもなっている。

3 生涯スポーツ社会の現状と課題

多くの人々がよりよく生きていくうえで、豊益潤福なスポーツライフの形成・定着をささえる生涯スポーツ社会のリアリティ（現実）について理解を深めることはとても重要である。おそらく、人間とスポーツ文化とのかかわりを創り出し、その質的向上を図るためのスポーツ推進にはいくつかの課題があることも否めないであろう。

＊5 その後、1992年の第7回欧州スポーツ閣僚会議において、13条からなる「新ヨーロッパ・スポーツ憲章」（European Sports Charter：ESC1992）が採択され（2001年に改定）、それ以降、世界各国のスポーツ政策の策定における基本的な枠組みとなってきた。しかし、ヨーロッパ・スポーツ・フォア・オール憲章（1975年）の基本的な方針を受け継いだESC1992憲章の2001年改定から約20年が経過したため、昨今のスポーツを取り巻く環境変化や課題等を踏まえて改定された、20条（7項目の新規追加）からなる「新ヨーロッパ・スポーツ憲章改定版」（Revised European Sports Charter）が2021年10月13日開催の欧州評議会第1414回閣僚代理理事会合にて採択勧告された。

1 生涯スポーツの時代

（1）スポーツ・フォア・オール運動の影響

スポーツ先進国といわれるヨーロッパ諸国では、1960年代以降、スポーツの高度化（競技スポーツの発展）と並行して、スポーツの大衆化（生涯スポーツ）も振興されたことで、ノルウェー・旧西ドイツ・イギリスに端を発するスポーツ・フォア・オール運動（Sport for All Movement）が盛んになり、1975年の欧州評議会第1回欧州スポーツ閣僚会議では、8条からなる「ヨーロッパ・スポーツ・フォア・オール憲章」（European Sport for All Charter）が採択された[＊5]。その後、1978年の第20回ユネスコ総会では、10条からなる「体育およびスポーツに関する国際憲章」[＊6]（International Charter of Physical Education and Sport）も採択された。これを契機に、スポーツ・フォア・オール運動の気運・機運は世界的に高まっていった。

わが国は、アジア・オセアニアの中でもいち早く（1980年代に）、これら2つの憲章を"みんなのスポーツ"として取り入れ、なかでも、「基本的人権としてのスポーツ」（いずれも第1条）という理念を生涯スポーツの振興に反映させる努力をしてきたといってもよい。今では、「スポーツ基本法」第2条第1項（基本理念）で「スポーツは、これを通じて幸福で豊かな生活を営むことが人々の権利であることに鑑み、国民が生涯にわたりあらゆる

機会とあらゆる場所において、自主的かつ自律的にその適性及び健康状態に応じて行うことができるようにすることを旨として、推進されなければならない」と規定し、国・地方公共団体のスポーツ政策においても生涯スポーツ社会の実現に向けた環境整備・充実が施策目標とされるに至っている。

（2）生涯スポーツの考え方（定義）

　今後もデジタル化が進む便利な現代社会においては、Well-being な生活づくりの基軸となるスポーツ文化との多様なかかわり方を尊重し、多くの人々に「生涯スポーツ」(lifelong sport) として推進することが肝要である。しかし、わが国の生涯スポーツには学術的に共通した明確な定義があるわけではなく、むしろ、「競技スポーツ」の（反）対概念として、「いつでも、どこでも、誰もが気軽に楽しめるスポーツ」を生涯スポーツと考える場合が多々見られる。そのため、スポーツの高度化と大衆化を両輪とするスポーツ・フォア・オール運動の考え方からすれば、少々違和感があることは否めない。

　こうした違和感を考慮して定義すれば、生涯スポーツとは、すべての人々が生涯にわたる各ライフステージ（幼児期・児童期・青年期・成人期・中年期・老年期）において、各自の身体状況・能力や目的・ニーズおよびライフスタイルなどに合わせて、スポーツ文化との多様なかかわり方を自主的・自発的に選択し、継続して楽しむことである。つまり、この生涯スポーツの定義には、競技スポーツも含めて、人々の各ライフステージにおけるスポーツ文化との多様なかかわり方を通じて、内在的価値（プレイ欲求の充足）と外在的価値（必要充足）の文化的な好循環を生み出すことが期待されている。

2　生涯スポーツの推進をめぐる諸課題

（1）スポーツに対する「権利」意識と文化的認識の向上

　「スポーツ基本法」（平成 23 年法律第 78 号）の前文において、「スポーツを通じて幸福で豊かな生活を営むことは、全ての人々の権利である」るというスポーツ権が明文化された。にもかかわらず、スポーツ庁（健康スポーツ課）が 2022（令和 4）年 11 月に行った「令和 4 年度 スポーツの実施状況等に関する世論調査」[12) によれば、成人の運動・スポーツ実施率は週 1 回以上が 52.3%、週 3 回以上が 28.9% であり、現在も今後も運動・スポーツをしない「無関心層」が 16.6% いることも報告されている。また、この 1 年間に直接現地でスポーツ観戦をした人は 23.3% であるのに対して、テレビやインターネットを通してスポーツ観戦をした人は 72.8% と最も高い割合を

笹川スポーツ財団「『新ヨーロッパ・スポーツ憲章改定版』が欧州評議会の閣僚委員会で採択されました」
https://www.ssf.or.jp/ssf_eyes/sport_topics/EuropeanSportsCharter02.html

＊6　体育およびスポーツに関する国際憲章
その後、2015 年の第 38 回ユネスコ総会において、12 条からなる「体育・身体活動・スポーツに関する国際憲章」(International Charter of Physical Education, Physical Activity and Sport) が採択されている。
文部科学省「体育・身体活動・スポーツに関する国際憲章」
https://www.mext.go.jp/unesco/009/1386494.htm

示した。さらには、この1年間にスポーツに関するボランティア活動に参加した人は9.9%と低調であった。

このように、スポーツを「する・みる・ささえる」というかかわり方の実態からも推測できるように、わが国では、スポーツに対する人々の「権利」意識が希薄で、スポーツ文化との多様なかかわり方が人間文化を豊かにしていくという認識には至っていないといってもよい。それゆえ、スポーツに対する人々の権利意識と文化的認識の向上、およびそれに対応できるだけの多様なスポーツ環境の整備・充実が必要不可欠である。

（2）「応益・応能の原理」を基調とするスポーツ推進システムの確立

多くの人々がスポーツ文化に対する権利意識をもつことはスポーツ推進の基盤であるが、その一方で、権利の行使には必ず責任と義務が伴うことも当然である。例えば、恩田守雄は、伝統的な地域社会（農村型コミュニティ）では、住民の「権利」（利益）が一定の「責任・義務」を果たすことで得られる「応益」原理に基づくが、同時にそれは一人ひとりの能力に応じて貢献するという「応能」原理も重要視されていたと指摘する。つまり、村落は、各人に対して「村仕事」を求めるが、その責任・義務は各人の能力に応じたものでよく、公平な参加が公正な分配を保障する「互助システム」と、村仕事への非協力者を地域社会の秩序を乱す者として「村八分」（非難・排除・懲罰）にするという、責任・義務の裏に潜む「牽制・制裁システム」までも備えていたのである。こうした両システムの相互補完性が人々の地域生活の豊かさと暮らしやすさを形成・維持していたといってもよい。

一方、「便利な（すぎる）現代社会」では、「誰かがスポーツ環境を整えてくれればスポーツをするのに」や「自分（たち）さえ施設を快適に使えればそれでよい」という他者依存的で自己中心的な人たちが増えてきていることも否めない現実である。こうした中で、多くの人々が豊益潤福なスポーツライフと文化的な生活を形成・維持するためには、この「応益・応能の原理」を現代社会にふさわしい形で再編集し役立てることが肝要である。いってみれば、私たちがスポーツ文化とかかわる権利は、スポーツの楽しみや喜び、健康・体力の維持向上やストレス解消などの様々な価値を各自の能力や力量に応じた貢献によって主体的に創造していくという使命（責任・義務）を果たすことで得られるのである。それゆえ、そうした使命感と自覚をもった「スポーツ的自立人間」[13] の育成とそれをささえるスポーツ推進システムの確立こそ、スポーツマネジメントの責任と義務なのである。特に、21世紀生涯スポーツ社会の実現に向けては、スポーツ文化の推進に参画・協働するという「当事者」意識をもったスポーツ的自立人間の育成をめざして、「スポー

＊7　スポーツ・リテラシー
「スポーツ文化を理解し、享受し、コミュニケートし、集団・組織を整え・運営し、環境創造する能力であり、スポーツ文化を享受・継承・創造する権利主体（市民）としての総合的な共通教養」[14] であり、「スポーツ享受能力」と言い換えてもよい。

24

ツ・リテラシー」[7] を高めるスポーツ教育を実践していくことが重要な課
題である。

引用文献

1 ）内閣府「第 5 期科学技術基本計画」（本文）
　　https://www8.cao.go.jp/cstp/kihonkeikaku/5honbun.pdf
2 ）中西純司・岡村誠・行實鉄平「スポーツという『不便益』文化論の展開：もう 1 つのスポーツ文化論への挑戦」
　　『立命館産業社会論集』第 56 巻第 1 号　立命館大学産業社会学会　2020 年　pp.155-178
3 ）佐伯聰夫「第 3 章　スポーツの文化」菅原禮編著『スポーツ社会学の基礎理論』不昧堂出版　1984 年
　　pp.67-98
4 ）菊幸一「序　スポーツ文化論の視点」井上俊・菊幸一編著『よくわかるスポーツ文化論』ミネルヴァ書房
　　2012 年　p.4
5 ）中西純司「『文化としてのスポーツ』の価値」『人間福祉学研究』第 5 巻第 1 号　関西学院大学人間福祉学部
　　研究会　2012 年　pp.7-24
6 ）同上書　pp.19-20
7 ）菊幸一・茂木宏子「第 2 章　スポーツ価値への社会学的探求」日本体育協会スポーツ医・科学専門委員会『平
　　成 27 年度日本体育協会スポーツ医・科学研究報告Ⅲ　新たなスポーツ価値意識の多面的な評価指標の開発―
　　第 2 報―』日本体育協会　2016 年　pp.41-42
8 ）野城智也『イノベーション・マネジメント―プロセス・組織の構造化から考える―』東京大学出版会　2016
　　年　p.9
9 ）J. ホイジンガ（高橋英夫訳）『ホモ・ルーデンス―人類文化と遊戯―』中央公論新社　1963 年　pp.1-2
10）島崎仁『スポーツに遊ぶ社会にむけて―生涯スポーツと遊びの人間学―』不昧堂出版　1998 年　p.30
11）前掲書 8 ）　pp.9-14
12）スポーツ庁健康スポーツ課「スポーツの実施状況等に関する世論調査（令和 4 年 12 月調査）」
　　https://www.mext.go.jp/sports/b_menu/toukei/chousa04/sports/1415963_00008.htm
13）稲垣正浩「スポーツ教育と指導法：“スポーツ的自立人間”にむけて」『体育科教育』第 25 巻第 12 号　大修
　　館書店　1977 年　pp.15-18
14）清水紀宏「スポーツ立国のあやうさ」『現代スポーツ評論』第 26 号　創文企画　2012 年　p.54

参考文献

・U. ベック（東廉・伊藤美登里訳）『危険社会―新しい近代への道―』法政大学出版局　1998 年
・C.B. Frey and M.A. Osborne, The future of employment: How susceptible are jobs to
　computerization?, *Working Paper*, University of Oxford, 2013, 1-77.
　https://www.oxfordmartin.ox.ac.uk/downloads/academic/future-of-employment.pdf
　/*Technological Forecasting and Social Change*, 2017, vol.114(January), issue C, 254-280.
・J. ホイジンガ（高橋英夫訳）『ホモ・ルーデンス―人類文化と遊戯―』中央公論新社　1963 年
・M.E.P. セリグマン（宇野カオリ監訳）『ポジティブ心理学の挑戦―“幸福”から“持続的幸福”へ―』ディスカ
　ヴァー・トゥエンティワン　2014 年
・朝日新聞「フォーラム　便利すぎる？社会：1. 受け止めの違い」2017 年 9 月 3 日付朝刊／「フォーラム　便
　利すぎる？社会：2. 求めるのは誰か」2017 年 9 月 10 日付朝刊／「フォーラム　便利すぎる？社会：3. 不便
　の効用」2017 年 9 月 17 日付朝刊
・宇沢弘文『「豊かな社会」の貧しさ』岩波書店　1989 年
・恩田守雄『共助の地域づくり―「公共社会学」の視点―』学文社　2008 年
・川上浩司『不便から生まれるデザイン―工学に活かす常識を超えた発想―』化学同人　2011 年
・川上浩司『不便益―手間をかけるシステムのデザイン―』近代科学社　2017 年
・川上浩司『不便益のススメ―新しいデザインを求めて―』岩波書店　2019 年
・川西正志・野川春夫『生涯スポーツ実践論―生涯スポーツを学ぶ人たちに―［改訂 3 版］』市村出版　2012 年
・菊幸一「理論編：新時代における生涯スポーツとスポーツ推進委員への期待」『みんなのスポーツ』第 42 巻第 4

号　全国スポーツ推進委員連合　2020 年　pp.12-14
・日本体育協会スポーツ医・科学専門委員会『平成 26 年度日本体育協会スポーツ医・科学研究報告Ⅲ　新たなスポーツ価値意識の多面的な評価指標の開発第 1 報』日本体育協会　2015 年／『平成 27 年度日本体育協会スポーツ医・科学研究報告Ⅲ　新たなスポーツ価値意識の多面的な評価指標の開発第 2 報』（公財）日本体育協会　2016 年／『平成 28 年度日本体育協会スポーツ医・科学研究報告Ⅰ　新たなスポーツ価値意識の多面的な評価指標の開発第 3 報』日本体育協会　2017 年
・見田宗介『価値意識の理論―欲望と道徳の社会学―』弘文堂　1966 年
・笹川スポーツ財団『スポーツライフ・データ 2022―スポーツライフに関する調査報告書―』笹川スポーツ財団　2023 年

学びの確認

1. （　　　　　）に入る言葉を考えてみましょう。

① デジタル化が進む現代社会は、人々の生活が便利になる一方で、人間の思考力や身体能力を退化させるという（　　　　　）をもたらす（　　　　　）社会へと変わりつつある。

② スポーツという（　　　　　）文化は、人類が人生をより豊かに生きていくために、その時代その時代にもてる英知や思いを結集して、（　　　　　）・（　　　　　）・（　　　　　）といった 3 つの文化的要素を創意工夫しながら発展させてきた。

③ 私たち人間が（　　　　　）として Well-being な（　　　　　）を形成するには、日常生活の中にスポーツを（　　　　　）といった <u>3</u> <u>つのかかわり方</u>をバランスよく取り込むことが重要である。

④ 21 世紀生涯スポーツ社会の実現に向けては、（　　　　　）の原理に基づくスポーツ推進システムの確立と人々の（　　　　　）を高めるスポーツ教育の実践が重要な課題である。

2. スポーツの文化的価値は主に 6 つで構成されますが、あなたにとって最も重要な価値はどれでしょうか。その理由も書いてみましょう。

....

....

....

....

「価値意識」研究レビュー

立命館大学／中西純司

「価値」と「価値意識」

　わが国の「価値意識」研究の基礎を築いた見田宗介氏は、『価値意識の理論―欲望と道徳の社会学―』（弘文堂、1966年）の中で、価値を「主体の欲求をみたす、客体の性能」（p.17）と定義しています。そして、この定義を簡単に説明すると（pp.17-19）、(1) 主体とは個人または社会集団である。(2)「欲求」とは、道徳的・芸術的・社会的欲求をふくむあらゆる分野において、あるものを「のぞましい」とする傾向のすべてである。(3)「みたす」とは、直接に欲求の対象であるばあい（目的価値、直接的価値、本源的価値）のみならず、欲求をみたす手段ないし条件として間接的に「のぞまれる」ばあい（手段価値、間接的価値、道具的価値）をふくむ。(4)「客体」とは価値判断の対象となりうる一切のものである（実在的・非実在的な物体・状態・事件、行為・人間・社会集団、衝動・観念・思想体系など）。価値とは、客体そのもの（実体）ではなく、客体の性能（属性・特性・能力・力、あるいはそれらの「程度」）とすることで、「のぞましいもの」ではなく「のぞましさ」であると規定する。事物は、価値「である」（be）ではなく、価値「がある」（have）と考えるべきである。そして、価値が客体の側にあることを明示することによって、価値に対応する主体の側の要因は「価値意識」（個々の主体の、多くの客体にたいする、明示的もしくは黙示的な価値判断の総体（p.23））として、価値そのものから概念上区別されるべきである（p.18）、と説明しています。

「スポーツ価値意識」研究の紹介

　このような考え方を踏まえると、スポーツの価値は「個人・集団・組織等の各主体の欲求と行為の選択に際して望ましいとされる、スポーツの客観的な性能や属性」であるといえます。また、スポーツ価値意識は「スポーツの性能や属性を望ましいと考える各主体の意識」と捉えることができます。

　しかし、スポーツは本来、「無色透明で無価値なものに等しい文化」であり［引用文献7］pp.41-42］、スポーツの価値を評価（付与）しているのは私たち人間なのです。そのため、世の中で「スポーツは価値がある・ない」といわれることの実体は「スポーツ価値意識」のことであり、スポーツの価値は、評価する「主体」次第で大きく変わるのです。

　そこで、2014年度から2016年度の3年間にわたって行われた（公財）日本体育協会スポーツ医・科学研究事業「新たなスポーツ価値意識の多面的な評価指標の開発」研究プロジェクト（班長：早稲田大学 木村和彦氏）の成果を簡単に紹介したいと思います（参考文献を参照）。この研究プロジェクトでは、各主体とスポーツとのかかわり方（する・みる・ささえる）からスポーツ価値意識について理論的に分析し、実証的に検証しています。その結果、第1に、「するスポーツ」の価値意識では、個人的価値（プレイ欲求の充足、人間的成長、健康・体力づくり、社交、医療）と社会的価値（社会・生活向上価値、経済的価値、国際的価値、教育的価値）が明確にされました。第2に、「みるスポーツ」の価値意識は、本質的価値（代理達成、ドラマ、パフォーマンス）や手段的価値（社交、逃避）、および社会的価値（集団的アイデンティティ）で構成されていました。最後に、「ささえるスポーツ」の価値意識は、本質的価値（学習、自己改革、社会的義務、地域奉仕）と手段的価値（社交、キャリア形成、能力・経験活用）から構成されることが分かりました。このように、スポーツの価値は各主体の評価によって付与され、それが人々の「スポーツ観」の形成に大きく影響しているのかもしれません。

スポーツをめぐる人間行動の理解

なぜこの章を学ぶのですか？

　人間とスポーツとのかかわり方は多様であり、それは時代とともに変化するものでもあります。スポーツをめぐる人間行動と、社会・経済・文化の変容との間にどのような関係性があるのかについて学ぶことで、スポーツをめぐるさまざまな現象の理解を深めることができます。

第2章の学びのポイントは何ですか？

　本章では、スポーツ参与行動プロセス、およびそこに参加する人々の実態を捉えるための視点について学びます。また、スポーツ参与行動の阻害要因としての抵抗条件や知覚リスクの内容についても説明を行います。

考えてみよう

① 「スポーツにかかわっている人々」とは、具体的にどのような行動をとっている人々であるのかについて、自らのスポーツ経験や身近な生活と結びつけて考えてみましょう。

② 人々のスポーツ参与行動を促進するためには、どのような阻害要因（抵抗条件や知覚リスク）を取り除いていく必要があるのでしょうか。

1 スポーツ参与行動プロセスの理解

　人々のスポーツ参与行動は、時代とともに多様化の傾向をみせてきた。それゆえ、スポーツとかかわる人々をどのように捉えるのかといった点についても、スポーツ生活者やスポーツ消費者などの概念を用いてさまざまな説明がなされてきた。特に、インターネットやソーシャルメディアが普及・定着した現代社会においては、スポーツ参与行動プロセスの捉え方そのものをアップデートしていく必要もある。

1 スポーツ参与行動とスポーツアクター

(1) スポーツ参与行動とは

　スポーツ参与（sport involvement）とは「人々がスポーツに対してどのようなかかわり合いをしているかということ」[1)] を意味している。したがって、本章では、スポーツ参与行動（sport involvement behavior）を「スポーツとどのようなかかわり合いをするのかをめぐって人間がとる意思決定プロセスとその行動」と定義する。そのため、スポーツ参与行動には主に、スポーツを行う・する（スポーツ実践）といった「直接的（1次的）なスポーツ参与行動」と、スポーツをみる（スポーツ観戦）といった「間接的（2次的）なスポーツ参与行動」の2つの形態があるが、スポーツ参与の主体や形態は社会・経済の変化とともに多様化・複雑化しつつある。

(2) スポーツアクターの捉え方

　スポーツアクターとは、スポーツにかかわっている、もしくはかかわるかもしれない行為主体（個人・集団・組織）である。以下で詳述するが、本章では、このスポーツアクターという用語を、児童生徒や地域住民などの「運動者」「スポーツ生活者」、さらには顧客や観客、ファンといった「スポーツ消費者」などの総称として用いたい。そのため、こうしたスポーツアクターのスポーツ参与行動のメカニズムを解明するために、さまざまな学術的研究アプローチが援用されてきたことはいうまでもない。

① 運動者およびスポーツ生活者

　運動（行う・するスポーツ）という視点から捉えられる人間は「運動者」と呼ばれている[2)]。この運動者がとる行動には、走ったり、ボールを投げたりといった運動場面でとる身体運動を意味する「運動行動」と、するスポーツの場や機会に対する接近・移動・逃避行動を総称した「運動者行動」があ

る[3]。体育の学習指導に関する理論と実践を念頭に置いた「体育管理学」を起源とする「体育・スポーツ経営学」では、こうした運動者行動を分析対象としながら、児童生徒や地域住民がある特定のクラブに加入したり（接近）、加入しなかったり（逃避）、あるいは他のクラブから移動してきたり（移動）する要因などを明らかにすることが試みられてきた。

　しかし、1980年代以降は、国民の健康志向の高まりや余暇時間の拡大等に伴う民間スポーツ・フィットネスクラブの台頭、さらには1993（平成5）年のJリーグの開幕などに代表されるプロスポーツリーグ・ビジネスの隆盛などを通じて、「行う・するスポーツ」や「みるスポーツ」の商品化（市場化）が急速に進んでいくことになる[4]。その一方で、1995（平成7）年に登場した総合型地域スポーツクラブやスポーツNPOなどのボランタリー組織の出現によって、「支える・創るスポーツ」の重要性と、互酬性・相互扶助に基づく「共助行為としてのスポーツ」による地域づくりの推進という、スポーツの社会・生活向上価値への期待が醸成される[5]といった新たな潮流も生まれている。

　このようなさまざまな社会・経済の変化に直面する中で、行う・するといった文化を超えた、多様なスポーツ現象とのかかわりで捉える人々を「**スポーツ生活者**」[6]と呼ぶようになった。このスポーツ生活者という概念の根幹には、単なるスポーツサービスの受け手ではなく、スポーツ文化を主体的に創造し実践する運動者として自立・自律してほしいといった願い、すなわち、運動者主体・運動者主導という考え方がある[7]。いってみれば、スポーツの文化的な価値や便益を最大限に享受できるような社会の創造は、こうしたスポーツ生活者の自主的・主体的なスポーツ参与行動が展開あるいは支援されることによって実現するのである（図 2-1 参照）。

②　スポーツ消費者

　こうしたスポーツ生活者の概念と同様に、スポーツマネジメント分野で頻

図 2-1　生活とスポーツ生活

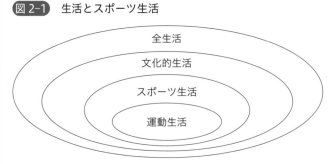

出典　中村平「スポーツ生活と運動生活」八代勉・中村平編著『体育・スポーツ経営学講義』大修館書店　2002年　p.42

繁に用いられているのが「スポーツ消費者（sport consumer)」という概念であり、「何らかの便益（ベネフィット）を得ることを目的としてスポーツに参加する、またはスポーツを観戦するために、時間、金、個人的エネルギーを投資する人々」[8] と定義される。このスポーツ消費者という用語は、スポーツ生活者と同様に、行う・するスポーツやみるスポーツなどの多様なスポーツ参与形態を包含した概念であるが、ある特定のスポーツサービスの生産主体としてのスポーツ組織と、顧客としてのスポーツ消費者との望ましい「交換関係」づくりに着眼した点にその特徴がある。

　また、山下秋二は、スポーツコンシューマー（＝スポーツ消費者）という概念を「スポーツプロダクトの購買者」と説明し、スポーツの生産・消費のサイクルといった観点から、その対象を拡張させた議論を展開している[9]。そのうえで、現実のスポーツ産業を正確に理解するためには、スポーツコンシューマーを、スポーツ用品やスポーツサービスの購買者といった「最終消費者（end user)」と、スポーツスポンサーシップやネーミングライツ、放映権、商品化権などの権利ビジネス、さらにはスポーツ施設の建設やスポーツツーリズムの企画・運営にかかわる企業などに象徴される「ビジネス消費者（business consumer)」という 2 種類の消費者を包括した概念として捉えていく必要がある[10]。本章では、スポーツ参与行動を展開する人々、すなわち、スポーツとのかかわりをもつ「個人」に焦点を当てた議論を中心としているが、スポーツ産業の全体像を把握していこうとする際には、スポーツ消費者の概念そのものを幅広く捉えて「スポーツ取引」を分類するという

図 2-2　スポーツにおける売買取引の形態

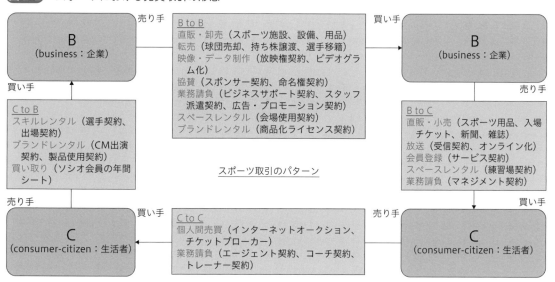

出典　山下秋二「スポーツの生産と消費」山下秋二・中西純司・松岡宏高編著『図とイラストで学ぶ新しいスポーツマネジメント』大修館書店　2016 年　p.13 に筆者加筆修正

視座も必要になってくるであろう（図2-2参照）。

　とはいえ、スポーツ消費者という概念が、1980年代以降に活発化したグローバルな次元でのスポーツの商業化（商品化・市場化）といった流れに少なからず影響を受けてきたがゆえに、時として、「スポーツ文化を主体的に創造し実践する運動者」[11]を理念型（理想）とするスポーツ生活者の論理との間にさまざまな矛盾・葛藤を引き起こしてきたことは否めない[*1]。また、現代スポーツが高度化と大衆化に分裂しながら巨大な社会現象に膨張していく中で、スポーツそのものが政治・経済・メディアなど（ここでいう「ビジネス消費者」）の外部パワーに翻弄されてしまう[13]といった点が問題視されることもある。それゆえ、このような諸問題を解決していく方策について「スポーツ文化論」の観点から議論・検討していくことは、応用的かつ学際的な性格をもつスポーツマネジメントの重要な役割であるといってもよい。

③　スポーツ市民

　今日、「消費者市民社会」[*2]といった観点から、環境や社会に配慮された商品やサービスを選択するといった行動を促すための消費者教育が推進されるようになっている。また、SDGs（Sustainable Development Goals：持続可能な開発目標）やESG投資（Environment, Social, Governance investment）といった発想に基づく多彩な活動が、消費者（国民や地域住民などの生活者）や企業組織、さらには行政機関などの枠を超えた関係性の中で展開され、持続可能な社会づくりに向けた努力と創意工夫が繰り広げられている。

　このような動きを受けて、最近では、多様性や異質性に基づく自由で対等な人間関係や持続可能なスポーツ社会を主体的に構築しようとする「スポーツ市民（sport citizen）」[14]という概念が脚光を浴びつつある。例えば、2018（平成30）年にＪリーグで開始された「シャレン！（社会連携活動）」

＊1　生活者とは、「生活の基本が『自己生産であることを自覚しているもの』であり、『時間と金銭における必要と自由を設定し、つねに識別し、あくまで必要を守りながら』、大衆消費社会の『営利主義的戦略の対象としての、消費者であることをみずから最低限にとどめよう』とする人びと」である[12]。このように、「生活者」という概念は、営利主義の対象としての「消費者」と対置される関係性の中で描かれてきたという背景がある。

＊2　消費者市民社会　2012（平成24）年8月に成立した消費者教育の推進に関する法律（消費者教育推進法）には、「消費者が、個々の消費者の特性及び消費生活の多様性を相互に尊重しつつ、自らの消費生活に関する行動が現在及び将来の世代にわたって内外の社会経済情勢及び地球環境に影響を及ぼし得るものであることを自覚して、公正かつ持続可能な社会の形成に積極的に参画する社会」（第2条第1項）をめざし、消費者教育を推進していくことが記されている。

図2-3　スポーツ市民によるスポーツ価値の増大・普及・共創

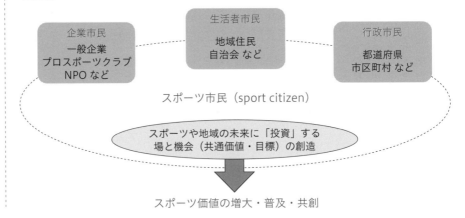

では、地域住民や企業・団体（営利・非営利を問わず）、行政や学校などとJリーグ・Jクラブが連携して社会課題や共通テーマ（教育、ダイバーシティ、まちづくり、健康、世代間交流など）の解決に向かって取り組むという「価値共創」のプロセスが重要視されている。また、試合終了後のスタジアムにおけるサポーターのゴミ拾いが、世界中の「共感」を呼び、他国のサポーターへと広く普及していくといった現象が生じることもある。それらは、スポーツに内包される「共存共栄」や「リスペクト」の精神をベースとしながら、生活者（消費者）・企業・行政が、市民としての平等な立場、すなわち、生活者市民・企業市民・行政市民[15]として、地域社会や国際社会の運営にも主体的に参加していくといった動きである。

　いうなれば、スポーツにかかわる個人・集団・組織が、ただ単にスポーツを「消費」するのではなく、スポーツや地域社会の未来に責任を持ち、これらの未来のために自らの能力や時間を大小さまざまな形で「投資」していく[16]のである。こうした行為の積み重ねによって、市場性と公共性（あるいは、スポーツ消費者とスポーツ生活者をめぐる論理）の間に生じる矛盾・葛藤を創造的かつ前向きに乗り越えたり、その「隙間」を埋めたりしていくといった考え方[*3]が、「スポーツ市民」という概念の土台をなしている[18]。

2 スポーツ参与行動プロセス

　スポーツ参与行動プロセスを理解するためには、時代とともに変化する購買行動モデルの実態を確認・把握することが重要である。購買行動モデルは、消費者が商品やサービスを購入・利用するまでの心理的・行動的プロセスを把握するための理論的フレームワークであり、スポーツ参与行動プロセスを理解するうえでも有益である。その代表的な購買行動モデルには、AIDMA（アイドマ）やAISAS（アイサス）（図2-4 参照）をはじめ、VISAS（ヴィサス）やSIPS（シップス）（図2-5 参照）などの理論モデルが存在し、これらの購買行動モデルは、民間スポーツ・フィットネスクラブや総合型地域スポーツクラブへの入会、試合観戦チケットの購入などに関するスポーツ需要創造を促進していく場面でも頻繁に活用されている。

　例えば、マスメディア時代に提唱されたAIDMAや、その後のWeb時代に普及したAISASなどの理論モデルでは、消費者の購買行動が、ある特定の商品やサービスを認識し（Attention：注意）、興味をもつ（Interest：興味・関心）といった段階からスタートするものとして描かれている点に着目しておく必要がある。これに対して、SNS（Social Networking

＊3　スポーツにかかわる組織の捉え方などについても、従来のような官僚制組織やネットワーク組織の視点に加えて、自らの自己実現を図るためのフラットな関係の中で協力しあいながら、共通の目標達成に向けて成長を続けるといった組織を意味する「ティール組織」[17]など、新しく生まれつつある組織構造の実態にあわせて柔軟に変化させていく必要性が生じるものと考えられる。

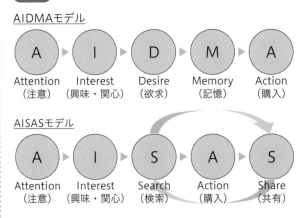

図 2-4　AIDMA と AISAS

AIDMAモデル

A Attention（注意）　I Interest（興味・関心）　D Desire（欲求）　M Memory（記憶）　A Action（購入）

AISASモデル

A Attention（注意）　I Interest（興味・関心）　S Search（検索）　A Action（購入）　S Share（共有）

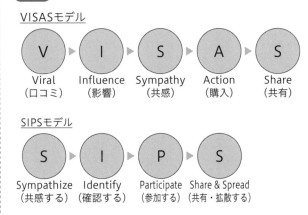

図 2-5　VISAS と SIPS

VISASモデル

V Viral（口コミ）　I Influence（影響）　S Sympathy（共感）　A Action（購入）　S Share（共有）

SIPSモデル

S Sympathize（共感する）　I Identify（確認する）　P Participate（参加する）　S Share & Spread（共有・拡散する）

＊4　例えば、鹿島アントラーズでは、2041 年（クラブ創設50 周年）に向けた経営ビジョン「VISION KA41」を設定し、県立カシマサッカースタジアムを拠点としたノンフットボールビジネス（病院やスポーツジム、ミュージアム、スポーツターフにかかわる事業など）を展開している。このほか、2023（令和 5）年 3 月に開業した北海道ボールパーク F ビレッジ（エスコンフィールドHOKKAIDO）では、野球やスポーツに興味がない人々との最初のタッチポイント（接点）づくりをめざして、試合のない日も営業する温泉・サウナ施設、レストラン・商業施設、子どもの遊び場、さらには認定こども園や農業学習施設などが設置されている。

Service）などのソーシャルメディアが 2010（平成 22）年以降に普及し定着した現代社会では、VISAS や SIPS などの理論モデルが示すように、発信者の情報や商品・サービスに対する消費者の「共感」（Sympathy）を獲得していくことが重要視される。

　とりわけ、SIPS モデルに着眼した場合、商品やサービスの購入がゴールとなるわけではなく、消費者（生活者）が共感し（Sympathize）、得られた情報の信頼性を確認する（Identify）ことで参加（Participant）し、そして情報を共有・拡散（Share & Spread）していくといった行動が想定される [19]。それはスポーツ参与行動も例外ではなく、今後、スポーツ組織には、「する・みる」という直接的・間接的なスポーツ参与行動を生起させるための需要創造努力と並行して、スポーツ組織自らが発信するメッセージやスポーツアクターからの投稿コンテンツなどに共感し、より軽い気持ちでフォローや "いいね！（Like）"、リポストやシェアをしてくれる人々を増加させるための創意工夫も求められる。いわば、これまではただ単に「スポーツに

参与しない人々」と見なされてきた存在の中にも、ある特定のスポーツの普及やプロスポーツクラブの顧客づくりなどに参加・貢献してくれる人々がいるのである。その意味で、プロスポーツ（観戦型スポーツサービス）における「ノンフットボールビジネス」や「ボールパーク」といった考え方[*4] については、スポーツとのかかわり方をめぐる従来の発想（する・みる・ささえる）を拡張させた「より緩やかな」スポーツ参与行動として想定しながら、スポーツをめぐる人間行動を包括的に理解していく必要もあろう。

2　スポーツ参与行動プロセスに参加する人々

　スポーツ参与行動プロセスに参加するのは、参加型・観戦型スポーツサービスを享受（購入・利用）している人々だけではない。そこには、個々人のスポーツ参与をめぐる意思決定に影響を与える「重要なる他者」が存在しているはずである。また、購買参加者の類型やイノベーションの採用者カテゴリーなどのさまざまなアプローチを行うことによって、スポーツ参与行動プロセスにおける人間的な相互作用のリアリティ（現実）をより鮮明に描き出すことができる。

1　スポーツ参与行動への影響要因と「重要なる他者」

（1）スポーツ参与行動に影響を与える要因

　前節では、時代の変化に応じて、スポーツ参与行動プロセスそのものが大きく変化してきたことを説明した。このことは、個々人のスポーツ参与行動がさまざまな要因に影響を受ける、ということを意味している。

　とりわけ、コトラー（P. Kotler）は、消費者行動に影響を与える要因として、国籍・宗教・人種といった「文化的要因」、消費者が所属しているグループや社会的ネットワーク、家族、社会的役割などの「社会的要因」、職業・年齢・経済状態・ライフスタイル・パーソナリティなどにかかわる「個人的要因」、そして、動機・知覚・信念・態度などを意味する「心理的要因」の4つを挙げている[20]。それゆえ、スポーツ参与行動をめぐる人々の選択も、これら4つの要因が複雑に絡んだ結果として理解することが適切である。

（2）「重要なる他者」の重要性

　上記（1）で紹介した4つの要因のうち「社会的要因」に焦点をあててみると、スポーツ参与行動プロセスでは、個々人のスポーツ参与をめぐる意思

＊5　スポーツへの社会化（socialization into sports）
スポーツ社会化論（Sport Socialization）における一つの代表的なアプローチの視点であり、人間がスポーツの世界に足を踏み入れ、その中で期待されるスポーツ的役割（規範、価値、習慣的行動様式）を学んでいく過程として描かれている[21]。これに対して、ある特定のスポーツ的役割を遂行する中で、社会生活を営む際に必要となるより一般的な態度、価値、技能、性向を身につけていくことを「スポーツによる社会化（socialization via sports）」と呼んでいる[22]。

決定に大きな影響を及ぼす可能性のある「重要なる他者（significant others）」の存在に着眼する必要がある。とりわけ、スポーツ参与行動を「スポーツへの社会化（socialization into sports）」[*5]といった視点で捉えた場合、親、きょうだい、友人、教師、コーチなど、意思決定を行う本人と相互作用しあう者が「重要なる他者」として位置づけられてきた[23]。

　ここでは、「重要なる他者」の存在を確認するために、コトラーが提示した購買参加者の類型[24]に基づいて、具体的なスポーツ参与行動の事例（ある家庭で子どものスイミングスクールへの入会をめぐる意思決定が行われたプロセス）を吟味してみよう。確かに、スイミングスクールが提供するスポーツサービスを実際に消費・利用する「使用者（user）」は子どもである。しかし、はじめに「子ども（孫）のスイミングスクールへの入会」というアイデアを「発案者（initiator）」として思いつき、提案したのは祖父であった。また、このアイデアの最終決定には、母親のママ友が「スイミングスクールは子どもの心身の成長にもいいよ」などと「影響者（influencer）」としての細かいアドバイスをしたようである。そして、家庭内でのさまざまな議論を経て、母親が、子どもをいつ、どのような方法でスイミングスクールに通わせるのかを決める「購買決定者（decider）」となり、実際には父親が契約を行い、入会金と会費を支払うという「購買者（buyer）」の役割を果たすことになる。

　この事例からもわかるように、人々のスポーツ参与行動プロセスには、実際にスポーツとかかわる当事者だけではなく、より多様な人々が参加することになる。加えて、VISAS や SIPS といった購買行動モデルを加味すれば、デジタル化社会を生きる現代人のスポーツ参与行動には、家族・友人・同僚といった「重要なる他者」だけではなく、SNS 上での「顔の見えない相手」との相互作用も大きな影響を及ぼす可能性があるといえよう。

2 スポーツイノベーションの普及

　スポーツ参与行動プロセスに参加する人々のさらなる理解を図るためには、スポーツイノベーションの普及過程に関する知見を参考にすることが有益である。スポーツイノベーションとは、「人々や組織がこれまでとは違った方法・やり方でスポーツとかかわるようになること」を意味している[25]。つまり、これまではアーバンスポーツや e スポーツに見向きもしなかった人々がこれらの競技に親しむようになったり、地域住民が近隣にできた 24 時間営業のフィットネスジムに新規入会したりすることはもちろん、プロス

ポーツ組織に DX 化（デジタルトランスフォーメーション）に関わる新技術が導入されていくことなども、スポーツイノベーションの典型例である。

　イノベーションの普及研究[*6] の権威であるロジャーズ（E.M.Rogers）は、イノベーションの採用者数を縦軸に、そして、そのイノベーションがある特定の社会・組織などにはじめて登場した時点からの経過時間を横軸にとったイノベーションの普及曲線を描き出すと同時に、これらの採用者を「イノベータ（innovators）」「初期採用者（early adaptors）」「初期多数派（early majority）」「後期多数派（late majority）」「ラガード（laggards）」といった 5 つのカテゴリーに分類している[27]（図 2-6 参照）。この採用者カテゴリーは、スポーツ参与行動プロセスに参加する人々の果たす役割が、ある特定のイノベーションを採用した時期によって異なることを示唆している。

　具体的にいえば、イノベータは新しいスポーツをその社会に持ち込むことのできる「ゲートキーパー」となるほか、初期採用者は他の人々の意見に主導的な影響を及ぼす「オピニオンリーダー」としての役割を果たすことがある[28]。それゆえ、スポーツ組織は、世の中に新しく生まれたスポーツプロダクトの普及率や経過時間などによって、優先的に行うべきマネジメント努力が異なってくることを認識しておかなければならない。また、スポーツ組織が 21 世紀生涯スポーツ社会を実現していくためには、スポーツ参与行動プロセスを通じてスポーツアクターが直面し得るさまざまなリスクを予測し抑制・低減していくといった発想も必要不可欠である。

＊6　普及研究におけるイノベーションは、「個人あるいは他の採用単位によって新しいと知覚されたアイデア、習慣、あるいは対象物」[26]と定義される。

図 2-6　イノベーションの普及曲線と採用者カテゴリー

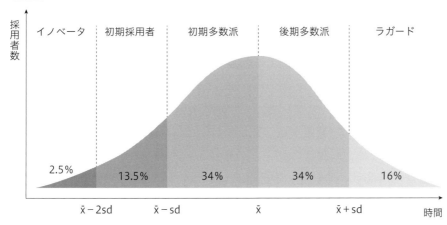

出典　E.M. ロジャーズ（三藤利雄訳）『イノベーションの普及』翔泳社　2007 年　p.229

3 スポーツ参与行動に伴う知覚リスク

　人々のスポーツ参与行動を促進するためには、それらを阻害する要因を予測し抑制・低減していく必要がある。こうした阻害要因は「抵抗条件」や「知覚リスク」といった概念で理解することができる。とはいえ、参加型・観戦型スポーツサービスに内在する「結果の未確定性」といった特徴（プロダクト特性）が、スポーツアクターの参与行動に大きな影響を及ぼしている可能性を見逃してはならない。

1 スポーツ参与行動を阻害する要因

　運動者行動の研究ではこれまで、人々がスポーツの「場」からの逃避・離脱行動をとる原因や理由を明らかにすることによって、「抵抗条件」をいかに取り除くかといった議論が展開されてきた[29]。主な抵抗条件としては、❶参加したいスポーツクラブや教室がないといったスポーツサービスやその運営に関する条件、❷興味や欲求がなかったり健康を害しているなどの運動者の主体的条件、❸時間を取ることができないとか経済的な余裕がないなどの自然的または社会的条件の 3 つが挙げられている[30] [31]。

　こうした 3 つの抵抗条件のうち、特に❸の運動者については、「体育・スポーツ以外の領域に問題の中心が移ってしまっており、接近行動実現の期待はもちにくい」[32]といった評価がなされてきた。しかしながら、消費者行動論で展開されてきた「知覚リスク（perceived risk）」という概念を適用してスポーツ参与行動を阻害する要因を特定化することができれば、スポーツ逃避・離脱行動をとる人々が抱える問題や不安などを解消するための新たなアイデアやヒントを得ることができるかもしれない。

　一般に、知覚リスクとは、製品やサービスを消費することにより、好ましくない結果や問題が発生するかもしれないという考えや信念[33]を意味している。そのため、消費者や製品によって感じる知覚リスクの種類や程度が異なる[34]ことは否めないが、 表 2-1 には、スポーツアクターがスポーツサービスを購入したり利用したりする際に知覚する 11 のリスクを整理している。

表 2-1　スポーツアクターが知覚するリスク：J リーグの試合観戦の場合

リスクの種類	内容
パフォーマンスリスク	チームや選手のパフォーマンスが悪く、魅力的な試合が楽しめないのではないか
物理的リスク	スタジアム内外の物理的環境（座席や屋根、トイレなど）に問題があるのではないか
身体的リスク	スタジアムやその周辺で生じる危険（サポーター間の衝突やボールの飛来、交通事故など）が自らの身体の生命や健康に害を与えるのではないか
心理的リスク	チケットを購入したことに対する不満や後悔が生じるのではないか
社会的リスク	そのクラブを応援していることを他者から批判されたり、認められないのではないか
経済（金銭的）リスク	チケット代に見合ったサービスが受けられず、金銭的に無駄な支出をしてしまうのではないか
取引履行リスク	予約したはずのチケットやグッズを手に入れることができないのではないか
情報漏洩リスク	自らの個人情報が漏洩して、プライバシーが侵害されるのではないか
決済リスク	クレジットカードなどの決済に関する情報が漏洩し、悪用されるのではないか
時間的リスク	スタジアムや指定された座席に到着するまでに多くの時間を費やしてしまうのではないか
機関リスク	チケットやグッズを販売する J リーグ・J クラブは信用できるのか

出典　備前嘉文「アスリートによるエンドースメントの概念の検討」『スポーツマネジメント研究』第 4 巻第 1 号 2012 年　p.24 を参考に筆者作成

2　知覚リスクに対する人々の反応

　それでは、こうした知覚リスクは、いかにすれば予測し抑制・低減していくことができるのだろうか。知覚リスクが発生したときの消費者の反応は、次の 3 つのタイプに分類されている[35]。第一は、より広範に情報収集するといった反応である。スポーツ参与行動においては、自分自身でスポーツ関連の専門誌を読んで知識を高めるといった情報収集もあれば、インターネットや SNS による情報探索を行ったり、スクールの無料体験や、無料招待券によるスポーツ観戦の機会などを利用したりする場合もある。

　第二は、安心できるものを選択するという反応である。それは、過去に購入したことがあるシューズやグローブ、ラケットなどを購入するといった行動をはじめ、有名選手やその他の専門家が推奨するスポーツサービスや、有名ブランドを選択するといったことを意味している。加えて、失敗したときの後悔が少ない低価格なスポーツサービスを利用したり、逆に、高価格であってもより充実した設備やサービスを備えたフィットネスクラブに通ったりするといった行動なども想定されよう。

最後は、知覚リスクを相殺するような魅力的なベネフィットを製品に期待するといった反応である。例えば、ある特定のスポーツ用品・サービスに対する満足度が低かったとしても、そのブランドを使用している人々の社会的ネットワーク、あるいはそのスポーツクラブの仲間集団に所属していることによって得られるベネフィットが大きいと知覚されることで、そのスポーツ用品・サービスが継続的に購入されていく可能性がある。

　一方、知覚リスクは、特に消費者にとって重要な製品、あるいは製品知識の少ない製品の購買意思決定で発生しやすい[36]とされている。それゆえ、スポーツ組織が多くの人々のスポーツ参与行動を促進していくためには、各個人がスポーツサービスの購入や利用に対して、どのような知覚リスクを、どの程度の強さでもちやすい傾向にあるのかを予測し、それらを抑制・低減させていくためのマネジメント努力が必要不可欠である。

　とはいえ、参加型・観戦型のスポーツサービスにおいては、「結果の未確定性（uncertainty of outcome）」といった特徴（パフォーマンスリスク）が、スポーツアクターの参与行動に大きな影響を及ぼす可能性がある。自分たちがプレーまたは応援しているチームがいつも素晴らしいパフォーマンスを発揮して試合に勝利できるとは限らない（顧客が期待する便益（効用）を提供できるかどうかを事前に予測できない）ということが、一般的な製品やスポーツ用品・用具の特性とは大きく異なる点であるといってもよい。

　こうした状況においては、予想を覆すような勝利や終了間際の逆転勝利といった「驚きを伴う感動」[37]によって、一瞬にして人々の心が鷲掴みにされるといったことも起こり得る。しかしながら、このような「驚きを伴う感動」を作り出すためには相応のコスト（時間・お金・労力）が求められる[38]。また、プロスポーツなどの場合には、競技成績の悪化や下位リーグへの降格などが観客動員数の低下に直接的な影響を及ぼしてしまうこともあるほか、事前にどれだけ入念な準備を行ったとしても、試合当日の天候や気温によって来場者の満足度やその後の観戦行動などに変動が生じてしまう場合がある。

　したがって、プロスポーツ組織は、選手やチームの最後まで諦めない懸命な姿や卓越したプレーをみせるといった場面はもちろんのこと、スタジアム・アリーナで他の観客との共鳴・一体感を感じることができる場面、さらには優れたスタッフサービス（付加的要素）が享受できる場面を創出していくなど、より再現性の高い「予定調和の感動」を作り出すための努力や創意工夫を行っていかなければならない[39]。このような感動場面の「再現性」を追求・追究していく過程においても、スポーツをめぐる人間行動の深層的な理解が必要不可欠になるのである。

引用文献

1 ）景山健・今村浩明・佐伯聰夫「スポーツ参与の社会学について」体育社会学研究会編『スポーツ参与の社会学』道和書院　1984 年　p.3

2 ）中村平「スポーツ生活と運動生活」八代勉・中村平編著『体育・スポーツ経営学講義』大修館書店　2002 年　p.43

3 ）同上書　p.44

4 ）中西純司「現代の『スポーツ経営学』考」有賀郁敏編『スポーツの近現代―その診断と批判―』ナカニシヤ出版　p.397

5 ）同上書　p.398

6 ）前掲書 2 ）　pp.41-42

7 ）柳沢和雄「まえがき」柳沢和雄・木村和彦・清水紀宏編著『テキスト体育・スポーツ経営学』大修館書店　2017 年　p. iv

8 ）原田宗彦「スポーツファンの消費行動」杉本厚夫編『スポーツファンの社会学』世界思想社　1997 年　pp.149-170

9 ）山下秋二「スポーツコンシューマー」中村敏雄・髙橋健夫・寒川恒夫・友添秀則編『21 世紀スポーツ大事典』大修館書店　pp.168-170

10）同上書　p.168

11）前掲書 7 ）　p. iv

12）天野正子『生活者とは誰か―自律的市民像の系譜―』中公新書　1996 年　pp.129-130

13）佐伯年詩雄「変貌するスポーツ―流動化するガバナンスとヘゲモニーの現在―」『現代スポーツ評論』創文企画　2009 年　pp.55-67

14）山本悦史「スポーツガバナンス」山下秋二・中西純司・松岡宏高編著『図とイラストで学ぶ新しいスポーツマネジメント』大修館書店　2016 年　p.49

15）松野弘『地域社会形成の思想と論理―参加・協働・自治―』ミネルヴァ書房　2004 年　p.237

16）山本悦史「J クラブによる地域貢献活動の新展開―ソーシャルガバナンス論からのアプローチ―」有賀郁敏編『スポーツの近現代―その診断と批判―』ナカニシヤ出版　pp.423-445

17）フレデリック・ラルー（鈴木立哉訳）『ティール組織―マネジメントの常識を覆す次世代型組織の出現―』英治出版　2018 年

18）同上書　pp.439-440

19）佐藤尚之『明日のコミュニケーション―「関与する生活者」に愛される方法―』アスキー新書　2011 年　pp.153-156

20）P. コトラー・G. アームストロング・M.O. オプレスニク（恩藏直人訳）『コトラーのマーケティング入門［原書 14 版］』丸善出版　2022 年　pp.200-220

21）塙敏「スポーツと社会化」森川貞夫・佐伯聰夫編著『スポーツ社会学講義』大修館書店　1988 年　pp.127-129

22）同上書　pp.130-132

23）同上書　pp.132-133

24）P. コトラー（村田昭治監、小坂恕・疋田聰・三村優美子訳）『マーケティング・マネジメント―競争的戦略時代の発想と展開―』プレジデント社　1983 年　p.84

25）山下秋二『スポーツ・イノベーションの普及過程―スポーツの産業化に伴う個人と組織の革新行動―』大修館書店　1994 年

26）E.M. ロジャーズ（三藤利雄訳）『イノベーションの普及』翔泳社　2007 年　p.16

27）同上書　pp.228-235

28）同上書　pp.231-235

29）前掲書 2 ）　pp.47-48

30）前掲書 2 ）　pp.47-48

31）永田秀隆「体育・スポーツ経営と運動生活」柳沢和雄・木村和彦・清水紀宏編著『テキスト体育・スポーツ経営学』大修館書店　2017 年　p.31

32）前掲書 2 ）　p.48

33）白井美由里「消費者の知覚」守口剛・竹村和久編著『消費者行動論―購買心理からニューロマーケティングまで―』八千代出版　2012 年　pp.51-71

34) 同上書　p.63
35) 同上書　pp.64-65
36) 同上書　p.65
37) 押見大地「スポーツ消費経験における感動の評価」『感性工学』第16巻第3号　日本感性工学会　pp.140-146
38) 同上書　p.145
39) 同上書　p.145

学びの確認

1.（　　　　　）に入る言葉を考えてみましょう。

① 行う・するといった文化を超えた、多様なスポーツ現象とのかかわりで捉える人々を（　　　　　　　）と呼んでいる。これに対して、何らかのベネフィットを得ることを目的としてスポーツに参加する、またはスポーツを観戦するために、時間、金、個人的エネルギーを投資する人々は（　　　　　　　）と呼ばれている。さらに、近年では、多様性や異質性に基づく自由で対等な人間関係や持続可能なスポーツ社会を構築していくといった個人・集団・組織を（　　　　　　　）と捉えようとする視点なども登場している。

② スポーツ参与行動および消費者行動に影響を及ぼす要因としては、国籍・宗教・人種などといった（　　　　　　）、消費者が所属しているグループや社会的ネットワーク、家族、社会的役割などの（　　　　　　）、職業・年齢・経済状態・ライフスタイル・パーソナリティなどにかかわる（　　　　　　）、そして、動機・知覚・信念・態度などを意味する（　　　　　　）の4つを挙げることができる。

2. スポーツ参与行動の阻害要因となる「抵抗条件」および「知覚リスク」を抑制・低減していくためには、具体的にどのような取組が必要になるのでしょうか。あなた自身の考えについて自由に述べてみましょう。

....
....
....
....

人はなぜスポーツを観戦するのか？

・・・・・・・・・・・・・・・・・・・・・・・・・・・・・・・ 新潟医療福祉大学／山本悦司

▌スポーツ観戦行動をめぐる多様な研究蓄積

　スポーツの観戦者を対象とした研究は、国内外で多数実施されている。プロスポーツから大学スポーツ、パラスポーツに至るまで、その対象はさまざまであるが、多くの研究者が、人口統計的変数（年齢や性別、居住地など）のほか、スポーツファンの観戦動機（試合を観戦する理由）、観戦満足（試合そのものや試合会場で提供されるサービスへの満足度）、クラブへの愛着やスポーツ観戦によって生じる感情などの心理変数、再観戦行動などに代表される行動変数に着目したユニークな研究を展開している。

　こうした多様な研究蓄積に含まれる研究の一例として、以下では、筆者らが実施したアルビレックス新潟（サッカーＪリーグ）ホームゲーム観戦者に関する調査・分析の結果を紹介する。なお、研究方法などの詳細については、山本悦史・本間崇教・中西純司「スポーツ成熟市場におけるスポーツ観戦者の特性把握：アルビレックス新潟の事例を手掛かりとして」『スポーツ産業学研究』（第 32 巻第 3 号 2022 年　pp.315-332）を参照されたい。

▌アルビレックス新潟ホームゲーム観戦者の分析

　2021 年 5 月に行われたアルビレックス新潟のホームゲーム 4 試合を 1 度以上観戦した 3,312 サンプルを対象に、5 つのスポーツ観戦動機尺度（パフォーマンス・社交・代理達成・逃避・ドラマ）を用いたファン・セグメンテーション分析を実行した。その結果、アルビレックス新潟のホームゲーム観戦者は「浮動型観戦者層」「内向型観戦者層」「習慣型観戦者層」「熱狂型観戦者層」の 4 タイプ（スポーツ観戦者セグメント）に分類できることが明らかとなった。また、Ｊリーグの中でも有数の「熱狂的なサポーターに支えられるクラブ」と評価されてきたアルビレックス新潟のホームゲーム観戦者については、熱狂型観戦者層が多数を占めると同時に、習慣型観戦者層がより多くの割合を構成している点が特徴的であったと言える（ 図 2-7 ）。

図 2-7　習慣型観戦者層の特性
（スポーツ観戦動機 5 因子の標準化得点）

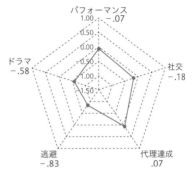

出典　山本悦史・本間崇教・中西純司「スポーツ成熟市場における
　　　スポーツ観戦者の特性把握：アルビレックス新潟の事例を手
　　　掛かりとして」『スポーツ産業学研究』第 32 巻第 3 号　日本
　　　スポーツ産業学会　2022 年　pp.315-332

　特に、逃避（スポーツ観戦を通じて日常あるいは日常の悩みや心配から離れたいという欲求）と、ドラマ（結果の予測不能性やドラマ性から得られる緊張感や驚きに対する欲求）に関する標準化得点が低い傾向をみせた習慣型観戦者層には、60 歳以上の高齢者や 10 年以上の応援歴をもつ人々が多く含まれていた。これらのことから、この習慣型観戦者層に分類されたスポーツ観戦者の多くは、アルビレックス新潟が「満員のスタジアム」を実現し、Ｊリーグで躍進を遂げた 2000 年代以前にクラブのファンとなり、現在もなお、「習慣的に」スタジアムに足を運び続けている人々である可能性が高いことが推察された。このことはアルビレックス新潟が、サポーターとの長期的な関係性を構築するための「顧客関係性マーケティング」を実践してきたことを裏付ける結果でもあったと考えられる。

　このように、スポーツ観戦者をさまざまな観点から調査・分析することによって、人々のスポーツ参与（観戦行動）をめぐる実態や課題の把握、およびスポーツファンが抱くニーズや欲求の解明などが可能になってくるものと考えられる。

第3章 スポーツマネジメントの考え方

なぜこの章を学ぶのですか？

　私たちがスポーツの文化的価値を享受するためには、多様なスポーツ参与行動（する・みる・ささえる）を形成・維持するためのスポーツ環境が必要です。なかでも、スポーツを「する・みる」という参与行動の創造を通じて人々の豊益潤福なスポーツライフを実現することは、スポーツマネジメントの基本的な目的です。

第3章の学びのポイントは何ですか？

　本章では、スポーツマネジメントの考え方を学ぶとともに、人々の「する・みる」スポーツ活動の成立に必要なスポーツプロダクトの捉え方についても学習します。

考えてみよう

①　スポーツマネジメントとはどのような活動（営み）であるかを考えてみましょう。

②　私たちがスポーツをしたり、みたりする場合、そうした活動の場や機会は誰がどのようにしてつくっているのかを考えてみましょう。

1 スポーツマネジメントとは何か

　スポーツマネジメントという言葉は、今や日常会話の中でもごく自然に使われ、便利な「バズワード」のように広く浸透している。そのため、ある人はプロスポーツクラブ・球団の「経営」をイメージしたり、また、ある人はスポーツ施設やスポーツレッスン、イベントなどのスポーツ活動の場や機会を創る「事業」[*1] という意味で用いたりと、その定義や意味は実に多様である。しかし、スポーツマネジメントは、単なるおしゃれなバズワードではなく、学問的な概念として発展してきた専門用語である。

1 スポーツマネジメントへの学術的関心の高まり

（1）スポーツマネジメントの誕生と発展

　スポーツマネジメント（Sport Management）という概念は、約 150 年前に、近代スポーツ発祥地のイギリスにおけるスポーツクラブのマネジメント・システムから誕生したといわれる[2][*2]。その後（1800 年代初期に）、こうしたスポーツクラブのマネジメント・システムがアメリカにも応用（輸入）され、「国民的娯楽」（National Pastime）の創造をめざすアメリカは、プロスポーツリーグのマネジメントやトーナメント方式のプロスポーツ（テニスやゴルフなど）の組織化等を意味する概念としてスポーツマネジメントを用いたという[3]。

　しかし、「学問領域」（academic field）としてのスポーツマネジメントの歴史は浅く、欧米において、このスポーツマネジメントの理論化と学術的活動が本格化したのはスポーツの商業化と産業化が急速に進行する 1980 年代から 1990 年代にかけてである。例えば、1984 年に開催されたロサンゼルス・オリンピック大会（ロス五輪）は、後に「ユベロス・マジック」[*3] と呼ばれる権利ビジネスを基軸としたスポーツマネジメントを最初に導入し、国際オリンピック委員会（International Olympic Committee：IOC）の商業主義路線をスタートさせる契機になったといってもよい。この権利ビジネスは、やがてプロスポーツリーグやメガ・スポーツイベントをはじめ、大学スポーツなどのマネジメントやマーケティングにも応用されるようになり、今や「スポーツビジネスの成功方程式」に必須のファイナンシャル・マネジメントとして広く活用されている。

　これを機に[*4]、北米（アメリカとカナダ）においては、こうしたスポーツビジネスの拡大にも理論的かつ実践的に対応できるスポーツマネジメント専

*1　事業
「資本の運用によって人間生活に必要な商品（物財）あるいは用益（サービス財）を継続的かつ反復的に提供する仕事」[1]（傍点筆者）のことであり、「事業活動」と表現することもできる。

*2　パークハウスは、多くの観客を集めて「剣闘士や動物による戦闘大会（combat）」を開催していた古代ギリシャ時代からスポーツマネジメントが存在したと説明している[引用文献 6）4.]。

*3　ユベロス・マジック
ロス五輪大会組織委員長のピーター・ユベロス氏は、①公式スポンサー＆サプライヤー権、②公式マークやロゴ等の商品化権、③独占放映権を販売するという"魔法のような"3 つの権利ビジネスを考案した。この方法は後に、未曾有の利益を生み出す「ユベロス商法」とも呼ばれ、スポーツビジネスの成功方程式として称賛された。

＊4　1980～1990年代における欧米のスポーツビジネスの拡大だけではなく、アメリカでは1980年以来の財政逼迫と出生児数減少による「学校予算・教師数・体育授業の削減→大学の『脱・体育教師養成』カリキュラム改革の取組」という悪循環の影響もある［引用文献5）pp.400-402］。

＊5
第4章 columm 参照。

＊6　1993年にヨーロッパスポーツマネジメント学会（EASM）、1995年にオーストラリア＆ニュージーランドスポーツマネジメント学会（SMAANZ）、2002年にアジアスポーツマネジメント学会（AASM）が創設され、北米、ヨーロッパ、オセアニア、アジアの4地域に学術的なスポーツマネジメント学会組織が結成されるに至っている。また、2010年には、中南米に「ラテンアメリカスポーツマネジメント学会」（ALGEDe）が、アフリカに「アフリカスポーツマネジメント学会」（ASMA）がそれぞれ設立された。さらには、各学会間の情報共有と研究活動の促進を目的とする「世界スポーツマネジメント学会」（WASM）も2012年に設立された［引用文献5）p.408］。

門職（人材）の養成とスポーツマネジメントの理論体系化を主な目的とする「北米スポーツマネジメント学会」（North American Society for Sport Management：以下「NASSM」）が1985年に新設され、学術的活動が本格的に始動した。この NASSM は、スポーツマネジメントを「あらゆるセクター（組織体）によって事業として営まれているスポーツ、エクササイズ、ダンス、およびプレイ（遊戯）に関連したマネジメントの理論と実践」[4] として包括的に定義し、その研究対象を体育教師に代わる新たな職業機会の開拓につながる「スポーツ産業」（Sport Industry）の領域[*5] に求めている。その後、北米におけるスポーツマネジメントの学術的活動は、スポーツビジネスのグローバル化の波とともにスポーツ先進諸国へと普及・伝播し、各国・地域で専門的な学術組織[*6] が形成されるトリガー（引き金）となったのである。

（2）「体育管理学」から「体育・スポーツ経営学」へ

　わが国では、体育・スポーツの振興や体育の学習指導（学校体育）の中に経営・管理的な営みの重要性を発見した宇土正彦によって、「人と運動（「する」スポーツ）とのかかわり」（体育現象）の創造を通して人々の豊かな運動生活の実現を図るという「体育管理学」が1960年代から1970年代にかけて理論体系化された[5]。しかし、1980年代以降には、民間スポーツ・フィットネスクラブの台頭をはじめ、ロス五輪のビジネス化やプロ野球・Jリーグに代表されるプロスポーツリーグ・ビジネスの隆盛など、「する・みる」スポーツ活動の商品化（市場化）が急速に進み、スポーツの経済的価値を追求する「スポーツビジネスの時代」が到来した。そのため、この体育管理学も、人々の多様なスポーツ需要（ニーズや欲求等）に対応して質の高いスポーツサービスを創造し、豊かなスポーツ生活を実現させるというマーケティング思考を体育・スポーツ事業の運営に応用した「体育・スポーツ経営学」へと理論的に進化する一方で、その研究者や実務家の多くが北米のスポーツマネジメント理論に対する学術的関心を高めていったことも否めない。

　このように、スポーツマネジメントの発展とわが国の体育・スポーツ経営学の理論的進化を考慮すると、スポーツマネジメントは、「人々の豊益潤福なスポーツライフの実現に向けて、体育やスポーツの文化的な普及・推進と高質化にかかわる様々な組織体が行う経営・管理的な営みの総称」として包括的に捉えられ、「スポーツ経営（学）」という訳語をあてることもできる。

2　スポーツマネジメントの定義

(1)「スポーツ」と「マネジメント」

　スポーツマネジメント（Sport Management）は、「スポーツ」（Sport：正確には「スポート」である）と「マネジメント」（Management）という2つの基本的な用語からなる構成概念である [6]。それゆえ、この構成概念を定義するためには、それぞれの用語を明確にしておく必要がある。

　はじめに、スポーツという用語における単数形（Sport：スポート）と複数形（Sports：スポーツ）の使い方である。パークス、ザンガー、クォーターマン（J. Parks, B. Zanger, and J. Quarterman）によれば、「Sports は、ゴルフやサッカー、ホッケー、バレーボール、ソフトボール、体操などの数えられる一連の複数種目のように、全く異なる運動競技（種目別スポーツ）の集合体を意味している。しかし、Sport は、種目リストに載せる一部の活動ではなく、それが用いられる文脈に依拠したすべてのスポーツ活動（all sporting activities：例えば、フィットネスやレクリエーション、運動競技、レジャーなどに焦点をあてた多種多様な身体活動や経験とそれに関連した事業など）を包含する集合名詞（a collective noun）である」[7] という。

　いってみれば、Sports は本質的に「個々の種目別スポーツ活動（sports activities）」を意味するのに対して、Sport は「より広くすべての身体活動や経験とそれに関連した事業的要素までも包含する概念」なのである。そのため、Sports Management と英語表記をした場合は、「個々の種目別スポーツ活動をマネジメント（管理）することだけ」を意味する概念になってしまうのである [8]。NASSM は、集合名詞である単数形の"Sport"を選択し、Sport Management の概念と研究分野をより鮮明にするためにも「スポート」の使用を奨励している [9]。とはいえ、「スポートマネジメント」では、日本語（の発音）として少し違和感があり、日常会話でも使いにくいため、本書では、敢えて「スポーツマネジメント」と表現する。

　続いて、マネジメントの意味を理解するには、しばしば互換的に用いられる「アドミニストレーション」（Administration）との違いを明確にする必要がある。マリン（B. J. Mullin）によれば、両者とも「管理」や「経営」を意味する用語で概念的な違いはないが、マネジメントは製品・サービスの販売によって生じた収益を財源とする民間部門（企業組織）で主に用いられるのに対して、アドミニストレーションは、租税収入や授業料・交付金などを財源とする公共部門（官公庁・行政）や非営利組織（大学や学校等）において使用されることが多く、極めて限定的な用語であるという [10]。

つまり、マネジメントは「組織の成長・発展」を重視した事業活動であるが、アドミニストレーションは「現状維持」（論争回避と対立最小化）を図るための執行作用なのである。チェラデュライ（P. Chelladurai）[11]やパークハウス（B. L. Parkhouse）[12]は、マネジメントの現代的な定義を「計画化（planning）、組織化（organizing）、指揮・指導（leading / directing）、評価・統制（evaluating / controlling）を用いることで、他者とともに、また他者を通じて物事（事業）を成し遂げる機能」と捉え、アドミニストレーションよりも汎用性が高く、包括的な概念であると説明している。

（2）スポーツマネジメントの概念と目的

　多くの研究者や実務家は、こうした2つの基本的な用語を整理したうえで、スポーツマネジメントの概念化を試みている。例えば、チェラデュライは、スポーツマネジメントを「スポーツや身体活動を主に運営する様々な組織体（スポーツ組織）のマネジメント（計画化−組織化−指導・指揮−評価という機能）」[13]と定義している。また同じように、マリンも「スポーツやフィットネスに関連した活動や製品・サービスの供給を主たる目的とする組織で行われる、計画化、組織化、指導・指揮、および評価というマネジメント機能」[14]と捉え、2人とも組織論的な概念化を行っている。

　一方、ピッツとストットラー（B. G. Pitts and D. K. Stotlar）は、スポーツマネジメントを「スポーツやフィットネス、およびレクリエーションに関連したあらゆるプロダクト［実際の（する・みる）スポーツ活動のほか、それに関連した財、サービス、人間、場所、およびアイデアなどのすべてを含むスポーツプロダクト（Sport Products）］の生産、促進、推奨、もしくは組織化にかかわるすべての人々、活動、組織、およびビジネス（事業）に関する研究と実践」[15]としてマーケティング概念的に捉えている。またその後、チェラデュライも、上記のような組織論的なスポーツマネジメント概念を改定し、「スポーツサービス（Sport Services：後述）の効率的な生産と交換（マーケティング）のための限られた人的・物的資源、適切なテクノロジー、そして、不確実な状況要因の調整作用（Coordination）」[16]というマーケティング志向のスポーツマネジメント概念を提案している。

　これらを集約すると、スポーツマネジメントは「多様なスポーツプロダクトの生産・供給と交換にかかわるスポーツ組織の調整作用としてのマネジメント現象」という捉え方もできる。加えて、第1章での学習も踏まえれば、自発的な運動の楽しみを基調とする「人間の文化的な営み」であるスポーツをする場やみる機会を創造することによって、スポーツ文化の普及・推進と人々の豊益潤福なスポーツライフの実現を図ることがスポーツマネジメント

の目的（使命と責務）であることはいうまでもない。

　本書では、これまでの概念規定の含意を踏まえて、スポーツマネジメントを「スポーツ組織が、スポーツの文化的価値の創造と豊益潤福なスポーツ社会の実現をめざして、スポーツプロダクト（特に、参加型・観戦型スポーツサービス）の効率的な生産と供給（提供）および交換と共創・協創を促進するために行う人間的かつ協働的な調整活動」と定義する。いうなれば、「調整機能（活動）」としてのスポーツマネジメントである[17]。

2　スポーツマネジメントの構造と特異性

　スポーツマネジメントの定義に依拠すれば、その構造や仕組みは、実際の「する・みる」スポーツ活動の成立に必要なスポーツプロダクト（参加型・観戦型スポーツサービス）の生産と供給および交換と共創・協創にかかわるスポーツ組織の調整活動として俯瞰できる。

1　スポーツマネジメントの構造

（1）スポーツマネジメントの仕組み

　図 3-1 では、実際の「する・みる」スポーツ活動を最終的に形成・維持するために必要となる基本的な調整機能を、❶スポーツサービスの産出に必要な人的・物的・財務・情報資源（スポーツ資源）を効率的に調達し、適切に配分するための「スポーツ資源調達」、❷多様なスポーツニーズや欲求等を把握し、それらに的確に対応しながらスポーツ資源を変換して、適正なスポーツサービスを生産・供給することで自発的なスポーツ参与行動を促進するための「スポーツ需要創造」、❸様々なスポーツアクター（個人・集団・組織）との相互作用を通じてスポーツのもつ文化的価値を創造するための「スポーツ価値共創」という 3 つの側面から捉えている。そして、これら 3 つの調整機能を巧みにコントロールすることでスポーツマネジメントを効率的に展開する司令塔（主体）が「スポーツ組織」[*7] である。

＊7　第 5 章参照。

　それゆえ、スポーツ組織は、スポーツを取り巻く様々な環境を把握したうえで、スポーツ資源を効率よく調達し、適切に配分・投入することによって、人々の多様なスポーツニーズや欲求などに適合した質の高いスポーツサービスを生産・供給し、スポーツアクターの参与行動を通じてスポーツの文化的価値を共創・協創するという一連の調整活動を「PDCA サイクル」に従って司る必要がある。加えて、スポーツマネジメントは「多様な外部環境に開

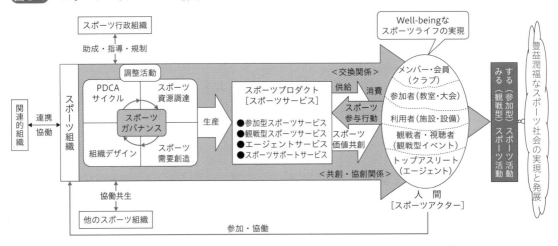

図 3-1 スポーツマネジメントの構造

かれた社会的な営み」であるため、スポーツ組織には、様々な競争環境や他のスポーツ組織の状況等への柔軟な環境適応を調整するための「組織デザイン」とスポーツインテグリティ（スポーツの文化的価値とスポーツ組織の健全性の擁護・確保）を統治（協治・共治）するという「スポーツガバナンス」機能も強く求められる。

（2）学校体育を動かすスポーツマネジメントの実践例

　学校（小・中・高校）は、学校体育という「する」スポーツ活動を計画的に生産し供給するスポーツ組織（主に体育部会・保健体育科）でもある。そのため、学校は、国（文部科学省・スポーツ庁）・地方公共団体（都道府県・市区町村教育委員会）といった教育・スポーツ行政組織をはじめ、PTA や後援会（教育後援会、部活動後援会等）、同窓会などの関連的組織、および総合型地域スポーツクラブ・スポーツ少年団や公共スポーツ施設などの他のスポーツ組織との望ましい連携・協働関係を通じて、様々なスポーツ資源を効率よく調達し、適切に配分する努力をしている。そして、そうしたスポーツ資源を活用して、学習指導要領（体育カリキュラム）の運動領域・指導内容と児童生徒のスポーツニーズや欲求などを考慮した「参加型スポーツサービス」を効率的に生産し、児童生徒に対して計画的に提供している[*8]。

　具体的には、体育の授業（教科体育）や運動会・体育祭・各種校内競技大会（健康安全・体育的行事）などの「プログラムサービス」をはじめ、運動部活動[*9]（中学校・高等学校の課外活動）や必修のクラブ活動（小学校第4学年以上の同好の児童で組織される集団活動：「特別活動」）といった「クラブサービス」、および自由時間（昼休み・放課後）の施設・用具開放という「エリアサービス」がそれである。そして最終的に、保健体育教師は、「体育の

*8　第6章参照。

*9　運動部活動　スポーツ庁と文化庁は、部活動の地域移行に関するこれまでの提言やガイドライン等を踏まえ、新たに「学校部活動及び新たな地域クラブ活動の在り方等に関する総合的なガイドライン（令和4年12月）」を策定し、2023（令和5）～2025（令和7）年度までの3年間（改革推進期間）で、学校部活動（スポーツ・文化芸術活動）の地域連携や地域クラブ活動への移行に向けた環境整備を進める計画である（第6章第3節参照）。

年間計画－単元計画」に従って毎時間の体育学習指導案（単位時間計画）を作成し、体育の授業（プログラムサービス）への児童生徒のスポーツ参与行動（必修）を通じて、児童生徒とスポーツの文化的価値（スポーツ固有の楽しさ・喜びなど）を共創・協創している。

　このように、学校のスポーツマネジメントは、児童生徒とスポーツとの文化的なかかわり方（自発的なスポーツ参与行動）を保証し、児童生徒の豊益潤福なスポーツライフと学校生活を実現するために行われる「公教育」マネジメントの一環として理解することもできる。

2 スポーツマネジメントの特異性

　こうしたスポーツマネジメントには、一般企業のマネジメントとは異なる独自の見方や考え方がある（表3-1 参照）。それゆえ、スポーツマネジメントの仕組みや特異性を理解したうえで、その理論と技術（実践方法）などを学習したり、それに関する研究を深めたりすることはとても重要である。

(1)「競争」と「共創・協創」の共時性
　一般企業のマネジメントは顧客の創造と利潤の最大化を主要目的とした「競争」活動であるが、スポーツマネジメントはスポーツ文化の普及・推進をめざすスポーツ組織が行う創造的「適応」活動である。そのため、スポーツマネジメントの場合、例えば、Jリーグのようなプロスポーツ組織は、リーグ戦での優勝争いという「競争」性を中核とするゲーム・プロダクトを生産・提供する一方で、Jリーグ全体を有限責任会社としてマネジメントする「単一事業体」（シングルエンティティ）であることを基本に、戦力均衡の維持と弱小クラブの財政的破綻の阻止などを図れるよう、Jクラブ間の「共創・協創」関係を構築することが成功の秘訣である。いってみれば、Jリーグ配分金制度は、リーグ戦で競争する各クラブがリーグマネジメントで相利共生と共存共栄を図るためのレベニューシェアリングなのである。

　また、前者では製品（有形財）やサービス（無形財）を生産・供給する事業を展開するのに対して、後者では「する（参加型）スポーツ」や「みる（観戦型）スポーツ」の場や機会を「スポーツサービス」として創造する事業を営むことが重要視される。それゆえ、スポーツマネジメントに携わる行為それ自体が「ささえる（支援型）スポーツ」を楽しむ文化的活動になることは想像に難くないであろう。

表 3-1　スポーツマネジメントの特異性

観点	一般企業のマネジメント	スポーツマネジメント
主要目的	顧客の創造と利潤の最大化	スポーツの文化的価値の創造と豊益潤福なスポーツ社会の実現
成功の秘訣	競争相手との差別化による競争優位性の獲得	「競争」と「共創・協創」の同時実現
事業活動	製品（有形財）やサービス（無形財）の生産・供給	「する・みる」スポーツサービスの価値創造
産出物の特徴	●有形かつ客観的・現実的で、便利な製品（プロダクト：自動車・電化製品・食品など）。 ●製品は、一貫性があり、予測可能である。 ●例えば、食品などは在庫可能で（保存可能期間はあるが）、補充可能でもある。また、食品の品質は同一性が高い（欠陥商品はほとんどない）。	◆無形で、主観的・経験的なスポーツプロダクト（スポーツレッスンや試合観戦など）。 ◆無形のスポーツサービスは、一貫性がなく、予測不可能である（結果の未確定性）。 ◆例えば、野球やサッカーなどの試合観戦は、生産と消費が同時に行われ、在庫できない。また、試合のクオリティ（内容の良し悪し等）も変動的である。
需要特性	●自分自身を専門家（熟達者）と思っている消費者は僅かであるため、多くの消費者は熟練した専門家の情報や援助を求める。 ●需要は、変動が少なく、予測可能である。 ●例えば、周囲の人々は自動車の購入を楽しむことができるが、購入者の楽しさや満足度は「周囲の人々の楽しさ」に影響を受けることはない。	◆スポーツ観戦者の多くは、情報量の多さや個人的な経験の豊富さ、クラブやチームへの強い帰属意識や愛着などのため、自分自身を専門家（熟達者）だと思い込んでいる。 ◆需要は、大きく（広く）変動する傾向がある。 ◆スポーツという文化は公的に消費されることが多いため、その満足度は「他者の存在」に大きな影響を受ける（社会的促進の効果大）。
マネジメント方法・技術	一般企業組織は、多くの人々が望む完璧な製品を創造するために、市場調査（消費者のニーズや欲求の把握など）とその結果を踏まえた製品設計・開発に力点を置いた調整活動（マネジメント）を計画的に実行することができる。	スポーツ組織は、スポーツ観戦者の多くが求める「便益・効用」（試合の質や勝敗、楽しさ・喜びなど）を常にコントロールできるとは限らないため、コントロール可能な「周辺サービス」の開発に重点を置いた調整活動（マネジメント）を余儀なくされる。

出典　J. M. Gladden and W. A. Sutton, Chapter3 Marketing principles applied to sport management. In: L. P. Masteralexis, C. A. Barr, and M. A. Hums（Eds.）*Principles and practice of sport management (4th ed.)*. Jones & Bartlett Learning: Sudbury, MA, 2012, 52. を参考に筆者作成.

（2）スポーツ経験の予測不可能性

　スポーツ組織がプロデュースする産出物（アウトプット）にもそれぞれの特徴があり、一般企業のマネジメントでは有形財としての便利な製品（プロダクト）が主な産出物となるが、スポーツマネジメントは無形財としての経験的かつ予測不可能なスポーツプロダクト（参加型・観戦型スポーツサービス）がそれである。そのため、各プロダクトを購入しようとする際、前者の場合は多くの消費者が熟練した専門家の情報や援助を求めるのに対して、後者の場合、例えば、経験豊富なスポーツ観戦者の多くは自分自身を専門家（熟達者）だと思い込む傾向が強く、スポーツ解説者と化すであろう。

　また、それぞれのマネジメント方法・技術にも特異性が見られる。一般企業のマネジメントでは、市場調査と製品設計・開発に力点を置いた調整活動を計画的に実行することができる。しかし、スポーツマネジメントの場合、スポーツアクターが求める「便益・効用」（コアプロダクト：楽しさ・喜び、勝敗、達成感、感動などの個人的価値）の創造は不確実で偶発性が高いため、スポーツ組織は、コントロール可能で、スポーツ活動との直接的な関係がない「周辺的サービス」の開発に限定した調整活動を余儀なくされる。

3 スポーツプロダクトの捉え方

　多くの人々は、スポーツ参加であれスポーツ観戦であれ、「こうだと自分に具合がいい、こういう感じがよい」[18] という、自分にとってのベネフィット（便益・効用）を求めている。このベネフィットこそ人々がスポーツ参与行動を起こす際に求める本質的なニーズや欲求であり、スポーツ組織はそれらを的確に反映した「スポーツプロダクト」を創造する必要がある。

1 スポーツプロダクトとは何か

（1）「製品」としての"Sport"（スポート）

　コトラー（P. Kotler）[19] は、製品（プロダクト：Product）を「ニーズや欲求を満たすために市場へ提供されるもの」と定義し、有形財、サービス、経験、イベント、人間、場所、資産、組織、情報、アイデアなどの多岐にわたるものが包含されるという。そうした意味では、「プロダクト＝価値提供物、便益の束」と捉えることもできる。それならば、先にも説明したが、すべての身体活動や経験とそれに関連した事業的要素までも包含するより広範な概念の"Sport"（単数形：スポート）をスポーツ組織がプロデュースする「製品」としての意味をもった価値提供物と判断して、「スポーツプロダクト」（あるいはスポーツ製品：Sport Products）と表現してもよかろう。

　ピッツとストットラーは、スポーツプロダクトを「消費者のスポーツ、フィットネス、レクリエーション関連のニーズや欲求を満たすために提供される有形もしくは無形の属性をもった、あらゆる財やサービス、人間、場所、アイデア」[20] と定義している。このような有形、無形、または両者の属性をもった複雑なスポーツプロダクトの構造を理解していくうえで、顧客が求める便益や期待を重視した「顧客価値ヒエラルキー」[19]（5 次元モデル）は有益である。図 3-2 は、この考え方を参加型スポーツサービス（テニスレッスンプログラム）と観戦型スポーツサービス（プロ野球リーグ戦の試合）に適用し、それぞれのスポーツプロダクト構造を示したものである。

　第 1 の最も根源的なレベルは、「こうだと自分に具合がいい、こういう感じがよい」[18] という多種多様な「中核ベネフィット」であり、スポーツアクター（参加者・観戦者）が何を求めてテニスレッスンプログラムへの参加やプロ野球の試合観戦を（購入）決定するのかという「コアプロダクト（中核製品）」に相当するものである。第 2 の基本的なレベルは、スポーツアクターが求める多様な中核ベネフィットを実在する形で示す「基本製品」であり、

図 3-2 スポーツプロダクトの5階層モデル

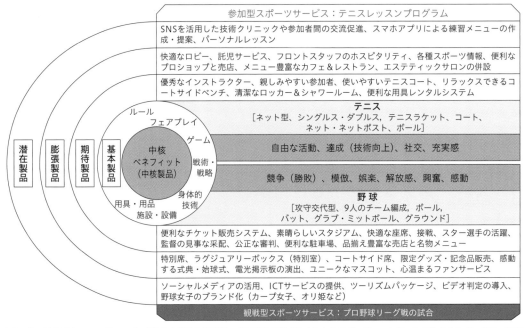

参加型スポーツサービス：テニスレッスンプログラム

SNSを活用した技術クリニックや参加者間の交流促進、スマホアプリによる練習メニューの作成・提案、パーソナルレッスン

快適なロビー、託児サービス、フロントスタッフのホスピタリティ、各種スポーツ情報、便利なプロショップと売店、メニュー豊富なカフェ＆レストラン、エステティックサロンの併設

優秀なインストラクター、親しみやすい参加者、使いやすいテニスコート、リラックスできるコートサイドベンチ、清潔なロッカー＆シャワールーム、便利な用具レンタルシステム

テニス
［ネット型、シングルス・ダブルス，テニスラケット、コート、ネット・ネットポスト、ボール］

潜在製品　膨張製品　期待製品　基本製品

ルール　フェアプレイ　ゲーム　戦術・戦略　身体的技術　用具・用品　施設・設備　中核ベネフィット（中核製品）

自由な活動、達成（技術向上）、社交、充実感

競争（勝敗）、模倣、娯楽、解放感、興奮、感動

野球
［攻守交代型、9人のチーム編成，ボール，バット、グラブ・ミットボール、グラウンド］

便利なチケット販売システム、素晴らしいスタジアム、快適な座席、接戦、スター選手の活躍、監督の見事な采配、公正な審判、便利な駐車場、品揃え豊富な売店と名物メニュー

特別席、ラグジュアリーボックス（特別室）、コートサイド席、限定グッズ・記念品販売、感動する式典・始球式、電光掲示板の演出、ユニークなマスコット、心温まるファンサービス

ソーシャルメディアの活用、ICTサービスの提供、ツーリズムパッケージ、ビデオ判定の導入、野球女子のブランド化（カープ女子、オリ姫など）

観戦型スポーツサービス：プロ野球リーグ戦の試合

出典　中西純司「6-2　スポーツプロダクトの構造」仲澤眞・吉田政幸編著『よくわかるスポーツマーケティング』ミネルヴァ書房　2017年　pp.48-49 に筆者加筆修正

＊10　第1章第1節
2 (1) 参照。

主に**スポーツの文化的構成要素**[10]から成り立っている。この第2レベルで初めて、野球やサッカー、テニスなどのように、個別の形態を整えた様々なスポーツ種目（Sports）が具象化される。

しかし、何の飾りづけもしないでこれらの基本製品（第1レベルも含む）を多くの人々に提供しても、なかなか人々はスポーツ参与行動を起こさないだろう。そのため、第3レベルでは、スポーツアクターがスポーツ参与行動を起こす（スポーツプロダクトを購入する）際に通常期待する様々な属性（要素）や条件を組み合わせてパッケージ化するための「期待製品」を用意して、スポーツプロダクトの魅力（ブランド）を彩っていく必要がある。

第4レベルは、顧客の期待をさらに上回る「膨張製品」であり、本来の「する・みる」スポーツ活動とは直接的な関係はないが、競合する他のスポーツ組織との製品差別化や、スポーツアクターの満足度とロイヤルティなどをより膨らませるためには必須の付加的な要素や条件である。そして、第5レベルでは、将来的にスポーツプロダクトの新たな機能拡張や転換等が期待できる「潜在製品」にも注目しておくことが肝要である。

こうしたスポーツプロダクトの構造化はスポーツアクターが真に求めるベネフィットを中核とする価値提供物の生産・供給を可能にするが、第1・第2レベルは「スポーツ組織の意のままにならない製品要素」なのである。そのため、スポーツ組織は、第3・第4・第5レベルの製品要素（周辺的サー

ビス）の調整活動に多くのエネルギーと努力を注ぐ必要がある。つまり、スポーツプロダクトとは、実際の「する・みる」スポーツ活動に様々な周辺的サービス要素が付加されたものをいうのである。先にも説明したが、この点に、スポーツマネジメントの特異性（固有性）がある。

（2）スポーツプロダクトの分類

　ピッツとストットラーの定義に従えば、スポーツプロダクトは、スポーツ用品・用具などのような五感によって認識可能な「有形プロダクト（物財）」と、スポーツクラブやスクール・レッスン、スポーツ大会等への参加やスポーツイベントの観戦などの目には見えない「無形プロダクト（サービス財）」、いわゆる、「スポーツサービス」[21] の 2 つに分類することができる。

　スポーツマネジメントにおいてはこのような有形、無形の様々なスポーツプロダクトを生産・供給することができるが、本書では、「スポーツ固有の楽しさ・喜び」という内在的価値（中核ベネフィット）を多くの人々と共創・協創することを重要視しているため、実際の「する・みる」スポーツ活動（スポーツパフォーマンス）の成立に直接かかわる基本的条件を提供したり、その質的向上を間接的に支援したりするスポーツサービスを対象とする。

　また、チェラデュライ[22] も、スポーツ用品・用具の生産・販売は一般経営学（製造業部門）でも対応可能な事業領域であると判断し、スポーツマネジメントの対象をスポーツ組織が産み出すスポーツサービスに限定している。

　このスポーツサービスは、主に 4 つのタイプに分類することができる（図 3-3 参照）。第 1 に、「する」スポーツ活動に必要な場や機会を直接的に提供する「参加型スポーツサービス」がある。これには、❶同好の仲間が共通の目的（競技志向やレクリエーション志向等）をもって継続的にスポーツ活動を行える「クラブサービス」、❷個人やグループ等が各種施設・設備や用具などを利用して自由にスポーツ活動を楽しめる「エリアサービス」、❸施設・用具や仲間、時間的条件、運動内容・目的（学習・レッスン、社交・レクリエーション、健康・フィットネス、リハビリ・トレーニング、体力・運動能力の診断等）、および指導者などをすべてパッケージ化した「プログラムサービス」、❹各個人・クラブ等がそれぞれの目的に従って日頃から練習してきた成果を発揮する競技大会などの「参加型イベントサービス」、そして、❺トップアスリートやトップチーム等に対して目標達成に必要な考え方や専門知識とハイレベルな技術・戦術ノウハウ等を提供することで挑戦する楽しさや喜びを創造する「コーチングサービス」などが想定される。

　第 2 は、スタジアム等での直接観戦や各種メディアによる間接観戦などの「みる」スポーツ活動を通じてスポーツの鑑賞的価値を共創・協創・共有

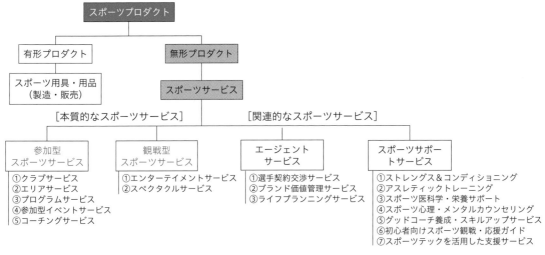

図 3-3 スポーツプロダクトの分類とスポーツサービスのプロダクトライン

出典　中西純司「第11章　スポーツプロダクトの概念」山下秋二・原田宗彦編著『図解 スポーツマネジメント』大修館書店　2005年　pp.132-133 を参考に筆者作成

＊11　第10章第3節参照。

＊12　スポーツテック
スポーツ（Sports）とテクノロジー（Technology）が組み合わさった造語で、ICT や AI（人工知能）などの最先端テクノロジー（科学技術）をスポーツ分野に応用（活用）することである。これによって、新たなスポーツ用品・用具等の開発やトップアスリート・選手サポートの質的向上、競技判定システムの精緻化、スポーツ観戦環境等の快適化などが推進され、スポーツ関連 IT 産業の発展も期待される。

する場や機会の提供に直接かかわる「観戦型スポーツサービス」である。こうした観戦型スポーツサービスには、❶プロ野球やJリーグ、およびBリーグなどのプロスポーツ組織が試合日程を組んで定期的に開催するリーグ戦（試合）といった「エンターテイメントサービス」と、❷オリンピックやワールドカップなどのように、ある一定の頻度（期間や間隔）で開催されるメガ・スポーツイベントという「スペクタクルサービス」などがある。

　第3は、プロスポーツ選手やトップアスリートなどが本業のスポーツに専心し、競技力向上等に集中して取り組めるような生活環境づくりをスポーツ代理店・代理人などが間接的に調整・支援する「エージェントサービス」である。例えば、選手契約交渉サービスを基本に、ブランド価値管理サービスやライフプランニングサービスなどがある[11]。

　最後に、「する・みる」スポーツ活動という「生の」スポーツパフォーマンスの質的向上を間接的に支援する「スポーツサポートサービス」もプロデュースすることができる。特に、今後は「スポーツテック」[12]（Sports Tech）を活用した支援サービスの新規開発が期待されよう。

　このように、前二者の参加型・観戦型スポーツサービスは、スポーツの内在的価値（便益の束）を中核とするスポーツパフォーマンスそのものであり、スポーツマネジメントにとって最も本質的なスポーツサービスである。これに対して、後二者はスポーツパフォーマンスの創出や質的向上に間接的にかかわる関連的（周辺的）なスポーツサービスであり、とりわけ、スポーツサポートサービスはスポーツプロダクト構造（図3-2参照）の膨張製品や潜在製品として付加的な機能を発揮するかもしれない。

2 スポーツサービスの基本的特性

（1） スポーツサービスの 4 つの特徴

わが国では、「サービス」（Service）という言葉が割引・値引きやタダ（無料）、おまけ、サービス残業などの「犠牲的サービス」の意味でよく用いられる。しかし、英語の "Service" は、わが国独特の犠牲的サービスではなく、教育サービスや医療サービス、レジャーサービス、スポーツサービスなどのような「業務的（機能的）サービス」という無形財を指すのが常である。

スポーツサービスには、物財とは異なる 4 つの特徴がある[23]。それは、❶無形性、❷同時性（不可分性）、❸変動性（異質性）、❹消滅性（一過性）の 4 つである。例えば、民間スポーツ・フィットネスクラブが生産・提供するテニスレッスンプログラムは、手で触ってみたり、事前に試したりすることはできない（❶）。それは、参加者とインストラクターが出会って初めてプログラムの生産と消費が同時に起こるからである（❷）。そのため、プログラムの価値づくりには両者の共創・協創行為が必須である。また、プログラムへの参加者数（需要量）やその内容・方法等は誰が、いつ、どこで提供するかによって大きく変動し、各参加者の実感やプログラム評価（クオリティや満足度）なども主観的でそれぞれ異なるであろう（❸）。

翻って、プロ野球リーグ戦の試合を想像しても、当日の白熱した試合展開と球場の盛り上がりは在庫として貯蔵（ストック）し、明日以降に体験することはできないし、ましてや昨日のプロ野球試合の観戦者市場など存在するはずもない（❹）。また、たとえスターティングメンバーや打順、先発投手などが同じであっても、今日の試合は、入場者数や試合展開・内容、および試合結果（勝敗の行方）などが先週とは異なり、予測不可能である（❸）。さればこそ、プロ野球ファンの多くは、こうした消滅性（その時だけの白熱した感動的な試合）や変動性（勝敗の未確定性）を楽しむために、「その時、その場限りの商品」[24] としてプロ野球試合を購入するのである。

（2） スポーツサービスの質的側面

スポーツサービスのこうした 4 つの特徴は、不確実で非効率な生産計画や、原価把握・コスト管理・品質評価の難しさ、および知覚リスク*13 の高さなど、スポーツ組織のスポーツマネジメント戦略の策定と展開に大きな試練と困難を与えている。なかでも、スポーツ組織にとって最も大きな試練は、手で触ることのできない無形のスポーツサービスの質的側面（クオリティ）をいかにして客観的に測定・評価するかである。

＊13　第 2 章第 3 節
参照。

パラスラマン、ザイタムル、ベリー（A. Parasuraman, V. A. Zeithaml, and L. L. Berry）[25]は、「サービス・クオリティ」（Service Quality：以下「SQ」）を客観的に数値化することが困難であるという前提で、消費者（顧客）の視点からみた主観的な SQ 測定・評価手法として、2 つの用語を組み合わせた造語である SERVQUAL（サーブクォル）モデルを開発・提案した。このモデルは、サービスマーケティング分野において世界的に大きな影響を与えただけではなく、スポーツマネジメント研究分野でも、スポーツアクターからみたスポーツサービス・クオリティ評価の指標として頻繁に応用され、適切なスポーツマネジメント戦略の策定にも巧く活用されている。

　具体的には、❶約束されたサービスを確実かつ正確に、そして首尾一貫して実行する能力を示す「信頼性」（Reliability）、❷サービス提供者が必要な技術と知識を備え、親切で丁寧な態度で自信に満ちた心配りとサービスを提供する能力である「保証性」（Assurance）、❸物理的施設・設備やサービス提供者の身だしなみや見た目（外見や容姿）、他の顧客の行動や振る舞いなどの五感で感じられる印象である「可視性」（Tangibles）、❹サービス組織が各顧客の個人的問題や気持ちを理解したうえで行う配慮や気配りを意味する「共感性」（Empathy）、❺サービス提供者が顧客の要望にタイミングよく即座に反応し的確なサービスを提供しようとする意欲的な姿勢・態度や心構えを示す「応答性」（Responsiveness）という 5 つの質的側面である。

　この 5 次元からなる SERVQUAL モデルは“RATER”の基準という（サービス・クオリティの）「評価者」を意味する頭字語（アクロニム）でも表現され、顧客は最初と最後の 2 つの“R”（信頼性と応答性）を評価者として最も重要視している[26]。しかし、この評価基準は、「サービスがどのようなプロセスで提供されるのか」を測定する「機能的クオリティ」に重点が置かれ、「顧客に何が結果として提供されるのか」を診断する「技術的クオリティ」の視点が欠けている[27]、という指摘がある。

　それゆえ、スポーツマネジメントでは、スポーツサービスの中核ベネフィット（専門知識・技術やスポーツ固有の楽しさ・喜びなどの技術的クオリティ）の創造が重要であるため、スポーツ組織がそれを提供できるのかを測定する視点として「有能性」（Competence）を加えた“CRATER”の基準を活用することが肝要である。そして、スポーツ組織は、この評価基準を適用することで、スポーツサービス・クオリティを総体的に評価し、その「クレーター」（噴火口・陥没＝問題点）などを発見し改善することができる。

引用文献

1 ）山本安次郎・加藤勝康『経営学原論』文眞堂　1982 年　p.25

2 ）T. W. Crosset, S. Bromage, and M. A. Hums, Chapter1 History of sport management. In: L. P. Masteralexis, C. A. Barr, and M. A. Hums(Eds.)*Principles and practice of sport management.* Aspen Publishers：Gaithersburg, MD, 1998, 1-5.

3 ）同上書　5-15.

4 ）Earle F. Ziegler, Sport management: Past, present, future. *Journal of Sport Management,* 1(1), 1987, 4-5.

5 ）中西純司「第 16 章　現代の『スポーツ経営学』考」有賀郁敏編『スポーツの近現代―その診断と批判―』ナカニシヤ出版　2023 年　pp.394-400

6 ）B. L. Parkhouse, *The Management of Sport: Its Foundation and Application.* Mosby-Year Book: STL, MO, 1991, 5.

7 ）J. B. Parks, B. R.K. Zanger, and J. Quaterman, *Contemporary sport management.* Human Kinetics: Champaign, IL, 1998, 3. ／ J. B. Parks and B. R.K. Zanger, *Sport and fitness management: Career strategy and professional content.* Human Kinetics：Champaign, IL, 1990, 6.

8 ）B. G. Pitts and D. K. Stotlar, *Fundamentals of Sport Marketing* (2nd ed.). Fitness Information Technology：Morgantown, WV, 2002, 3.

9 ）前掲書7 ）　3./ 6. ／前掲書6 ）　4. ／前掲書8 ）　3.

10）B. J. Mullin, Sport management: The nature and utility of the concept. *Arena Reviews,* 4(3), 1980, 3-4.

11）P. Chelladurai, *Sport management: Macro perspectives.* Sports Dynamics: London, ONT (CAN), 1985, 3-8.

12）前掲書6 ）　5.

13）前掲書11）　4.

14）前掲書10）　2-3.

15）前掲書8 ）　3-4.

16）P. Chelladurai, Sport management: Defining the field. *European Journal for Sport Management,* 1(1), 1994, 15.

17）P. Chelladurai, *Managing organizations for sport and physical activity: A systems perspective.* Holcomb Hathaway Publishers：Scottsdale, AZ, 2001, 42-46.

18）小嶋外弘・村田昭治『マーケット・セグメンテーションの新展開―市場再開発の理論と戦略』ダイヤモンド社　1976 年　p.99

19）恩藏直人監　P. コトラー『コトラーのマーケティング・マネジメント［ミレニアム版］』ピアソン・エデュケーション　2001 年　pp.484-486

20）前掲書8 ）　180.

21）前掲書17）　31-41. ／ A. C.T. Smith, B. *Introduction to sport marketing.* Butterworth-Heinemann: Jordan Hill, OX (UK), 2008, 230-234.

22）前掲書16）　8.

23）中西純司「第 5 章　体育・スポーツ事業の運営」「第 4 節　体育・スポーツ事業をめぐるマーケティング志向：①スポーツマーケティングの基本」柳沢和雄・木村和彦・清水紀宏編著『テキスト体育・スポーツ経営学』大修館書店　2017 年　pp.90-93

24）野村清『サービス産業の発想と戦略―モノからサービス経済へ―』電通　1983 年　p.73

25）A. Parasuraman, V. A. Zeithaml, and L. L. Berry, A conceptual model of service quality and its implications for future research. *Journal of Marketing,* 49(4), 1985, 41-50. ／ A. Parasuraman, V. A. Zeithaml, and L. L. Berry, SERVQUAL: A multiple-item scale for measuring consumer perceptions of service quality. *Journal of Retailing,* 64(1), 1988, 12-40.

26）V. A. Zeithaml, A. Parasuraman, and L. L. Berry, *Delivering quality service: Balancing customer perceptions and expectations.* Simon & Schuster (The Free Press): New York, NY, 1990, 28.

27）C. Grönroos, *Service management and marketing: Managing the moments of truth in service competition.* Lexington Books: Lexington, MA, 1990, 43-48.

参考文献

・清水　滋『サービスの話』日本経済新聞社　1987 年
・中西純司「第 11 章　スポーツプロダクトの概念」山下秋二・原田宗彦編著『図解　スポーツマネジメント』大修館書店　2005 年　pp.130-141
・中西純司「第 12 章　スポーツサービスの品質管理」同上書　pp.142-153

学びの確認

1. （　　　　）に入る言葉を考えてみましょう。

① スポーツマネジメントとは「人々の（　　　　）なスポーツライフの実現に向けて、体育やスポーツの文化的な普及・推進と高質化にかかわる様々な組織体が行う（　　　　）的な営みの総称」である。

② マネジメントとは、「組織の成長・発展」を重視した事業活動であり、計画化、（　　　　）、指揮・指導、（　　　　）を用いることで、他者とともに、また他者を通じて物事（事業）を成し遂げる機能を意味している。

③ スポーツ組織は、実際の「する・みる」スポーツ活動を最終的に形成・維持するために、スポーツ資源調達、（　　　　）、スポーツ価値共創といった３つの（　　　　）を巧みにコントロールしていく必要がある。

④ スポーツ組織がプロデュースするスポーツサービスは主に、（　　　　）スポーツサービス、観戦型スポーツサービス、（　　　　）、およびスポーツサポートサービスの４つに分類される。

⑤ スポーツサービスには無形性、（　　　　）、変動性、（　　　　）といった、物財とは異なる４つの特徴があるが、そのクオリティは（　　　　）の基準によって評価することができる。

2. スポーツマネジメントで用いられている「スポーツ」（Sport：単数形）という用語にはどのような付加的な属性（要素）や条件が含まれているのか、具体例を挙げて考えてみましょう。

....

....

....

....

「サービス・クオリティ」研究レビュー

立命館大学／中西純司

サービス・クオリティ評価モデルの源流

1980年代以降、サービス産業の発展とともに、サービス・マーケティングの分野では、「サービス・クオリティ」（Service Quality）をどのように測定・評価すればよいのかが重要な研究課題となってきました。そのため、多くの研究者や実務家は、「サービス・クオリティ評価モデル」（以下「SQモデル」）に関する理論的かつ実証的な研究に着手するようになり、今でもそれが続いています。

こうしたサービス・クオリティ研究の変遷を簡単に紐解いてみると、SQモデルの潮流は、大きく①グルンルース［引用文献27)］が牽引する北欧学派モデル（技術的－機能的クオリティモデル）と②パラスラマン・ザイタムル・ベリー［引用文献25) 26)］が主導するアメリカ型モデル（SERVQUALモデル）に分岐しています。前者は、サービスが創出される動態的プロセスに着目し、事例研究（質的方法）に基づく検証を重視した理論モデルです。これに対して後者は、サービス・クオリティを量的に測定・評価する基準の開発に重点を置いた実証モデルです。

これら2つのモデルにはそれぞれに一長一短があるものの、学界・実務界を問わず、世界的規模でSERVQUALモデルを凌駕するほどの理論的かつ実用的モデルは開発されておらず、約40年たった今でさえ、SERVQUALモデルが広く活用（応用）され続けています。とはいえ、スポーツマネジメント分野においては、これら2つのモデルを融合しようとした挑戦的かつ独創的なサービス・クオリティ研究があります。

「サービス・クオリティ」研究の紹介

スポーツマネジメント分野には、このようなSERVQUALモデルの改良が進められ始める1990年代に行われた「公共スポーツサービス・クオリティ」研究［中西純司「公共スポーツ施設におけるサービス・クオリティの構造に関する研究」福岡教育大学紀要第44号（第5分冊）1995年　pp.63-76］があります。

この研究では、公共スポーツ施設利用者が求めるサービス・クオリティの構造を探究するために、X市内における5つの公共体育館（A～E）の施設利用者を対象としたサービス・クオリティ調査を実施しています（524名回収）。その際、北欧学派モデルとアメリカ型モデルを融合し、施設利用者が公共スポーツサービスから何を便益として得るのかを示す技術的クオリティとして「信頼性」「有能性」の2次元を、そして、公共スポーツサービスが施設利用者にどのように提供されているのかを測る機能的クオリティとして「可視性」「応答性」「接客態度」「安全性」「接近容易性」「コミュニケーション」「顧客理解・把握」の7次元を、最後に、施設利用者が公共スポーツサービスをどのように認識しているのかを示すイメージとして「信用性」の1次元、といった3階層10次元からなる公共スポーツサービス・クオリティ評価モデルを仮説的に開発・設定しています。

その結果、公共スポーツサービス・クオリティの構造が、①有能性（Competence）・信頼性（Reliability）という2つの技術的クオリティ因子と、②保証性（Assurance）・親近性（Familiarity）・可視性（Tangibles）・共感性（Empathy）・応答性（Responsiveness）という5つの機能的クオリティ因子の2階層7次元で構成されることが明確にされました。そして、"RATER"の基準に倣って、"CRAFTER"の基準という「公共スポーツ施設がサービス・クオリティの『職人／名工』（crafter）である」ことを意味する頭字語（アクロニム）で表現されています。このCRAFTERの基準こそ、公共スポーツ施設が「職人」として地域住民に広く提供するべきサービス・クオリティの分解図です。

第4章 スポーツマネジメントの理論と実践技術

なぜこの章を学ぶのですか？

　様々なスポーツ組織が人々の多様なスポーツニーズや欲求等に対応した運動・スポーツ活動の場や機会を提供するためには、十分なスポーツ資源を調達し、適正なスポーツサービスへと変換すると同時に、それらを必要とする人々に供給して、その価値を共創・協創することが重要です。

第4章の学びのポイントは何ですか？

　本章では、スポーツ組織が質の高いスポーツサービスを創造するために果たすべき基本的な調整機能として、①スポーツ資源調達、②スポーツ需要創造、③スポーツ価値共創といった3つの活動について理論的に学習します。と同時に、こうしたスポーツマネジメントの理論がどのような実践領域で役立つのかについても理解を深めていきましょう。

考えてみよう

① 質の高いスポーツサービスを創り出すための調整活動がどのように実践されているのかを考えてみましょう。

② スポーツマネジメントの理論や知識はどのような実践領域で役立つのかを考えてみましょう。

1 スポーツサービスの生産マネジメント

スポーツ組織は、それぞれが置かれた環境下で、限られたスポーツ資源を効率よく調達し、適切に配分・運用しながら、質の高いスポーツサービスを効率よく生産し、それらを必要とする人々に迅速に供給するという事業活動を展開することによって、人々の豊益潤福なスポーツライフを創造している。

1 スポーツ資源調達のマネジメント

(1) スポーツ資源の種類

スポーツ組織が質の高いスポーツサービスを生産し供給するという事業活動を効率よく展開するためには、多様なスポーツ資源が必要となる。スポーツ資源とは、いうなれば、スポーツサービスを産み出すための基本的かつ有限な事業要素であり、①人的資源（ヒト）、②物的資源（モノ）、③財務資源（カネ）、④情報資源（情報）といった4つの総称である。

①　人的資源（ヒト）

スポーツサービスの生産現場では、有形製品を製造し生産する工場とは異なり、サービス提供者（指導者やフロントスタッフ）とサービス享受者（受講者や利用者）との人間的かつ協働的な相互作用（インタラクション）をうまく演出することが強く求められ、人的資源（ヒト）のマネジメントが基本である。こうした「ヒト」というスポーツ資源には、指導者・監督・コーチ・トレーナーやドクター、審判員などの専門的スタッフや、グランド整備員・警備員、メディア関係者、チアリーダーやサポーターなどの支援的スタッフ、およびプロスポーツ選手・トップアスリート（競技者・演技者）なども含めたスポーツ実践者、そして、スポーツサービスの生産マネジメント体制の全責任を負う経営者・主催者（オーナー、社長・役員）などがある。とりわけ、観戦型スポーツサービスの生産マネジメントでは、トップアスリートのハイパフォーマンスを十分に引き出せるか否かがスポーツ組織のプロダクト・パフォーマンスを大きく左右するといってもよい。

②　物的資源（モノ）

「モノ」というスポーツ資源は、「する・みる」スポーツ活動が展開される場や空間・環境で、スポーツサービスを生産するための基礎的条件である。これは、スポーツ施設や設備・用具、付属設備・付属用具、および付帯施設などの物理的な資源である[*1]。そのため、スポーツ実践者が安全で安心して

*1　第8章参照。

スポーツ活動に専念できるよう、また、スポーツ観戦者にとっても快適にスポーツをみたり応援したりすることができるよう、施設機能の利便性と質的高度化を図っていくことが重要な課題である。

③　財務資源（カネ）

「カネ」というスポーツ資源は、スポーツ組織にとって専門技術・技能や資格等をもった良質な人的資源（人財）の獲得や物的資源の整備・充実などに充てる財源（事業資金）である。この財務資源には、国・都道府県・市区町村のスポーツ行政組織がスポーツ政策に基づいて支弁する公的財源や、様々なスポーツ組織がスポーツサービスの対価として徴収する私的財源（入会金、会費、入場料、チケット代、使用料、コーチ料等）、およびインターネットを介して不特定多数の人々（群衆＝クラウド：crowd）から少額ずつ資金を調達する（ファンディング：funding）という「**クラウドファンディング**」などがある。また、メガ・スポーツイベントやプロスポーツ組織のマネジメントでも活用されている**権利ビジネス**による財源確保（スポンサー料・協賛金、放映権料、商品化権料等）や、スタジアム・アリーナビジネスにおける**ネーミングライツ**（命名権料）なども重要な財務資源である。

④　情報資源（情報）

質の高いスポーツサービスを効率的に生産し供給するのに必要な情報やデータ、および知識・知恵といった「見えざる資産」[1] と呼ばれるものすべてが情報資源である。この情報資源には、❶スポーツ需要情報・データや他組織・資源・事業・サービス情報、および法・政策情報などの比較的収集・蓄積しやすい**客観的かつ形式知的な情報**と、❷サービス提供者の熟練したスキルやノウハウ、信念や熱い思い、およびブランドの知名度や組織への信用・イメージ、組織内で共有されている組織文化・風土（暗黙の規則や価値観、行動様式、雰囲気等）といった言語や文章では表現することが難しい**主観的かつ暗黙知的な情報**、という2つの種類がある。

スポーツマネジメントは、これら4つのスポーツ資源を事業活動の「インプット」として調達・活用しながらスポーツサービスを生産・供給することで、人々の豊益潤福なスポーツライフを創造している。と同時に、こうした事業活動を通じて、スポーツサービスの生産だけではなく、新たな財務資源や情報資源、さらには知的に向上した人的資源までもが「アウトプット」として生み出されており、スポーツ資源の循環と開拓・蓄積が常に繰り返されている。なかでも、「組織は人なり」[2] といわれるように、組織を取り巻く環境の変化や様々な情報等にダイナミックに対応する「知識・情報創造者」[3] としての人間（人的資源）は、スポーツ組織にとって、根源的な知識・

情報資源としての価値もあり、人間主義的なスポーツマネジメントの実践には欠かせない貴重な「知識資産」[4] として認識することが肝要である。

（2）スポーツ資源の最適配分

　スポーツ組織が生産し提供するスポーツサービスの中には、人気（需要）が高いために投入資源を拡大する必要があるものや、特定の愛好者しか利用していないために投入資源の現状維持か縮小（削減）かを検討するべきもの、さらには今すぐにでも撤退すべきものなどがある。ちょうど株式投資家がもつ「中に銘柄別の区分けがある書類鞄」（ポートフォリオ：portfolio）のように、スポーツ組織にもスポーツサービスのポートフォリオが形成されている。それゆえ、スポーツ組織は、どのスポーツサービスの生産にも同じような資源配分をするのではなく、製品ライフサイクル[*2] の段階や今後の成長性（強み・弱み）などを考慮した投資効率を重視しなければならない。

　このように、スポーツ組織が生産・供給するスポーツサービスの今後の成長性を診断し、事業の改善策（選択と集中）の吟味と有限なスポーツ資源の最適配分を可能にしてくれる有効な戦略分析の手法が、「プロダクト・ポートフォリオ分析」（Product Portfolio Analysis：PPA）である。この PPA は、世界的な戦略コンサルティング会社であるボストン・コンサルティング・グループ（The Boston Consulting Group：BCG）が 1970 年代に考案したマネジメント理論であり[6]、❶縦軸＝市場成長率（スポーツサービスに対する需要の成長性）と❷横軸＝相対的市場シェア（スポーツサービスの供給におけるスポーツ組織の競争上の地位）といった 2 つの基準（軸）を用いたポートフォリオ・マトリックスによって、スポーツサービスの将来性を判断する事業評価の手法（技術）でもある。

　具体的には、2 つの基準それぞれの高低の組み合わせによって、「花形製品」（Stars）、「金のなる木」（Cash Cows）、「問題児」（Problem Children）、「負け犬」（Dogs）といった 4 つのセル（象限）に分類され、いずれかにポジショニングされることになる[*3]（図 4-1 参照）。

①　花形製品

　花形製品では、スポーツサービスの需要が急成長し、より多くの人がこのスポーツサービスを受け入れているため、新規参入や競争激化が起こる可能性が十分あり、今後も投入資源を拡大することで、このスポーツサービスの発展を積極的に支援し、スポーツ組織の将来に向けての基幹プロダクト（期待の星）として大切に育成していくことが望まれる。あるいは、追加的な投資を継続して競争優位性を獲得した時には、将来的にも安定した収益源となる「金のなる木」へと変わる可能性もある。

＊2　製品ライフサイクル
人間に寿命があるように、スポーツプロダクトの寿命（市場・需要規模，売上高や利益）の変遷を①導入期－②成長期－③成熟期－④飽和期－⑤衰退期といった 5 段階で説明し、各段階に応じたマーケティング戦略を明確にするためのモデル（スポーツプロダクト・ライフサイクル）である[5]。

＊3　スポーツビジネス分野全体で考えると、花形製品には、オリンピック競技大会や FIFA ワールドカップなどのメガ・スポーツイベントや、MLB や NBA、セリエ A、プレミアリーグ、ブンデスリーガといったプロスポーツリーグなど、グローバルスポーツとしての価値が認められたものが該当するであろう。一方、わが国の大相撲やプロ野球（一部の人気球団）などは金のなる木に、また、J リーグや B リーグ、ジャパンラグビートップリーグなどは問題児に、それぞれ該当するのかもしれない。

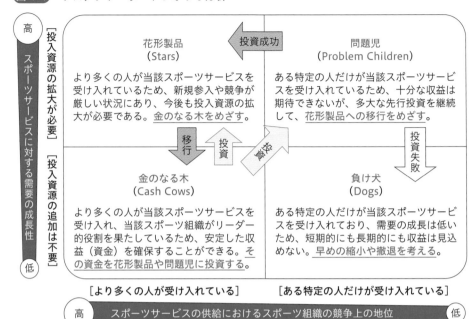

図 4-1 プロダクト・ポートフォリオ分析

花形製品（Stars） 投資成功	**問題児（Problem Children）**
より多くの人が当該スポーツサービスを受け入れているため、新規参入や競争が厳しい状況にあり、今後も投入資源の拡大が必要である。金のなる木をめざす。	ある特定の人だけが当該スポーツサービスを受け入れているため、十分な収益は期待できないが、多大な先行投資を継続して、花形製品への移行をめざす。
移行　投資　投資	投資失敗
金のなる木（Cash Cows）	**負け犬（Dogs）**
より多くの人が当該スポーツサービスを受け入れ、当該スポーツ組織がリーダー的役割を果たしているため、安定した収益（資金）を確保することができる。その資金を花形製品や問題児に投資する。	ある特定の人だけが当該スポーツサービスを受け入れており、需要の成長は低いため、短期的にも長期的にも収益は見込めない。早めの縮小や撤退を考える。

（左縦軸）高　スポーツサービスに対する需要の成長性　低
〔投入資源の拡大が必要〕〔投入資源の追加は不要〕

〔より多くの人が受け入れている〕　〔ある特定の人だけが受け入れている〕

高　スポーツサービスの供給におけるスポーツ組織の競争上の地位　低

出典　J.C. アベグレン＋ボストン・コンサルティング・グループ編著『ポートフォリオ戦略―再成長への挑戦―』プレジデント社　1977年　pp.69-95 を参考に筆者作成

②　金のなる木

　金のなる木は、スポーツサービスの将来的な需要が成長する見込みは低いが、より多くの人がそのスポーツサービスを期待し支持もしており、スポーツサービスの供給において当該スポーツ組織が競争優位性を確立してリーダー的な役割を果たしている。そのため、投入資源を追加する必要はなく、現状レベルの資源配分を維持すれば十分であり、安定した収益（資金）を確保することができることから、それを「花形製品」や「問題児」に投資することが効率的かつ効果的な資源配分へとつながる。

③　問題児

　問題児は、スポーツサービスの需要が急速に増大しているが、ある特定の人だけが受け入れており、当該スポーツ組織が果たす役割は小さいという特徴をもっている。そのため、需要獲得競争が激しく、現時点では十分な収益を得ることはできず、むしろ多大な先行投資をする必要がある。もし資源投入を行わなければ、他の競争相手に遅れをとることになり、ついには「負け犬」に転落し、撤退（消滅）を余儀なくされるかもしれない。あるいは、先行投資がうまく成功すれば、スポーツ組織にとっての期待の星である「花形製品」へと変わる可能性も秘めている。

④　負け犬

　負け犬は、スポーツサービスの将来的な需要の成長が低く、また、ある特定の人だけに受け入れられている状況を意味している。このポジションは、スポーツ組織にとって非常に厳しい状況であり、短期的にも長期的にも収益が見込めないため、投入資源を控え、早急にスポーツサービスの縮小もしくは撤退（終結）を含めた事業展開を熟考する必要がある。

　このように、スポーツ組織は限られたスポーツ資源（特に、財務資源）をどのようなスポーツサービスに配分（投入）するのかを慎重に決定しなければならないが、②金のなる木からの安定した収益（資金）を③問題児に投入することで①花形製品へと変身させ、最終的には製品ライフサイクルの段階に従って、②金のなる木へと育てていくことが戦略定石であろう。

2　スポーツ需要創造のマネジメント

（1）スポーツマーケティングの考え方

　スポーツ組織は、人々の明確なスポーツ需要の状況に合わせてスポーツサービスを効率的かつ効果的に生産し供給するという「適応」的な活動と、新たなスポーツ需要基盤を自ら創り出してスポーツサービスを新規開発するという「創造」的な活動をバランスよく調整していく必要がある。ここでいうスポーツ需要とは「スポーツに対するニーズ・期待や欲求の総体」を意味し、スポーツマーケティングとはまさに、スポーツ組織によるスポーツ需要への「創造的適応」[7]（Creative Adaptation）であり、スポーツ需要の創造から需要満足の達成に至るまでのプロセスを調整する活動なのである。

　そのため、スポーツマーケティングとは、交換過程を通じて、スポーツアクターのニーズや欲求等を充足させるために意図された一連の諸活動と定義される。また、交換とは「欲しいものと引換えに何かを提供することによって、スポーツ組織とスポーツアクター双方の満足が高められるような互恵的関係を創る行為」をいう。そこでは、物財としてのスポーツ用具・用品をはじめ、参加型スポーツサービスや観戦型スポーツサービス、およびエージェントサービスといった無形のサービス財としてのスポーツプロダクト*4 など、いかなるものでも交換の対象となり得るが、本書ではスポーツサービスが中心となる（図4-2参照）。

　したがって、スポーツ組織が交換を容易にし、スポーツ参与行動プロセスを促進するためには、「マーケティングの ABC+D」[8]を計画し展開するこ

＊4　第 3 章第 3 節参照。

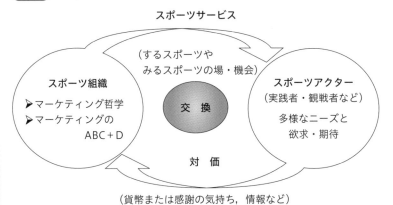

図 4-2 スポーツマーケティングに見られる交換関係

とが肝要である。つまり、スポーツアクターのニーズや欲求等を色濃く反映したビフォア・サービス（Before service）としての「スポーツサービス」を開発・生産すると同時に、スポーツサービス利用後のアフター・サービス（After service）にもどれだけ配慮しているかなどの詳細情報を伝達するコミュニケーション（Communication）といった ABC が重要なのである。また厳密にいえば、これだけではスポーツ需要を喚起したに過ぎず、スポーツアクターが欲しい時に（スケジューリング）、欲しい場所（ロケーション）で、いつでも利用できるといった需要満足にまで至れるよう立地・流通（Distribution）にも完璧を期さなければならない。

（2）スポーツマーケティング戦略の構図

　スポーツマーケティングの目的は、スポーツアクターが求め、満足してくれるスポーツサービスを効率よく生産・供給することにある。スポーツ組織がこの目的を実現するためには、効果的なスポーツマーケティング戦略を策定し、効率的に実行していく必要がある。一般に、スポーツマーケティング戦略（計画）は、①事業環境の調査・分析→②マーケティング目標の設定→③ STP 分析（セグメンテーション⇄ターゲティング⇄ポジショニング）の活用→④マーケティング・ミックスの最適化、という一連のプロセスを経て策定・構築される。そして、構築されたスポーツマーケティング戦略が実行されるとともに、必ずその結果を評価し、問題点などがあれば原因を探り、次回に向けてスポーツマーケティング戦略が改善される。

　ここでは、民間スポーツ・フィットネスクラブ組織（AXYZ）を例に[9]、スポーツマーケティング戦略のプランニングを説明したい（図 4-3 参照）。

① 第 1 ステップ：事業環境の調査・分析

　AXYZ クラブは、事業を取り巻く外部環境と内部環境の調査・分析[*5] を

＊5　主な分析方法には、①自組織を取り巻くマクロ環境を Politics（政治・法律）、Economy（経済）、Social（社会）、Technology（技術）という 4 つの視点から分析・予測する「PEST 分析」、②自組織の内部環境（強み：Strengths と弱み：Weaknesses）と外部環境（機会：Opportunities と脅威：Threats）を吟味する「SWOT 分析」、③特定の業界全体の競争構造を分析するための「ファイブフォース（5F）分析」などがある[10]。

図 4-3　AXYZ クラブのスポーツマーケティング戦略プランニング

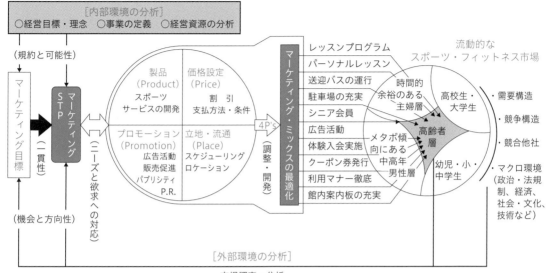

出典　中西純司「第 4 節 体育・スポーツ事業をめぐるマーケティング志向 ②スポーツマーケティング戦略の構築」柳沢和雄・木村和彦・清水紀宏
編著『テキスト体育・スポーツ経営学』大修館書店　2017 年　p.94 を一部改変

通じて、「今の健康状態を向上させて、Well-being な生活を楽しみたい」
という要望をもったシニア世代（高齢者層）を「魅力的な市場機会」として
発見した。

② **第 2 ステップ：マーケティング目標の設定**

　AXYZ クラブは、シニア世代のこうした健康・フィットネス需要へ対応し、
「Well-being なシニアライフを楽しむ快適空間の提供」という「マーケティ
ング目標」を設定することを意思決定した。

③ **第 3 ステップ：STP 分析の活用**

　AXYZ クラブは、不特定多数の人々からなるスポーツ・フィットネス市
場の中から、当該クラブのスポーツ資源を投入すべき最適な標的市場を選定
するために（ターゲティング[*6]：Targeting）、「年齢×性別×健康・体力状
況×ライフスタイル」といった複数の分類基準[*7]を用いた「セグメンテー
ション」（Segmentation）を実施した。その結果、5 つの顧客層（市場セ
グメント）の存在が明確にされ、マーケティング目標との関係から「高齢者
層」のみを魅力的な標的市場とすることに決定した。そして最終的に、
AXYZ クラブは、流動的なスポーツ・フィットネス市場における当該クラ
ブのスポーツサービスの立ち位置（競争優位性）を明確にするために、「ポ
ジショニング」（Positioning）や PPA を用いることで、ロコモ予防とアン
チエイジングをコンセプトとする「癒し系プログラム」をシニア世代向けの
新規（未開拓）プログラムとして開発することにした。

＊6　セグメンテー
ションによって明確に
されたいくつかの市場
セグメントの中から 1
つあるいは複数の市場
セグメントを選択して
ターゲット（標的）を
定め、そうした標的市
場セグメントのニーズ
や欲求などにあったス
ポーツサービスやマー
ケティング・ミックス
を開発していこうとす
るアプローチである。
一般的には、①無差別
アプローチ、②差別化
アプローチ、③集中化
アプローチといった 3
つの方法がある[11]。

＊7　スポーツ市場全
体をいくつかの同質的
な市場セグメントに分
類するための「ある一
定の基準」であり、「セ
グメンテーション（細
分化）基準」と呼ばれ
る。このセグメンテー
ション基準は、①地理
的変数（国、地方、行
政区など）、②デモグ
ラフィック変数（性別、

年齢、所得、職業、学歴など）、③サイコグラフィック変数（社会階層、ライフスタイル・価値観、パーソナリティなど）、④行動変数（利用頻度、ロイヤルティ、求めるベネフィットなど）の4つで構成される[12]。

＊8　第3章第3節参照。

④ 第4ステップ：マーケティング・ミックスの最適化

このように、高齢者層のみをターゲットとして、ロコモ予防運動プログラムや癒し系プログラムなどのスポーツサービスを開発・提供すること（製品：Product[*8]）を決定した AXYZ クラブは、「いつ、どこで、どのような形でスポーツサービスを提供するのか」（立地・流通：Place）、「スポーツサービスをいくらで提供するのか」（価格設定：Price）、そして「スポーツサービスに関する詳細情報をどのようにして多くの人々に知らせ、広めるか」（プロモーション活動：Promotion）といった一連のスポーツマーケティング活動を調整していく必要がある。いわゆる、「マーケティング・ミックス」と呼ばれる 4P's の最適化を図ることで、高齢者層との望ましい交換関係を形成していくことが肝要である。この 4P's の調整と開発は、人の好み（味覚）に合わせた、美味しい料理をつくる手順や作業とよく似ている[9]。

こうした①～④のプロセスを経て慎重に策定されたスポーツマーケティング戦略は実行後に、その成否が客観的に分析・評価され、次回の戦略策定へとフィードバックされていくのである。

2　スポーツ価値共創のマネジメント

スポーツサービスの心理的かつ感性的な経験価値（興奮・感動、心地よさ・癒しなど）は、スポーツ組織と様々なスポーツアクターとの共創・協創を通じて生産・消費（享受）される。そのため、スポーツ組織は、こうした共創・協創活動を通じて、各スポーツアクターにとって主観的に望ましい「経験価値」（快楽消費）を演出していけるよう創意工夫しなければならない。

1　スポーツサービスの「経験価値」

(1)「快楽消費」としてのスポーツサービス

スポーツサービスは、ある一定の時間と空間の中で、実際の「する・みる」スポーツ活動の成立にかかわる機能的価値を提供するだけではなく、スポーツアクターの五感に訴えかけるような興奮や感動、心地よさや癒しなどの思い出に残る「経験」[13]（エクスペリエンス：experience）という情緒的で感性的な価値までも創出することができる点に大きな特徴がある。

例えば、プロ野球の試合という観戦型スポーツサービスの場合、ファンは、

快適な座席でチームの勝利を切に願って試合を観戦（消費）するだけではなく、同時に、選手の華麗でダイナミックなプレーに感動したり、見応えのある試合展開に思わず興奮したり、球場の独特の雰囲気や応援・声援にワクワクしたり、といったように、試合観戦（スポーツ参与行動）を通じて「主観的に（当人にとって）望ましい感情を経験すること」[14] もできる。ホルブルックとハーシュマン（M.B. Holbrook and E.C. Hirschman）[15] [16] は、芸術鑑賞、スポーツ実践やスポーツ観戦等に見られるこうした「快楽的な感情経験」（ファンタジー、フィーリング、ファンという 3 つの"F"）を目的とする消費者行動を「快楽消費」（hedonic consumption）という概念で説明した。

　このように、スポーツアクターは、スポーツ参与行動[*9] を通じて、スポーツサービスのもつ機能的価値や便益性以外にも、興奮や感動、および心地よさや癒し等の感性的な「経験価値」[17] を享受しながら、快楽消費を楽しんでいるのである。いってみれば、スポーツサービスとは、消費経験を通じて、人々の感性（エスセティクス：aesthetics）に訴えかける「文化的製品」[16]（cultural products）なのである。

＊ 9　第 2 章参照。

（2）スポーツサービスの経験価値デザイン

　シュミット（B.H. Schmitt）[17] は、経験価値を「製品・サービスそれ自体の物質的・金銭的な価値ではなく、顧客がそれらの利用経験や消費過程を通して獲得する効果や満足感、歓喜・感動、興奮といった認知的・感情的・行動的・感覚的・社会的な価値」と定義している。そのうえで、企業が製品・サービスの「コモディティ化」（日用品化・類似品化）を防止し、消費者の経験価値をより豊かにしていくために必要なマネジメント技術として、「戦略的経験価値モジュール」（Strategic Experiential Modules：SEM）のデザインを挙げている。この SEM は、快楽消費としてのスポーツサービスの経験価値をデザインするうえでも有益なマネジメント技術である。

　具体的には、❶よい外観・内装、よい BGM、よい雰囲気など、五感を刺激することで得られる「感覚的経験価値」（SENSE）、❷かっこいい、嬉しい、魅力的など、顧客の内面にある感情や気分に訴求することで生み出される「情緒的経験価値」（FEEL）、❸面白い、興味深い、勉強になるなど、顧客の知的好奇心や創造性を刺激することで生まれる「認知的経験価値」（THINK）、❹行ってみたい、挑戦してみたい、体験したいなど、身体的な活動や行動を通してライフスタイルに刺激や変化をもたらす「行動的経験価値」（ACT）、そして、❺共有したい、参加したい、つながりたいなど、社会（準拠集団）や文化との関係性を構築することで得られる「関係的経験価値」（RELATE）

＊10　ドラマトゥルギー

コミュニケーション場面において人々は、ある特定の場や状況などにふさわしい「役割」を認知し、そうした役割を演じることによって、コミュニケーションを成立させ、社会を成り立たせているとする考え方である。本来は「劇作術・作劇法」「脚本書法」「演劇論」などを意味する演劇用語であったが、社会学者 E. ゴッフマンが「本当の自分と装われた自分を創るための演出上の戦略、あるいは個々の人がさまざまな領域で出会うときの自己演技の戦略」を表現するための概念として用いたことで、社会学的含意をもつようになった。

＊11　顧客がサービス組織や具体的なサービス、およびブランド等に接触し、何らかの個人的な印象や感情を抱くあらゆる遭遇場面のことである。「サービス・エンカウンター」（顧客接点）とも呼ばれるが、ノーマン（R. Normann）やカールソン（J. Carlzon）は、スペイン語の「闘牛場において闘牛士が牛を仕留める（あるいは、逆襲されて闘牛士が命を落とす）一瞬、トドメの一撃」(La hora de la verdad) に由来する「正念場、決定的瞬間」（英和辞典）に喩えて「真実の瞬間」(Moment of Truth: MOT) と表現し、顧客とサービス組織によってサービス・クオリティが創造される「未知との遭遇ポイント」として重要視した [22] [23]。

といった5つの構成要素（次元）を最適に組み合わせながら、スポーツサービスの経験価値を戦略的にデザインし誘発することが肝要である。

2 スポーツ価値共創のマネジメント戦略

(1) ドラマトゥルギーとスポーツ価値共創

　グローヴとフィスク（S.J. Grove and R.P. Fisk)[18] は、ゴッフマン（E. Goffman)[19] の「ドラマトゥルギー」＊10 (Dramaturgy) という考え方をサービス経験に応用し、「演劇」(drama) をメタファーとする「劇場アプローチ」(theater approach) を提唱している（図4-4参照）。この劇場アプローチでは、サービス経験の主要な構成要素が、「役者」としてのサービス提供者、各役者の「役柄・演技」としてのサービス行為、「観客」としての顧客、「舞台装置（表舞台・舞台裏）」としてのサービス環境、「劇作家・演出家」としてのマーケター、「脚本・台本」としての戦略・戦術等、「上演」としてのサービスパフォーマンスといったようなアナロジーで説明されている。

　例えば、プロ野球観戦をこの劇場アプローチで分析してみると、選手たち（役者）とファン（観客）とが同一時空間を共有して、スタジアム（球場）という「劇場」（舞台装置）の中での相互作用的なコミュニケーションを通じて試合（演劇・ドラマ）が行われる（上演）。各選手は、グラウンド（表舞台）で監督（劇作家・演出家）の采配（脚本・台本）に従って各自のプレイ（役柄・演技）を見せることでファンに働きかけ、ファンの声援や応援しだいで試合展開や選手のパフォーマンスが変わることもある。そのため、ファンのいない劇場では、選手の演技が盛り上がることはない。また、舞台裏では、チームを支えるコーチやスコアラーおよび球団職員が、データの収集・分析・整理や、ベンチ・練習場での控え選手のサポート、空調管理や照明調整、スコアボード表示の操作などを行っている。

　このように、スタジアムという劇場では、試合が上演されると同時に、選手とファンが協働して共に新たな経験価値を創造するという「スポーツ価値共創」が行われている。そして、TVのアナウンサーや野球解説者は、試合展開やスポーツ価値共創のありようを逐一観察しながら、「筋書きのないドラマ」を生放送し、視聴者にも現場での興奮や臨場感を演出している。

図 4-4　ドラマトゥルギーとサービス体験

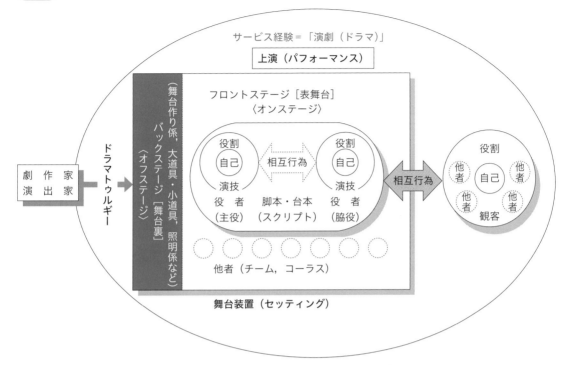

出典　S.J Grove and R.P. Fisk, The dramaturgy of service exchange: An analytical framework for services marketing. In：LL. Berry, G.L. Shostack, and G.D. Upah（eds.）Emerging perspectives on services marketing. American Marketing Association, 1983, 45-49. を参考に筆者作成

（2）スポーツ価値共創の演出法

　スポーツ組織がスポーツ価値共創を豊かなものにしていくためには、劇場アプローチからも想像できるように、❶役者（主役・脇役）や舞台裏のスタッフ、観客などの「人材」（Participants ／ People）、❷劇場全体や舞台装置（表舞台・舞台裏の機材等）などの「物理的環境」（Physical Evidence）、❸舞台設営や上演に至るまでのプロセスを円滑に進めるための実際の手順や仕組みおよび行動フローなどを示す「サービス・プロセス」（Process of Service Assembly）といった "3 つの P"（3P's）[20]をマーケティング・ミックスの4P's と合わせて最適な調整をしていくことが重要である。

　なかでも、人材と物理的環境までも含めたサービス・プロセスを分析し、視覚的に描写する必要がある。レモンとヴァーホフ（K.N. Lemon and P.C. Verhoef）[21] は、経験価値を生み出すサービス・プロセス全体の流れを「（長い）旅」（journey）に例えて、顧客がサービス・プロセスの各タッチポイント[*11]でどのような経験価値を得ているかを地図化・視覚化する有効な方法として「カスタマージャーニー・マップ」（Costumer Journey Map：CJM）[*12]に言及している。この CJM は、記述内容の視点を決める「レンズ」、サービス・プロセス全体を視覚的に描写する「ジャーニー・モデル」、そして、

＊12　こうしたサービス・プロセスを設計・診断・改善するための実用的な描写技法には、CJM のほかにも、G.L. ショスタック（G.L. Shostack）が1981 年に開発・提案した「サービス・ブループリンティング」（Service Blueprinting）があり[24]、その後も何度か改良されていくが、CJM の原点であるといえるかもしれない。

図 4-5 カスタマージャーニー・マップを用いたスポーツ観戦ガイド

出典　浦和レッドダイヤモンズ公式ホームページ「浦和レッズをみにいこう!! マップ」
　　　https://www.urawa-reds.co.jp/img/REDS_MAP.pdf

顧客の意識や感情などを記述する「発見事項」の3つで構成される。

　例えば、J1リーグに所属する浦和レッドダイヤモンズ（浦和レッズ）は、初めての観客が浦和レッズの試合を気軽に観戦できるよう、CJMを用いた「浦和レッズをみにいこう!! マップ」[*13]を公式ホームページ上（チケット_初めての方へ_初めて観戦ガイド：STADIUM GUIDE）で公開している（図4-5参照）。このマップには、観戦型スポーツサービス（浦和レッズのホームゲーム）の購買前（自宅）から購買段階（試合観戦）、そして購買後（食事・帰宅）に至るまでのタッチポイントがすべて描写されている。

　それゆえ、スポーツ組織が、こうしたCJMを用いることによって、各タッチポイントでの人材や物理的環境の創意工夫を含めた豊かなスポーツ価値共創を演出することができれば、スポーツアクターのスポーツサービス・クオリティ評価（"CRATER"の基準[*14]）や顧客満足・歓喜の創造、および顧客ロイヤルティの獲得に大きく貢献できることは想像に難くない。

*13　浦和レッズをみにいこう!! マップ
https://www.urawa-reds.co.jp/img/REDS_MAP.pdf
で確認することができる。

*14　第3章第3節参照。

3　スポーツマネジメントの理論が役立つ実践領域

　スポーツマネジメントとは、スポーツの文化的価値享受を基調とするスポーツサービスの創造と人々の豊益潤福なスポーツライフの実現をめざすスポーツ組織の調整活動である。こうしたスポーツマネジメントという人間的かつ協働的な営みは、営利・非営利を問わず、様々なスポーツ組織がそれぞれの実践領域（現場）に合わせて戦略的に展開することが肝要である。

1　スポーツマネジメントを担う組織とその実践領域

（1）スポーツサービスを創り出す様々な組織

　私たちの身の回りには、多彩なスポーツサービスが存在し、各自の目的やニーズ・欲求等に合わせて自由にそれらを選択することができる。こうしたスポーツサービスを創り出す事業を営む主体がスポーツ組織である。

　例えば、学校組織（教員組織と児童会・生徒会）は、自校の児童生徒を対象に教育的価値の享受を目的とした体育・スポーツ活動を提供している[15]。また、総合型地域スポーツクラブ[16]や公共スポーツ施設[17]などの非営利組織は、社会・生活向上価値（共助・互酬性・相互扶助）の創造をめざして、会員や住民等を対象に多様な地域スポーツ活動の場や機会を整備し提供している。そして、スポーツ行政組織[18]は、政策マネジメントを実践することで、こうした地域スポーツ活動を間接的に支援している。

　一方、民間スポーツ・フィットネスクラブ[19]やプロスポーツ組織[20]などの営利（企業）組織は、スポーツやフィットネス活動の場や機会、あるいは試合観戦の機会を顧客（会員や観客）の快楽消費として創造していくことで、経済的価値を追求しようとしている。

* 15　第 6 章参照。

* 16　第 7 章参照。

* 17　第 8 章参照。

* 18　第 12 章参照。

* 19　第 9 章参照。

* 20　第 10 章参照。

（2）スポーツマネジメント実践領域の分類

　このように、体育やスポーツの文化的な普及・推進と高質化をめざすスポーツ組織は、営利・非営利を問わず、それぞれの目的や対象者の特性などに対応しながら、多彩なスポーツサービスを生産・供給するための調整活動を実践している。これらのスポーツ組織は、❶横軸：「組織の性格」（営利組織－非営利組織）と、❷縦軸：「スポーツ組織（の意思決定）へのスポーツアクターのかかわり方」（主体的・自律的－従属的・他律的）の 2 軸から 4 つのスポーツマネジメント実践領域（Ⅰ～Ⅳ）に分類することができる（図4-6参照）。そのため、スポーツ組織には、各実践領域の状況に即したスポーツマネジメ

図 4-6 スポーツマネジメント実践領域の分類

	❶組織の性格	
	非営利組織	営利組織

❷スポーツアクターのかかわり方（主体的・自律的 ↔ 従属的・他律的）

学校のスポーツマネジメント
＜教育（スポーツを通じた人間形成）＞
学校組織（教員組織と児童会・生徒会）

地域のスポーツマネジメント
＜相利共生（共助・互酬性・相互扶助）＞
総合型地域スポーツクラブ

一般企業のスポーツマネジメント
＜従業員の健康管理・エンゲージメントの向上／
競技力向上と社会貢献／企業イメージの向上＞
一般企業組織
福利厚生サービス担当部署
企業スポーツ部（競技スポーツチーム）

実践領域Ⅰ　実践領域Ⅱ

スポーツ組織（スポーツマネジメント実践領域）
主要目的：体育やスポーツの文化的な普及・推進と高質化

実践領域Ⅳ　実践領域Ⅲ

地域のスポーツマネジメント
＜社会の福祉と地域コミュニティの形成＞
スポーツ行政組織（都道府県・市区町村）
公共スポーツ施設（指定管理者等）

スポーツ団体のスポーツマネジメント
＜（国際）競技力の向上と社会貢献＞
種目別競技団体・スポーツ統括団体

スポーツ企業のスポーツマネジメント
＜経済性・採算性（利潤追求）・顧客認識＞
民間（商業）スポーツ施設
（民間スポーツ・フィットネスクラブ／
ゴルフ場・ゴルフ練習場・ボウリング場など）
プロスポーツ組織
（プロ野球／Jリーグ／Bリーグ／大相撲など）

＊21　第6～14章参照。

＊22
例えば、スポーツ庁が「Sport in Life 推進プロジェクト」の一環として 2017（平成 29）年から実施している「スポーツエールカンパニー（Sports Yell Company）認定制度」において認定された「従業員の健康増進のためにスポーツの実施に向けた積極的な取組を行っている企業（2024（令和 6）年 1 月 23 日公開時点で 1,246 社）」などが該当する。なお、詳細は以下サイトで確認することができる。
https://sportinlife.go.jp/sports_yell_company/

ント活動の展開＊21 が求められる。

　例えば、実践領域Ⅰには、学校組織や総合型地域スポーツクラブなどがあり、主体的かつ自律的なスポーツマネジメントが必要とされる。また、実践領域Ⅱに位置するスポーツ行政組織や公共スポーツ施設、およびスポーツ団体には、公平・公正かつ透明性の高いスポーツマネジメントが強く求められる。さらに、実践領域Ⅲには、民間（商業）スポーツ施設やプロスポーツ組織などが位置づけられ、スポーツビジネス・マネジメントが必要である。最後の実践領域Ⅳでは、一般企業組織などが自組織の目的達成を図るために、「スポーツを通じたマネジメント」＊22 を戦略的に展開するかもしれない。

2 わが国のスポーツ産業とスポーツマネジメントの実践

（1）スポーツ産業の誕生と発展

　わが国のスポーツ産業は、1880 年前後から 1940 年頃にかけて「スポーツ用品産業」「スポーツ施設建設産業」「スポーツ情報産業」といった 3 つの領域を基盤に創業（誕生）し、戦後（1945（昭和 20））年の復興期から高度経済成長期（1960 年代から 1970 年代）を経て緩やかに成長してきた。その後、国民の生活も豊かになり、スポーツ産業が本格的に発展する契機と

なったのは、国（通商産業省：現経済産業省）が 1990（平成 2）年に「スポーツ産業振興政策」を立案し、その担当部局である産業政策局（スポーツ産業研究会）が広範囲にわたるスポーツ産業の体系化を最初に試み、その市場規模を数字で公表した『スポーツビジョン 21』（報告書）の発行にあるといってもよい。

　この報告書 [25)] では、スポーツ産業を、「『スポーツ需要』を的確にとらえ、国民のスポーツの文化的享受の実現に必要な『モノ』『場』『サービス』を提供する産業」と定義し、❶スポーツ生産に必要な「モノ」（用品・用具）に対応する「スポーツ製造業」、❷スポーツ生産の「場」（施設・空間）を建設・開発する「スポーツスペース業」、❸スポーツ生産に必要なモノや場および情報（用品関連流通・販売、情報関連、施設・スクール関連）などを「サービス」として運営し提供する「スポーツサービス業」といった、個々独立した 3 領域に分類している。そして、1989（平成元）年のスポーツ産業の市場規模（GNSP）を 6 兆 4,089 億円［対（名目）GNP 比 1.64％］と推計している。

（2）スポーツ産業の範囲と分類

　今や、米国と同じように、スポーツの生産と供給にかかわる経済活動はかつてないほどに拡大し、上述の伝統的な 3 領域（❶〜❸）も顕著な発展をするにつれて、各領域が互いに重なり合う新しい複合領域 [26)] が出現してきた。それは、❹スポーツ製造業（スポーツ用品産業）とスポーツサービス業（スポーツサービス・情報産業）の共通部分（❶∩❸）からなる「スポーツ関連流通業」（権利ビジネスなど）、❺スポーツスペース業（スポーツ施設・空間産業）とスポーツサービス業の共通部分（❷∩❸）である「施設・空間マネジメント産業」（民間スポーツ・フィットネスクラブなど）、❻3 領域がすべて重複（❶∩❷∩❸）した「ハイブリッド産業」（プロスポーツやスポーツツーリズムなど）、❼最先端テクノロジーを活用した e ビジネスの発展に対応する「スポーツ関連 IT 産業」など、「アンブッシュ（待ち伏せ）産業」[*23] との区別が不明瞭で、横断的なスポーツ産業領域への進化である。

　これらのスポーツ産業領域は、『日本標準産業分類』（総務省）の区分（大・中・小・細）には存在していないため、その市場規模を把握することが難しい。とはいえ、スポーツ庁と経済産業省が 2016（平成 28）年 6 月に公表した『スポーツ未来開拓会議中間報告書』[28)] によれば、スポーツ市場規模は、2015 年で 5.5 兆円（2012（平成 24）年時点の予測額）になるが、2020（令和 2）年に 10.9 兆円（約 2 倍）に達し、2025（令和 7）年までに 15.2 兆円（約 3 倍）へと拡大する方針が示されている（ただし、これには、国際・

＊ 23　スポーツ生産を直接の目的としないアンブッシュ企業がたまたま開催されるビッグイベントに便乗するケースが含まれる [27)]。

国内スポーツイベント等の開催に伴う権利ビジネス関連の費用は含まれていない）。今後は、本書で扱うスポーツマネジメント実践領域を超えて拡大する新たなスポーツ産業領域への対応も慎重に検討していく必要があろう。

引用文献

1）伊丹敬之『経営戦略の論理―ダイナミック適合と不均衡ダイナミズム―［第4版］』日本経済新聞出版社 2012年 pp.47-74

2）野中郁次郎監『組織は人なり』ナカニシヤ出版 2009年 pp.001-002

3）野中郁次郎『知識創造の経営―日本企業のエピステモロジー―』日本経済新聞出版社 1990年 pp.38-43

4）紺野登『知識資産の経営―企業を変える第5の資源―』日本経済新聞出版社 1998年 pp.73-96

5）中西純司「スポーツプロダクト・ライフサイクル」山下秋二・原田宗彦編著『図解 スポーツマネジメント』大修館書店 2005年 pp.134-135

6）J.C. アベグレン＋ボストン・コンサルティング・グループ編著『ポートフォリオ戦略―再成長への挑戦―』プレジデント社 1977年 pp.69-95

7）J.A. Howard, *Marketing management: Analysis and planning.* Irwin, Inc., 1957, 4-5.

8）宇野政雄『最新マーケティング総論』実教出版 1987年 pp.11-15

9）中西純司「第4節 体育・スポーツ事業をめぐるマーケティング志向 ②スポーツマーケティング戦略の構築」柳沢和雄・木村和彦・清水紀宏編著『テキスト体育・スポーツ経営学』大修館書店 2017年 pp.94-97

10）同上書 p.95

11）中西純司「ターゲティング」山下秋二・原田宗彦編著『図解 スポーツマネジメント』大修館書店 2005年 pp.120-121

12）前掲書9） pp.95-96

13）B.J. パインⅡ・J.H. ギルモア（岡本慶一・小髙尚子訳）『［新訳］経験経済―脱コモディティ化のマーケティング戦略―』ダイヤモンド社 2005年 pp.17-19／pp.28-33

14）堀内圭子『〈快楽消費〉する社会―消費者が求めているものはなにか―』中央公論社 2004年 pp.31-34／pp.40-41

15）E.C. Hirschman and M.B. Holbrook, Hedonic consumption: Emerging concepts, methods and propositions. *Journal of Marketing*, 46(3), 1982, 92-101.

16）M.B. Holbrook and E.C. Hirschman, The experiential aspects of consumption: Consumer fantasies, feelings, and fun. *Journal of Consumer Research*, 9(2), 1982, 132-140.

17）B.H. シュミット（嶋村和恵・広瀬盛一訳）『経験価値マーケティング―消費者が「何か」を感じるプラスαの魅力―』ダイヤモンド社 2000年 pp.87-101

18）S.J Grove and R.P. Fisk, The dramaturgy of service exchange: An analytical framework for services marketing. In：LL. Berry, G.L. Shostack, and G.D. Upah(eds.)*Emerging perspectives on services marketing.* American Marketing Association, 1983, 45-49.

19）E. ゴッフマン（石黒毅訳）『行為と演技―日常生活における自己呈示―』誠信書房 1974年 pp.1-18／pp.297-301

20）B.H. Booms and M.J. Bitner, Marketing strategies and organizational structures for service firms. In：J.H. Donnelly and W.R. George(eds.)*Marketing of services.* American Marketing Association 1981, 47-51.

21）K.N. Lemon and P.C. Verhoef, Understanding customer experience throughout the customer journey. *Journal of Marketing*, 80(6), 2019, 69-96.

22）R. ノーマン（近藤隆雄訳）『サービス・マネジメント』NTT出版 1993年 pp.28-31

23）J. カールソン（堤猶二訳）『真実の瞬間―SASのサービス戦略はなぜ成功したか―』ダイヤモンド社 1990年 pp.3-10

24）G.L. Shostack, How to design a service. In J.H. Donnelly and W.R. George(eds.)*Marketing of services.* American Marketing Association, 1981, 221-229.

25）通商産業省産業政策局編『スポーツビジョン21―スポーツ産業研究会報告書―』通商産業調査会 1990年 pp.31-43／pp.49-57

26）原田宗彦「Ⅰ部 スポーツ産業とは　1章 進化するスポーツ産業」原田宗彦編著『スポーツ産業論［第7版］』
　　杏林書院　2021年　pp.2-17
27）山下秋二「第2章 スポーツ組織のドメイン」山下秋二・中西純司・松岡宏高編著『図とイラストで学ぶ新し
　　いスポーツマネジメント』大修館書店　2016年　pp.16-17
28）スポーツ庁・経済産業省「スポーツ未来開拓会議中間報告〜スポーツ産業ビジョンの策定に向けて〜」2016
　　年
　　https://www.meti.go.jp/policy/servicepolicy/1372342_1.pdf

参考文献

・M. Li, S. Hofacre, and D. Mahony, *Economics of sport*. Fitness Information Technology, 2001,
6-20.
・A. Meek, An estimate of the size and supported economic activity of the sports industry in the
United States. *Sport Marketing Quarterly*, 6(4), 1997, 15-21.
・J. B. Parks and J. Quarterman, *Contemporary sport management*(2nd ed.). Human Kinetics,
2003, 8-12.
・B. G. Pitts, L. W. Fielding, and L. K. Miller, Industry segmentation theory and the sport industry:
Developing a sport industry segment model. *Sport Marketing Quarterly*, 3(1), 1994, 15-24.
・R. Sandomir, *The $50-billion sports industry*. Sports Inc., 1988, 14-23.
・A. Somoggi Coronaviruss economic impact on the Sports Industry ［online］.
https://www.sportsvalue.com.br/en/coronaviruss-economic-impact-on-the-sports-
industry/#:~:text=According%20to%20analysis%20by%20Sports,for%20another%20US%24%20
250%20billion
・石井淳蔵『マーケティングを学ぶ』筑摩書房　2010年
・嶋口充輝・石井淳蔵・黒岩健一郎・水越康介『マーケティング優良企業の条件―創造的適応への挑戦―』日本経
済新聞出版社　2008年
・仲澤眞・吉田政幸『よくわかるスポーツマーケティング』ミネルヴァ書房　2017年
・日本貿易振興機構（ジェトロ）サービス産業部「米国スポーツ市場・産業動向調査」（2018年3月）
https://www.jetro.go.jp/ext_images/_Reports/02/2018/36336636325a9892/201803usrp.pdf
・柳沢和雄・清水紀宏・中西純司編著『よくわかるスポーツマネジメント』ミネルヴァ書房　2017年
・山下秋二・中西純司・松岡宏高編著『図とイラストで学ぶ 新しいスポーツマネジメント』大修館書店　2016年
・山下秋二・原田宗彦編著『図解スポーツマネジメント』大修館書店　2005年
・湧田龍治「第12章 スポーツビジネスにおけるサービス・マーケティング」神原理編著『サービス・マーケティ
ング概論』ミネルヴァ書房　2019年　pp.155-170

学びの確認

1.（　　　　　）に入る言葉を考えてみましょう。

① スポーツ資源は、スポーツサービスを産み出すための基本的かつ有限な事業要素であり、（　　　　　　）、物的資源、（　　　　　　　　）、情報資源といった４つの総称である。

② 有限なスポーツ資源の最適配分を可能にしてくれる有効な戦略分析の手法が（　　　　　　　　　　）であり、スポーツ組織は（　　　　　　）を育てることで、安定した収益 ［（　　　　　　）］ を確保することができる。

③ スポーツマーケティング戦略を策定するための基盤は、（　　　　　　　　　　　　）⇄ ターゲティング⇄ポジショニングといった（　　　　　　　）にあるといってもよい。

④ スポーツアクターにとってのスポーツサービスは（　　　　　　）であり、スポーツ組織が豊かな経験価値を創造するためには、（　　　　　　　　　　）における各タッチポイントを巧くマネジメントしていくことが肝要である。

⑤ スポーツマネジメント実践領域は大きく４つに分類することができるが、今後は、スポーツ製造業や（　　　　　　　　　　）、およびスポーツサービス業といった伝統的なスポーツ産業領域だけではなく、（　　　　　　　　）との区別が不明瞭になりやすい新たなスポーツ産業領域にも対応していく必要がある。

2.「浦和レッズをみにいこう!!　マップ」を参考にしながら、あなた自身の（する・みる）スポーツ参与行動を具体的に考えてみましょう。

....

....

....

....

米国におけるスポーツ産業の経済規模

:: 立命館大学／中西純司

▌スポーツ産業の経済規模

　米国では、国民生活に果たすスポーツ産業の役割を示す主な経済学的指標として、ウォートン経済予測センターが1988年に初めて提唱した「国民スポーツ総生産」(Gross National Sport Product：GNSP)や、ジョージア工科大学経済開発研究所のミーク(A. Meek)教授が1997年に開発した「国内スポーツ総生産」(Gross Domestic Sport Product：GDSP)が導入されました。そして、当時の経済規模がそれぞれ、GNSP(1987年)で502億ドル[対GNP(4兆5,243億ドル)比1.1%：第23位]、GDSP(1995年)で1,520億ドル[対GDP(7兆2,650億ドル)比2.0%：第11位]と推計され、GNPとGDPという指標の違いはあるものの、1980年代から1990年代にかけてのスポーツ産業の顕著な発展がうかがえます。

　また、コロナ禍前の2018年3月に、日本貿易振興機構(ジェトロ)が公表した『米国スポーツ市場・産業動向調査』では、プランケットリサーチ社(Plunkett Research, Ltd.)の2016年データから、米国のスポーツ市場規模が4,961億ドル(約59.5兆円：1ドル120円／2012年：4,177億ドル)で、世界のスポーツ市場規模(約1兆3,000億ドル)の3分の1以上に相当すると報告されている。さらに、スポーツマーケティングを専門とするスポーツバリュー社(Sports Value)による「コロナ禍におけるスポーツ産業の経済効果(2020年3月)」の分析では、世界のスポーツ市場規模(2020年)が7,560億ドルと推定され、米国(4,200億ドル)と欧州(2,500億ドル)でその大部分を占めているが、新型コロナウイルスの蔓延が経済効果に与えた影響は大きいと指摘されています。

　このように、米国は、スポーツ先進国として、世界のスポーツ産業を牽引するとともに、その領域(分類)も多様化・複雑化しています。

▌スポーツ産業領域の分類(区分)

　こうした経済規模の算出に必要なのがスポーツ産業領域の分類です。パークス＆クォーターマン(J. B. Parks and J. Quarterman)は、スポーツ産業の特徴と範囲を明確にしたモデルとして、ⓐスポーツ組織が生産するスポーツプロダクトの機能と購買者のタイプによって分類した「製品機能モデル」(Product Type Model)、ⓑスポーツの経済活動によって分類した「経済効果モデル」(Economic Impact Model)、ⓒスポーツ活動(試合とイベント)の生産に対するスポーツ組織のかかわり方から分類した「スポーツ活動モデル」(Sport Activity Model)の3つを紹介しています。これら3つのモデルにはそれぞれに一長一短があるものの、ⓐ製品機能モデル(スポーツ産業セグメント・モデル)は、米国内外で広く活用されており、NASSMの研究対象を理解するうえでも有益です。

　このスポーツ産業セグメント・モデルでは、スポーツ産業を、「スポーツ(単数形)に関連した活動や財、サービス、人間、場所、およびアイデアなどのすべてを含むスポーツプロダクトがその購買者に提供される市場」と定義し、3つのセグメント(部門)に分類している。具体的には、①実際の(する・みる)スポーツ活動を製品として消費者に提供する「スポーツパフォーマンス産業」、②スポーツパフォーマンスの創出、あるいはその質的向上に必要な製品(スポーツ施設・用品・用具、コーチやトレーナーなど)を扱う「スポーツプロダクション産業」、③スポーツプロダクトの普及・振興に必要な手段・方法として提供される製品(権利ビジネス、プロモーションイベントなど)を扱う「スポーツプロモーション産業」である。

※　ここで紹介している文献については、本章の参考文献を参照していただきたい。

スポーツ組織を動かすパワーマネジメント

なぜこの章を学ぶのですか？

スポーツ組織は、スポーツの文化的価値を人々に享受することを保証しなければなりません。そのためには、スポーツマネジメントに携わる一人一人の能力や多様性を活かした組織システムをデザインして、PDCA サイクルを回すとともに、的確なガバナンスを効かせるためのパワーマネジメントを実践することがとても重要です。

第 5 章の学びのポイントは何ですか？

本章で扱う「組織デザイン」「PDCA サイクル」「ガバナンス」は、組織の構造や仕組みといった静的な側面として取り上げられがちですが、この構造や仕組みをいかにして上手く運用（調整・活用）していくかという動的な視点もあわせて理解することで、スポーツ組織のパワーアップを図るマネジメントを効率よく展開することができます。

＼ 考えてみよう ／

① なぜ、スポーツ組織のリーダーには、全体最適化を図るシステム思考のリーダーシップが求められるのかを考えてみましょう。

② マトリックス型の組織デザインは、スポーツ組織にとってどのような点が有益であるかを考えてみましょう。

1 「多様性」を活かす組織デザイン

　スポーツ組織が目的を達成していくためには、一人一人の能力や多様性を生かした組織システム（組織の構造・仕組みや人材配置（分業）など）を確立して、そうした組織システムが上手く起動するような「調整」機能までも設計しておくことが組織デザインである。

1 組織デザインとは

（1）スポーツ組織とは

　今日のスポーツ組織は、学校、総合型地域スポーツクラブ、公共スポーツ施設、民間スポーツ・フィットネスクラブ、プロスポーツ組織、スポーツ行政組織、各種スポーツ団体、あるいはスポーツイベント運営組織のようなある一定の頻度（期間や間隔）でスポーツをプロデュースする組織も含めると、極めて広範かつ多岐にわたっている。つまり、スポーツ組織とは、個々の組織が自己完結型のリアリティとして留まるのではなく、「スポーツ・身体活動（フィットネスやレクリエーションなど）やそれらに関連したあらゆる製品・サービスの生産と供給を主たる目的とする様々な組織体」と定義することができる。また、スポーツ組織は、供給者が受け手である消費者にサービスを一方的に提供する供給組織ではなく、スポーツプロダクト（特に、スポーツサービス）の生産と供給を参加者・利用者・クラブメンバー・観戦者・アスリートが共に創り上げていくことから、多主体による協働システムであるといえる。さらに、多主体による協働システムであるがゆえに、スポーツ組織が「無意識・無計画・無目的」な非公式組織として活動していては、健全かつ豊益潤福な生涯スポーツ社会の実現を図ることができない。

　アメリカの電話会社社長であり経営学者でもあったバーナード（C. I. Barnard）は、「組織とは、『意識的で、計画的で、目的を持つような人々相互間の協働』であると同時に、『意識的に調整された 2 人またはそれ以上の人々の活動や諸力のシステム』」[1]としている。つまり、スポーツ組織こそが、意思をもってお互いに協調しながら共通の目的に向かって活動することが求められるのである。

（2）組織デザインの観点

　バーナードの定義に基づくと、協働システムとしてのスポーツ組織が成立するためには、❶健全かつ豊益潤福な生涯スポーツ社会の実現を図るといっ

た「共通目的」、❷スポーツプロダクトの生産と供給を参加者・利用者・クラブメンバー・観戦者・アスリートが共に創り上げていくという「協働意欲」、❸構成メンバーが共通目的に従って協働意欲を高めるための「コミュニケーション」の3つの要素（条件）が必要である。さらに、現代社会においては、性別、年齢、国籍など、多様な属性をもつ人々（＝ダイバーシティ）を等しく認めて、それぞれの個性や能力を包摂して適材適所で活躍できる場を用意する（＝インクルージョン）、いわば、「多様性を包摂する考え方」が求められている。このようなスポーツ組織を成立させるための3つの成立条件（共通目的・協働意欲・コミュニケーション）とダイバーシティ＆インクルージョンを形づくり、維持していくためには、組織の構造的側面である組織階層・組織形態・構造などの骨格と、組織の過程的側面であるリーダーシップ、モチベーション、コンフリクト解消などの筋肉をうまくデザインしていくことが重要である。

　こうした構造的側面である組織解剖学と、過程的側面である組織生理学の観点から組織の全体構想を設計することが「組織デザイン」である。

2 スポーツ組織の安定した構造（仕組み）のデザイン

(1) 組織階層の設計

　組織を創るうえで最初に考慮すべきポイントは、ヒエラルキー（階層的構造）の設計である（図5-1 参照）。組織といえば、多くの人がピラミッド型組織をイメージするが、階層が多いピラミッドなのか、階層が少ないフラットなピラミッドなのかということがヒエラルキーである。この階層数は、一人のマネジャー（管理者）が何人の部下を管理することができるかによって自ずと決まってくる。一般的に、ピラミッド型組織は、トップ・マネジメント（Top Management：T.M.）、ミドル・マネジメント（Middle Management：M.M.）、ロワー・マネジメント（Lower Management：L.M.）によって構成されている。

　T.M. は、組織目標や方針の決定、全体計画に関する方針の決定、組織全体の管理を行うなど、組織における最高の意思決定を行う権限を有する。M.M. は、T.M. の決定を受けて、その部門における運営方針を具体化して、L.M. が実施するための調整機能を担っている。また、L.M. が職務を遂行しやすくするために状況を的確に把握して T.M. に働きかけることも必要である。L.M. は、対象者に接する、いわば、スポーツの生産と供給を直接担う現場の職務である。このピラミッド型組織は、意思決定の権限レベルがはっ

きりしていることから、組織を構成しているメンバーの秩序を保つことができる。その一方で、各メンバーは、組織における自分の役割に従って行動することを優先させるため、創造性豊かな新しいアイデアや革新的な行動を起こしにくい。

こうしたピラミッド型組織とは対称的に、階層をなくしたフラット型組織（ティール組織）は、権限を集中させたリーダーが存在せず、現場において各メンバーが必要に応じて意思決定を行うことが特徴である。各メンバーがフラットな関係であり、それぞれの主体性に任された活動を認める組織であるため、連帯感が希薄になったり、意思決定や相談ができなかったり、といった混乱を招く危険性がある。そのため、メンバーが組織の目的をはっきりと理解して、組織の使命を果たすための行動をとることが求められる。

このように、ピラミッド型組織は役割分担と階層による意思決定が明確であるのに対して、フラット型組織は共通の組織目標に向かって個々のメンバーの裁量で意思決定をしていくのである。最近では、この2つの組織タイプに加えて、対等な横関係を重視したネットワーク型組織も存在する。この組織タイプは、ピラミッド型組織のように階層による意思決定が必要でないため迅速に対応できることや、フラット型組織のように個々の活動による連帯感の希薄や孤立性のリスクが少なく、むしろ新しい資源を生み出しやすい。しかし、事業ドメイン*1 が不明確になりやすく、組織メンバーの入れ替わりに制限がないため、組織の枠組みが変動しやすい。

＊1　事業ドメイン
組織の持続的な成長を可能とする自組織特有の「事業活動領域」のことであり、顧客（誰に）・機能（何を）・技術（どのように）といった3要素によって決定される。

図 5-1　ピラミッド・フラット・ネットワーク組織

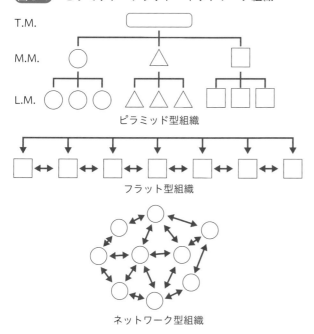

ピラミッド型組織

フラット型組織

ネットワーク型組織

（2）組織形態・構造の設計

　スポーツ組織は、マネジメント機能別組織とスポーツサービス別組織の2つにわけて考えることができる（図5-2 参照）。マネジメント機能別組織とは、マネジメント活動の主要機能ごとにグルーピングされた組織形態である。そのメリットは、同じ職務の人が集まっており、部門内でフォローしやすいため効率的であり、機能的な専門能力が向上する点にある。一方、デメリットとしては、各部門（仕事内容）内で問題や課題が完結してしまうので、スポーツサービスの生産・供給、スポーツ参与行動に対する意識が希薄となり、マネジメント努力の低下やスポーツニーズへの対応が難しくなる。

　これに対して、スポーツサービス別組織とは、スポーツ組織が生産・供給するスポーツサービス別にグルーピングされた組織形態である。そのメリットは、各人のスポーツニーズに対応したマネジメント努力を積極的に行うことができる。しかし、デメリットは、他のスポーツサービスとの連携が希薄になることである。さらに、マネジメント機能別組織とスポーツサービス別組織に共通したデメリットとしては、各部門間の技術（ノウハウ）や知識・情報の共有と連携が希薄になることが挙げられる。

　こうしたデメリットを超克するためには、各スポーツサービス間に共通するスポーツ価値の享受を各部門間での横断的かつ有機的な連携・協力関係によって保証することができるようなマトリックス型組織を設計することが肝要である（図5-3 参照）。そうすれば、スポーツ組織は、スポーツプロダク

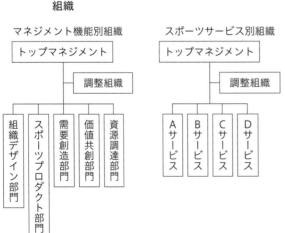

図 5-2　マネジメント機能別組織とスポーツサービス別組織

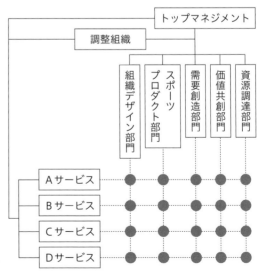

図 5-3　マトリックス型組織

トの効率的な生産・供給と交換・相互作用（価値共創）を促進するための協働的な調整活動を実現できるであろう。

3　スポーツ組織の仕組みを動かす組織過程のデザイン

（1）リーダーシップ論

　スポーツ組織の仕組みを構築しても、その組織を効果的に動かしていくのは組織に所属するメンバー（人）である。それゆえ、各メンバーは、同じビジョンとミッションをもって、お互いに協調しながら組織目標を達成していかなければならない。そうしたビジョンやミッションをメンバー全員で共有し遂行していけるように調整するのがリーダーの役割であり、目標達成に向けて各メンバーに影響を及ぼすプロセスを「リーダーシップ」と呼んでいる。このリーダーシップの考え方には、3つの代表的な理論がある。

　1つ目は、三隅二不二によって開発され、最もよく活用される PM 理論である（図 5-4 参照）[2]。この理論では、リーダーシップが P 機能（Performance function）と M 機能（Maintenance function）の 2 つから構成されている。P 機能とは、組織の成果（業績や生産性向上など）をあげるために発揮される「目標達成機能」である。これに対して、M 機能とは、各メンバーをまとめ、チームワークを維持・強化するために発揮される「集団（人間関係）維持機能」である。そして、これら 2 つの機能の強（大文字）−弱（小文字）によって、リーダーシップが PM 型（理想型）、Pm 型（成果重視型）、pM 型（人間関係重視型）、pm 型（未熟型）の 4 つのタイプに分類される。

　2つ目は、ハーシー＆ブランチャード（P. Hersey & K. H. Blanchard）[3]

図 5-4　リーダーシップ PM 理論

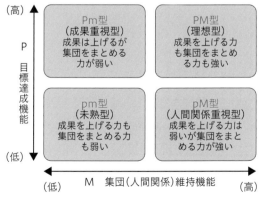

出典　村杉健「第 6 章　リーダーシップの事例研究―PM 式リーダーシップ測定法―」『作業組織の行動科学』税務経理協会　1987 年　pp.119-121

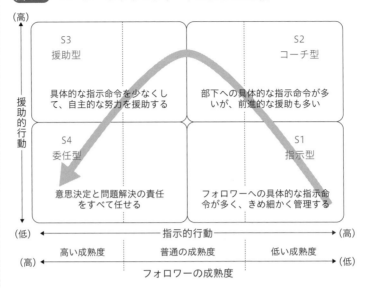

図 5-5 ハーシー & ブランチャードによる SL 理論

出典　P. ハーシー・K. H. ブランチャード（山本成二他訳）『行動科学の展開—人的資源の活用—［新版］』日本生産性本部　2000 年　pp.423-443

のSL（Situational Leadership）理論（図 5-5 参照）であり、「状況対応型リーダーシップ」と呼ばれている。この理論は、リーダーがフォロワー（各メンバー）に対して画一的に対応するのではなく、フォロワーが特定の課題を自律的に達成できるかの状況（成熟度）に応じてリーダーシップ・スタイルを柔軟に変化させるという考え方である。つまり、リーダーが、各メンバーの成熟度に従って、「S1：指示型」→「S2：コーチ型」→「S3：援助型」→「S4：委任型」といった4つのリーダーシップ・スタイルを柔軟に使い分けていくのである（最適なスタイルは放物線上を移動する）。

　3つ目は、ノール・M・ティシー（N. M. Tichy）[4] の「変革型リーダーシップ」である。この考え方は、リーダー自らが課題を発見して、課題解決方法を考えて実行し、結果を検証することで新たに課題を発見するというサイクルを回していくようなリーダーシップ・スタイルである。特に、変化の激しい外部環境や、迅速な適応が求められる社会においては必要不可欠なリーダーシップ・スタイルであるといってもよい。この変革型リーダーシップの発揮には、カリスマ性やモチベーションを鼓舞する力、知的刺激を与える能力、周囲への配慮といった4つの能力が必要とされている。

　いずれにせよ、将来予測が困難な VUCA の時代[*2] において、スポーツ組織を「学習する組織」[5] として円滑に動かしていくためには、**レジリエンス**[*3] としなやかさ、および**システム思考**[*4] をもったエクセレント・リーダーが求められているといっても過言ではない。

＊2
第1章第1節参照。

＊3　レジリエンス
物理学や心理学で使われてきた言葉であるが、それ以外でも幅広く使用されている。特に、組織におけるレジリエンスとは、社会や市場環境の変化によってもたらされる様々なリスクや課題を乗り越えて適応する能力を示している。

＊4　システム思考
事象を個別最適化ではなく、全体最適化を図るためにひとつのシステムとしてとらえて多面的な視点からアプローチすることによって解決をめざす方法論である。それによって、顕在化した目の前の課題ではなく、本質的な課題を解決することが可能となる。

（2）モチベーション論

　組織において、リーダーが優れたリーダーシップを発揮するためには、フォロワーである各メンバーのモチベーション（やる気・意欲）を高める必要がある。と同時に、メンバー自身が高いモチベーションを意識的に維持し続けなければ、組織は効率的に機能しない。メンバーのこうしたモチベーションを説明するための理論には、2つの代表的な考え方がある。

　1つ目は、心理学者マズロー（A. H. Maslow）の欲求階層説（図 5-6 参照）である[6]。この考え方は、古典的であるが、人間を自己実現に向かって絶えず成長する生きものと仮定して、人間の低次から高次までの欲求を5階層で理論化している。具体的には、❶食欲、睡眠欲などの生きていくために必要な基本的な「生理的欲求」、❷安心・安全な生活を確保するための「安全欲求」、❸集団への帰属や愛情を求めるという「社会的欲求」、❹他者から尊敬され、認められたいと願う「承認欲求」、そして、❺あるべき自分になりたいと願う「自己実現欲求」から構成されている。

　2つ目は、ハーズバーグ（F. Herzberg）によって提唱された「動機づけ－衛生理論」（図 5-7 参照）である[7]。この理論は、「二要因理論」とも呼ばれ、仕事への満足度が動機づけ要因と衛生要因の2つの関係性によって成り立つとしている。動機づけ要因とは、仕事に対する「満足要因」であり、「達成感」「承認」「「仕事そのもの」「責任」「成長（昇進）」などの内発的要因（承

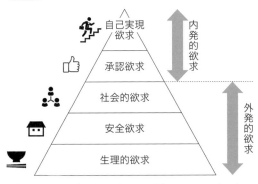

図 5-6　マズローの欲求 5 段階説

出典　A. H. Maslow, A Theory of human motivation, *Psychological Review*, vol.50, 1943, 370–396.

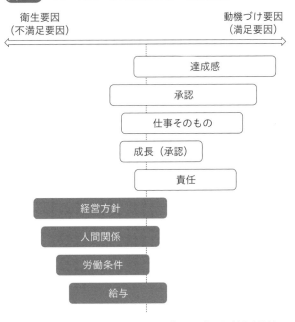

図 5-7　ハーズバーグの動機づけ－衛生理論

出典　F. Herzberg, Work and the nature of man, *The World Publishing company*, 1966, 162–167.

認欲求・自己実現欲求）が挙げられる。なかでも、「責任」をもたせることがやる気を最も持続させることができる。一方、衛生要因とは、仕事を取り巻く「不満足要因」であり、「経営方針」「人間関係」「労働条件」「給与」などの外発的要因（生理的欲求・安全欲求・社会的欲求）が挙げられる。そして、人間は、内発的な動機づけ要因が満たされると満足感を得ることはできるが、不満が解消されたわけではなく、逆に、外発的な衛生要因が満たされれば不満を解消することはできるが、満足感を得たわけではない、といわれている。つまり、人間は、動機づけ要因と衛生要因という独立した２つの要因が同時に満たされることによって、モチベーションの維持・向上や仕事への満足度へとつながっていくのである。

（3）コンフリクト・マネジメント

　どんなにリーダーが素晴らしいリーダーシップを発揮したとしても、メンバーそれぞれの組織内での立場などが異なれば、組織には「対立（軋轢）」や「敵対関係」が生じることがあり得る。組織内に生じるこうした対立的関係は、一般的に「コンフリクト（葛藤）」と呼ばれ、組織の効率性や生産性に悪影響を及ぼす危険性がある。こうしたコンフリクトは、完全に解消し除去することはできないが、それへの対処さえ適切であれば、むしろスポーツ組織の質的向上や活性化に大きく貢献してくれるはずである。

　シュミット（W. H. Schmidt）は、どの程度自らの利害にこだわるのかという「自己主張性」と、どの程度他者の利害に関心を有するのかという「協力性」の２次元からコンフリクト処理モデル（図 5-8 参照）を構築し、5 つの解消法を提示している[8]。具体的には、❶どちらか一方の個人や組織等の主張や考えを強制的に押しつけ合う「競争」（強制）、❷お互いの利得を捨て

図 5-8　コンフリクト（葛藤）処理モデル

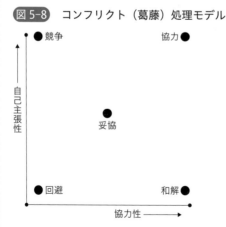

出典　Schmidt W. H. Conflict: A Powerful Process for (Good or Bad) change, Management Review 63(12), 1974, 35-38.

させ、お互いに譲り合うようにする「和解」、❸お互いの主張（競争）が表面化するのを止める「回避」、❹お互いに許容できるポイントを見つけて、折り合いをつける「妥協」、❺自分の利得も相手の利得も大きくなるような方法を共同で探求していくという「協力」（問題直視）がその解消法である。なかでも、コンフリクト解消のベストプラクティスは、お互いの問題直視を前提とする「協力」であり、「競争」や「回避」および「妥協」などは当面の解消には役立っても、根本的な問題解決にはならないといわれている。

　それゆえ、スポーツ組織のリーダーには、モチベーション・マネジメントやコンフリクト・マネジメントの力量も求められるであろう。

2　PDCA サイクルの展開

　PDCA サイクルは、Plan（計画）、Do（実行）、Check（評価）、Action（改善）の 4 つのステップで構成される「循環システム」であり、スポーツマネジメント活動を効率的かつ効果的に遂行したり、スポーツサービスの質を高めたりすることを促進するマネジメント機能の 1 つである。

1　スポーツマネジメントにおける PDCA サイクル

（1）PDCA サイクルとは

　スポーツマネジメントの目的を効率的かつ効果的に遂行するためには、PDCA サイクルが必要不可欠である。第 3 章では、チェラデュライ（P. Chelladurai）とマリン（B. J. Mullin）によるスポーツマネジメントの組織論的な定義を学んだが、2 人とも組織が行う「計画化（planning）－組織化（organizing）－指揮・指導（leading/directing）－評価・統制（evaluating/controlling）」というマネジメント機能として PDCA サイクルを取り込んでいる。加えて、第 3 章では、自発的な運動の楽しみを基調とする「人間の文化的な営み」であるスポーツをする場やみる機会を創造することによって、スポーツ文化の普及・推進と人々の豊益潤福なスポーツライフの実現を図ることがスポーツマネジメントの目的であることも学んだ。

　稲田将人は「PDCA の定着によって目指すのは、組織の全階層で課題解決に正しく取り組む『文化づくり』」[9]であるという。つまり、スポーツ組織も、PDCA サイクルを定着させることによって、組織の全階層でスポーツマネジメントの目的達成に向けて取り組む「（組織）文化づくり」を進め

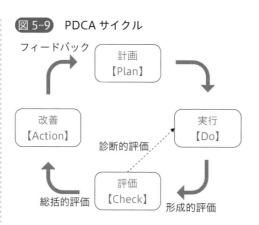

図 5-9 PDCA サイクル

ていくことが重要なのである。

　一般的に、PDCA サイクルは、計画（Plan）、実行（Do）、評価（Check）、改善（Action）の４つのステップで構成されている（**図 5-9** 参照）。第１ステップである計画は、スポーツ組織のマネジメントにおける計画立案を行うことである。このステップでは、組織が達成すべき目標を定めて、それを実現するための手法や評価方法などを計画する。第２ステップは、その計画を実行する段階である。このステップで重要なことは、「やりっぱなし」ではなく、次の第３ステップである評価につなげることである。この評価の段階では、実行した内容について数値による客観的評価や感覚による主観的評価などを用いて多面的に評価することで精度を上げ、次の第４ステップである改善の効果性を高める準備をすることである。この改善では、計画で設定した目標と照らし合わせて問題点や課題を抽出し、さらに高い成果を生み出すための活動内容についての改善案が検討される。そして、この改善案をフィードバックして、新たな計画を策定する。それゆえ、スポーツ組織は、こうした一連の PDCA サイクルを最適化することで、効率的かつ効果的なスポーツマネジメントを実践することができるのである。

2 スポーツマネジメントにおける「計画立案」と「評価」

（1）スポーツマネジメント計画の種類

　スポーツ組織の目標を達成するためには、組織の行動の道筋であるマネジメント計画を策定する必要がある。例えば、スポーツサービス計画では、どのようなスポーツサービスを、いつまでに、どのような形で提供するのかを決定することである。そのため、スポーツマネジメント計画は、時間的な長さや計画内容によって分類することができる。

　はじめに、時間的な長さによる分類は、基本計画（マスタープラン）と具体的計画（アクションプラン）の 2 つに分けることができる。基本計画（マスタープラン）は、生涯スポーツ社会を創造していくという、めざすべきスポーツマネジメント目標の実現のために長期的な視点に立った道筋を示すことである。そのため、大きな視点に立って理想的な表現を掲げる一方で、実現可能な計画を示すことが重要である。例えば、国の「スポーツ基本計画」は、5 年ごとに策定され、「多様な主体におけるスポーツ機会の創出」「スポーツによる地域創生、まちづくり」「スポーツを通じた共生社会の実現」などのテーマによって表現されている。また、学校の体育・スポーツマネジメント計画では、児童（6 年間）・生徒（3 年間）の在学期間全体を通した長期計画が策定されている。これに対して、具体的計画（アクションプラン）は、基本計画（マスタープラン）に従って、中期的・短期的な目標の達成をめざした具体的な実施計画である。例えば、地方公共団体のスポーツ政策では、年間予算に基づいて具体的な事務・事業を計画することであり、学校であれば、年間計画や単元計画を立てることである。つまり、概ね 1 年以内の具体的計画といえる。

　次に、計画内容による分類は、スポーツ資源調達計画、スポーツ需要創造計画（スポーツサービス計画）、スポーツ価値共創計画、そして、これら 3 つの計画を調整するスポーツ組織計画などに分けることができる。スポーツ資源調達計画では、スポーツサービスの実施に必要となる人的資源・物的資源・財務資源・情報資源を確認し、保有資源の状況から不足する資源の調達計画を立てる。また、スポーツ需要創造計画（スポーツサービス計画）では、スポーツ資源調達計画に基づいて調達したスポーツ資源を変換して、適正なスポーツサービスの生産・供給計画を立てる。このスポーツ需要創造計画では、多様なスポーツニーズや欲求を把握して、魅力あるスポーツサービスの生産・供給計画を立てることが重要である。さらに、スポーツ価値共創計画は、スポーツサービスの具体的な提供計画であり、時間の流れに合わせて、スポーツアクターの行動とサービス提供者の対応行動、スポーツサービスの水準と内容、および物理的施設環境などを具体化した青写真でもある。

　最後に、スポーツ組織計画では、T.M. が基本計画やスポーツ資源調達計画を、M.M. がスポーツ需要創造計画を、そして、L.M がスポーツ価値共創計画を担うよう、階層間の役割を有機的に調整する必要がある。

（2）スポーツマネジメント評価の手順と方法

　スポーツマネジメント評価は、PDCA サイクルの評価（Check）と改善（Action）の段階に該当する。すなわち、前項で学んだ計画が予定通りで、

内容通りに実行されたか否かを評価し、計画通りに進まなかった場合には改善を行う機能である。そのため、一般的には、「（診断のための）標準の設定」「診断（分析評価）」「修正・改善活動」という手順を踏む。

　標準とは、スポーツマネジメント業績との比較を行うための尺度であり、計画（目的・目標）の到達点である。例えば、学校では児童生徒の体力や運動能力等の到達目標、行政のスポーツ政策では週1回（もしくは週3回）以上のスポーツ実施率、民間スポーツクラブでは会員獲得目標数等といった、マネジメント成績の標準がある。加えて、スポーツ組織のマネジメント活動等が計画通りに行われるかどうかというマネジメント条件の標準も必要である。前述の例で示した尺度は比較的数値化することが可能であるが、スポーツ組織のマネジメント活動・条件のような尺度は数値化することが難しい。その場合は、質的な評価が求められ、近年ではルーブリック評価指標[*5]を用いる場合が多い。

＊5　ルーブリック評価指標
質的な評価項目とその評価基準（レベル）を明確に定義したものをマトリクス表で示した評価指標である。

　この標準に照らし合わせてマネジメント活動が適切になされているかを「診断」して「修正・改善活動」を行うわけであるが、「診断」と「修正・改善活動」では「診断的評価」「形成的評価」「総括的評価」といった3段階で評価することが望ましい。「診断的評価」とは計画で設定された目標や標準が妥当であるか否かを実行初期段階で診断し改善・修正することであり、「形成的評価」は実行中間段階でその状況を診断し改善・修正を行うことである。また、「総括的評価」は、すべてが終了した時点で診断を行い、次の計画に向けた目標や計画の改善・修正を図ることを目的としている。

　それゆえ、スポーツマネジメント評価は、こうした手順と方法を用いて、2つの視点から実施する必要がある。つまり、❶事業目的にかかわる標準をどの程度達成できたのかを診断する「マネジメント成績の評価」（短期的なアウトプット評価・長期的なアウトカム評価[*6]と、❷スポーツ組織のマネジメント活動・条件をいかに効率よく整えることができたのかを分析する「マネジメント条件の評価」（スポーツ組織の仕組みや資源調達状況、計画の妥当性、およびステークホルダーとの関係などの観点からの評価）である。

＊6　例えば、民間スポーツ・フィットネスクラブの、「今年度の会員数を○％増やして、退会者数を□％減らすことができた」は短期的なアウトプット評価であるが、「その結果、5年後の売上利益率が●％向上した」は長期的なアウトカム評価である。

3 スポーツガバナンスの構築

　スポーツガバナンスは、スポーツインテグリティ（スポーツの文化的価値の擁護とスポーツ組織の健全性の確立・維持）を統治・協治・共治するための調整活動であり、VUCA 時代のスポーツを取り巻く環境において、スポーツ組織のエンジンパワーアップ機能として必要不可欠である。

1 スポーツ組織のパワーマネジメントのための グッドガバナンス

（1）スポーツガバナンスとは

　ガバナンスとは、「統治・支配・管理」を示す言葉であり、健全な組織のマネジメントを行うために求められる管理体制の構築や組織の内部統治を意味している。わが国では、2000 年頃より大企業による不祥事が相次いだことからガバナンスが注目されるようになった。スポーツ界においては、アスリートのドーピング、指導者やコーチによる暴力・暴言・ハラスメント、スポーツ組織の不正や隠蔽といった不祥事が後を絶たないことから、その必要性が強調されるようになった。

　山本悦史によれば、スポーツ界における不祥事は、「スポーツ資本」[*7] のひとり歩きによって生じやすいとされている[10]。このスポーツ資本は、本来であればスポーツサービスを生み出すための手段であるはずが、目的と化すことでさまざまな問題を引き起こすことになる。例えば、スポーツ組織は、質の高いスポーツサービスを多くの人々に供給するために（目的）、金融資本を有効活用するはずが（手段）、市場原理によっていつの間にか金融資本の蓄積（金儲け）が目的となり、スポーツサービスの供給をそのための手段としてしまう可能性がある。そして、未熟なスポーツ組織ほど、金融資本の蓄積に纏わる不正や隠蔽を行っていくことになるのである。そのため、健全なスポーツ組織システムを構築していく必要があろう。加えて、スポーツの教育的価値（特に、スポーツマンシップやフェアプレイといった倫理的かつ非暴力的価値）を考慮すれば、人間とスポーツとの豊かなかかわりを通じて育まれる「真摯で高潔な人間力」を重視し、スポーツの文化的価値を擁護することも、スポーツ組織とっての重要な役割である。

　いってみれば、スポーツガバナンスとは、スポーツの文化的価値の擁護とスポーツ組織の健全性の確立・維持といった「スポーツインテグリティ」（ス

*7　スポーツをサービス化するために必要となる資本であり、「金融資本」（さまざまなサービスを生み出すために必要なカネ）、「技術資本」（アスリートやコーチ・指導者が所有する体力、技術、知識など）、「象徴資本」（信頼、信用、権威といった人々の認知や承認）といった 3 つの蓄積である。そのため、スポーツ資本は有限あるいは有形の資源だけではなく、スポーツプロダクトの生産過程や過去の生産活動で生み出された生産物も含まれる[10]。

ポーツの高潔性）を担保していくための自浄的な調整活動なのである。

2 スポーツガバナンスのあり方

（1）スポーツの文化的価値を擁護するためのグッドガバナンス

　スポーツサービスの生産と消費が同時に行われるスポーツ現場では、体罰や暴力・暴言、および人権問題など、様々な逸脱問題が起こるリスクを常に抱えている。実際、高校や大学の運動部活動における監督・コーチや先輩などによる暴力事件をはじめ、アスリートのドーピング・薬物（大麻）問題やアスリートに対する体罰・暴力・暴言・ハラスメントなどのスポーツ不祥事は、未だに後を絶たない。これは、スポーツ現場が外部の目にさらされる機会が少なく、閉鎖的な空間であることや、過度な勝利至上主義などによって、社会の非常識がスポーツ現場の「常識」（当たり前）となっていることに起因している。つまり、監督・コーチのもつ技術資本（スキル・知識）が過度な勝利至上主義によってひとり歩きしているのである。

　こうした技術資本のひとり歩きを防止するためには、スポーツ現場にかかわる監督・コーチやアスリート（プレーヤー）自身がリスペクトの精神をもって法規範（ルール）や道徳的規範（スポーツマンシップやフェアプレイ）といった「スポーツ規範体系」（スポーツ文化の規範体系[*8]）を遵守するよう内部統制を図ると同時に、クラブやチームの枠を超えたステークホルダー（家族、所属組織（企業や学校・大学）、スポンサー、競技団体など）との相互牽制や相互連携の「仕組み」を構築していくことが肝要である。例えば、監督・コーチの問題行動を抑制するためには、アスリートだけではなく、ステークホルダーによる日常的な監視（相互牽制）も必要であるし、監督・コーチとステークホルダー間でのチーム理念・方針の共有（相互連携）を図ることも重要である。

　このように、スポーツ現場では、スポーツ文化の規範体系の遵守という「コンプライアンス」（社会的要請への適応）を徹底するとともに、ステークホルダーとの相互牽制と相互連携の仕組みを構築することによって、スポーツの文化的価値を擁護するためのグッドガバナンスを展開することができる。

（2）スポーツ組織の健全性を確立・維持するためのグッドガバナンス

　様々なスポーツアクター（個人・集団・組織）を統括し、スポーツサービスを生産・供給するスポーツ団体では、小規模な組織で閉鎖的な組織風土と

*8
第1章第1節2参照。

いう特徴から不正受給や裏金問題といった不祥事がしばしば起こる。例えば、2000 年のシドニーオリンピック直後には、JOC に加盟する 11 競技団体（柔道、陸上競技、テニス、バレーボールなど）が国庫補助金等の約 9,330 万円を不正に受給していたことが発覚した。また、2020 年東京オリンピック・パラリンピック大会の招致活動をめぐっては、招致委員会が海外のコンサルティング会社に不透明な資金を支払ったといわれている。加えて、この2020（+1）大会終了後にも、大会組織委員会（元理事）による「東京五輪汚職・談合事件」が発覚したことは記憶に新しい。

　このような不祥事は、金儲けが目的となり、スポーツサービスが手段化するという、金融資本のひとり歩きが招いた象徴的な事例であるといってもよい。こうした金融資本の蓄積に纏わる不祥事が起こる背景には、これまでのスポーツ組織が、スポーツ行政の権限ないしは政治・経済的パワーによって、ある特定の組織による独占的支配や属人的業務体制などに基づく「ガバメント」という一元的統治によって動かされてきたという経緯がある。

　それゆえ、スポーツ組織がこうした金融資本のひとり歩きを防止し、スポーツの文化的価値を最大限に引き出すためには、「垂直的ガバナンス」と「水平的ガバナンス」を同時進行的かつ持続的に機能させていくことによって [10) 11)]、スポーツ組織の「真摯さ」を絶対視するためのグッドガバナンスを徹底していく必要がある。

　例えば、プロスポーツ組織の場合、投資家（オーナー）やリーグ機構などによる垂直的ガバナンス（J リーグでは、「経営諮問委員会」や「クラブライセンス制度」のような内部監視体制を確立し、各クラブのマネジメントや監督・コーチ・プレーヤーを垂直的に統治する内部統制を実践している）と、公的セクター（中央政府や地方公共団体など）や民間セクター（金融機関やスポンサー企業、マスメディア、ファンなど）、および共的セクター（総合型地域スポーツクラブや市民活動団体など）との間における水平的ガバナンス（共治：協働的統治）によって、スポーツの公共性と民主性を保障していくことが強く求められる。加えて、この水平的ガバナンスは、サポーターやファン、地域住民といったプロスポーツ組織の意思決定にアクセスする権限をもたない存在や、発言力が弱いステークホルダーの主体的作用を引き出すパワーバランスの調整活動であるといってもよかろう。

引用文献

１）C. I. バーナード（山本安次郎他訳）『経営者の役割』ダイヤモンド社　1968 年　p.85
２）村杉健「第 6 章　リーダーシップの事例研究—PM 式リーダーシップ測定法—」『作業組織の行動科学』税務経理協会　1987 年　pp.119-121

3 ）P. ハーシー・K. H. ブランチャード（山本成二他訳）『行動科学の展開—人的資源の活用—［新版］』日本生産性本部　2000 年　pp.423-443

4 ）ノール M. ティシー（一條和生訳）『リーダーシップ・サイクル—教育する組織をつくるリーダー—』東洋経済新報社　2004 年　pp. 49-87

5 ）ピーター M. センゲ（枝廣淳子他訳）『学習する組織』英治出版　2014 年　pp.34-35

6 ）前掲書 2 ）　pp.17-18

7 ）前掲書 2 ）　pp.49-67

8 ）Schmidt W. H. Conflict: A Powerful Process for (Good or Bad) change, *Management Review* 63(12), 1974, 35-38.

9 ）稲田将人『PDCA マネジメント』日本経済新聞出版　2020 年　pp.32-33

10）山本悦史「第 4 章　スポーツガバナンス」山下秋二・中西純司・松岡宏高編著『図とイラストで学ぶ新しいスポーツマネジメント』大修館書店　2016 年　pp.38-49

11）山下秋二「スポーツ産業とスポーツビジネス」中村敏雄他編『21 世紀スポーツ大辞典』大修館書店　2015 年　pp.178-180

参考文献

・E. Penrose, *The theory of the growth of the firm* (4th). Oxford, UK: Oxford University Press, 1959.

・L. M. スペンサー・S. M. スペンサー（梅津祐良他訳）『コンピテンシー・マネジメントの展開』生産性出版　2018 年

・稲葉祐之他『キャリアで語る経営組織—個人の論理と組織の論理—』有斐閣　2015 年

・入山章栄『世界の経営者はいま何を考えているのか』英治出版　2012 年

・勝田隆『スポーツ・インテグリティの探求』大修館書店　2018 年

・笹川スポーツ財団編『入門スポーツガバナンス』東洋経済新報社　2014 年

・友添秀則・清水諭編『現代スポーツ評論 40』創文企画　2019 年

・中島隆信『こうして組織は腐敗する』中公新書ラクレ　2013 年

・沼上幹『組織戦略の考え方—企業経営の健全性のために—』ちくま新書　2003 年

・沼上幹『組織デザイン』日本経済新聞出版　2021 年

・柳沢和雄・木村和彦・清水紀宏編著『テキスト体育・スポーツ経営学』大修館書店　2017 年

・山下秋二・原田宗彦編著『図解スポーツマネジメント』大修館書店　2005 年

学びの確認

1.（　　　　）に入る言葉を考えてみましょう。

① 組織は、人が集まっているだけではなく、（　　　）をもってお互いに（　　　）
しながら共通の（　　　）に向かって活動しなければならない.

② 組織デザインとは、（　　　）的側面である組織解剖学と、過程的側面である組織
（　　　）の観点から組織の（　　　）を設計することである。

③（　　　　　　）組織とは、マネジメント活動の主要機能ごとにグルーピン
グされた組織形態である。（　　　　　　）組織とは、スポーツプロダクト
におけるサービス別にグルーピングされた組織形態である。

④ PDCA サイクルは、（　　　　）、（　　　　　）、（　　　　　）、（　　　　）
の４つのステップで構成されている。

⑤ スポーツガバナンスとは、（　　　　　　）のひとり歩きを防止するための仕組み
や機能であり、スポーツの文化的価値の擁護とスポーツ組織の健全性の確立・維持
といった（　　　　　　　　）を（　　　）・協治・共治するための自浄的な
調整活動といえる。

**2. 私たちにスポーツサービスを生産し供給するスポーツ組織は多数あります。
あなたが興味のあるスポーツ組織の形態や構造はどのようになっているのかを
調べてみましょう。**

実践知としてのマネジメント力量は経験から獲得される暗黙知による

新潟医療福祉大学／西原康行

　筆者は、暗黙知、熟達、マネジメント力量といったことに興味を持ってこれまで研究を続けてきたが、このコラムでは、マネジメントに必要な暗黙知について一般的な考え方を紹介する。

　組織をマネジメントする実践的知能の優れた人は、実践の経験の中に埋め込まれている暗黙知（tacit knowledge）を獲得して活用することに優れている。暗黙知とは、仕事の経験の中で獲得された知識であり、仕事のコツや感覚的な判断力、創造力などである。一方、暗黙知と対比される知識として、形式知（explicit knowledge）がある。形式知は、テキストに書かれている理論やノウハウのような知識であり、講義のように言葉で伝えることが可能で、主に学校において獲得される。暗黙知は「暗黙」であるため、言語化できない経験知であり、直接教示できるものではなく、人との関わりや仕事の中で推論したり、発見して獲得される。大学の経営学部や経営大学院（ビジネススクール）を修了して就職しても即戦力としてすぐに活躍できないのは、仕事の実践を進めるうえで必要な暗黙知を持っていないためである。仕事の実践の場では、様々な状況を即座に把握して適切な判断を行なったり、職場組織の慣習、風土、独自の経験的知識に基づいてコミュニケーションや情報をとって適切な解を出さなければならない。こういった判断や解を出す方法は、誰かに教えてもらったり、テキストに書いてあることではない。そのため、仕事において優れた実践のできるマネジメント力の高い人は、暗黙知が成功のカギであり、職場環境によって異なることを自覚し、その仕事環境から暗黙知を積極的に探さなければいけないことを自覚している。図 5-10 は、マネジメント力量が高くなっていく過程を示しているが、暗黙知は、単に実践経験を積んでいけば獲得できるものではな

く、「実践」「省察（リフレクション）」「自覚」を繰り返すことで獲得されていく。

　野中・竹内（1996）は、暗黙知が主観的・非言語的・非形式的な知識で個人的経験・熟練技能・組織文化・風土などの形で存在しており、形式知が客観的・言語的・形式的な知識であり、マニュアル・仕様書の形で存在して研修で教えることのできる知識であるとしている。その上で、暗黙知と形式知は以下の 4 つの変換によって知識が作られていくとしている（図 5-11）。

　まず、人は組織の中で共通の経験を通して暗黙知を獲得して共有する。例えば、初心者コーチが熟達コーチの指導を観て盗むといったことである。次に共有された暗黙知を他者に伝える時は、比喩や類推を用いて形式知に変換して表出化する。初心者コーチが熟達コーチから獲得した指導を他のシーンで応用したり、法則性を見つけて言語化することである。さらに形式知同士は類推によって連結化（一般化）されて新たな知識が生まれる。例えば、初心者コーチ同士が集まって話すことで、新たな指導法を発見するといったことである。また、学校・研修・本で体系的に学んだ形式知は、現場での経験と省察を通し、内面化して暗黙知に変換される。

　このようにマネジメントとは実践の知であり、理論（形式知）を学んだだけでマネジメントができるということではないと同時に、体系的に学んだ理論（形式知）が経験を通して実践の場に生きることを理解しておくことが必要である。

参考文献
・金井壽宏・楠見孝『実践知―エキスパートの知性―』有斐閣　2012 年
・野中郁次郎・竹内弘高『知識創造企業』東洋経済新報社　1996 年

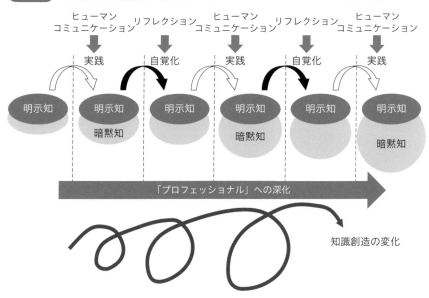

図 5-10 暗黙知の獲得過程（ENHANCING THE TACIT KNOWLEDGE）

出典　Nishihara Yasuyuki（2001）

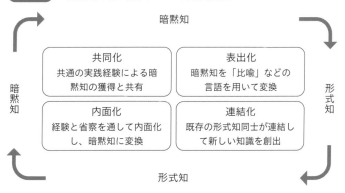

図 5-11 暗黙知と形式知の 4 つの変換過程

出典　楠見孝「第 1 章　実践知と熟達者とは」金井壽宏・楠見孝編『実践知―エキスパートの知性―』有斐閣　2012 年　p.14

第Ⅱ部

スポーツマネジメントの実践領域（現場）

第6章 学校体育・スポーツのマネジメント

なぜこの章を学ぶのですか？

　スポーツマネジメントというと、プロスポーツやスポーツメーカーのマネジメントをイメージすることが多いと思いますが、わが国のスポーツマネジメントの起源は学校体育にあります。そのため、みなさんがこれまで中学校や高等学校で学んできた「体育・スポーツ」はどのようにマネジメントされていたのかを理解することはとても重要です。

第6章の学びのポイントは何ですか？

　学校体育は国が定めた「学習指導要領」において学習すべき内容が決められていますが、各学校は、具体的な学習内容（体育の授業や健康安全・体育的行事など）をスポーツプロダクト（製品）として企画・開発し、児童生徒にスポーツサービスという形で提供しているといってもよいでしょう。

考えてみよう

① あなたが学んだ中学校や高等学校では、体育・スポーツがどのようにマネジメントされ、どのようなスポーツサービスとして提供されていたのかを考えてみましょう。

② あなたが所属していた運動部活動には、どのような問題点がありましたか。グループで話し合ってみましょう。

1　学習指導要領と学校体育・スポーツ

　学校体育・スポーツは、学習指導要領に依拠して展開されていることを学び、民間スポーツ・フィットネスクラブやプロスポーツとは大きく異なり、「公教育」組織のマネジメントであることを理解する必要がある。ここでは、学校独自のマネジメント手法である「カリキュラム・マネジメント」やマネジメント目的・計画・評価の考え方について学習する。

1　学習指導要領とは何か

（1）学校体育・スポーツの特性

　わが国における学校教育は、日本国憲法の精神に則って 2006（平成 18）年 12 月 22 日に公布・施行された「教育基本法」をはじめ、「学校教育法」「教育職員免許法」「義務教育費国庫負担法」「学校保健法」など、様々な法律や規則に依拠して展開されている。なかでも、こうした学校教育の礎となる「学習指導要領」は、学校教育法および学校教育法施行規則の規定[*1] により、文部科学大臣が学校階梯（小学校・中学校・高等学校）ごとに告示することになっている。

　いわば、学習指導要領は、全国どこの学校においても教育の一定水準が確保できるよう、国（文部科学省）が定めている「教育課程の基準」なのである。各学校の教育課程は、この学習指導要領に従って編成され、各教科等の授業をはじめとする多岐にわたる教育活動として実践される[1]。それゆえ、学校体育・スポーツも、この学習指導要領に準拠しながら、各学校の現状等に合わせて実践されるという特性をもつといってもよい。

　また、スポーツマネジメントでは人々の多様なニーズや欲求等にきめ細かく対応するスポーツ需要創造活動が基本となるが、学校体育・スポーツのマネジメントは、児童生徒のニーズを充足させることよりも、「社会のニーズ」に応え、児童生徒の「ニーズの開発や深化」を目的としている[2] といえる。そのため、学校体育・スポーツをマネジメントする場合は、個々の子どもたちや保護者のニーズに対応するのではなく、わが国の社会が未来の発展のためにどのような人間を求めているのかという、社会の教育ニーズに応えていくことが主要なミッションとなるのである[2]。

　ドラッカー（P. F. Drucker）は「マネジメントは企業だけのもではなく、政府機関、大学・学校、研究所、病院などの非営利組織にも必要である」[3] と指摘しているが、学校体育・スポーツのマネジメントと地域スポーツやプ

＊1　小学校：学校教育法（以下「法」）第 33 条および学校教育法施行規則（以下「施行規則」）第 52 条。
中学校：法第 48 条および施行規則第 72 条。
高等学校：法第 55 条および施行規則第 84 条。

ロスポーツ組織などのそれとは、「誰のニーズにどのように対応していくか」という点で大きく異なるという特性があることはいうまでもなかろう。

　したがって、学校体育・スポーツは、児童生徒の生涯にわたる豊益潤福なスポーツライフの形成・定着とともに、スポーツ文化の主体的な創造に自覚と責任をもったスポーツ的自立人間[*2]の育成を主要なミッションとするマネジメントを実践していくことが肝要である。

＊2　第1章第3節2参照。

（2）学習指導要領における「体育の目標」の変遷

　学校における「体育の目標」はこれまで、学習指導要領によって規定されてきた。1947（昭和22）年以降の学習指導要領では、「体育の目標」が主に以下のような内容で変遷している[4)]。

① 1947～1953年（「新しい体育」の目標）

　1947（昭和22）年には、体育の目標が民主的人間形成という、教育の一般目標を達成する教科として規定された。これは、戦前の「身体の教育」から「運動による教育」への体育概念の転換と捉えることができる。

② 1958～1968年（「体力づくり」を重視した目標）

　1958（昭和33）年の改訂では、当時の青少年の体力問題への関心の高まりという社会的要請を受ける形で、基礎的運動能力が「基礎体力」と理解されながら重視されるようになった。そして、1968（昭和43）年の改訂では、「総則」の第3において「体育に関する指導（特に、体力の向上）については、学校の教育活動全体を通じて適切に行なうものとする」こと（「総則体育」とも呼ばれる）が明記された。

③ 1977年～現在（「運動の楽しさ」を重視した目標）

　1970年代になると、ヨーロッパ諸国を中心に始まった「スポーツ・フォア・オール運動」[*3]が生涯スポーツの理念に色濃く反映され、「運動による教育」から「運動・スポーツの教育」を重要視する体育概念への転換をもたらしたといってもよい。1977（昭和52）年の改訂では、運動への愛好的態度の育成が重点目標として位置づけられ、現在も踏襲されている。

＊3　第1章第3節1参照。

　ここまで、学習指導要領における「体育の目標」の変遷についてみてきたが、学校体育・スポーツのマネジメントの始点となる「体育の目標」は、時代の流れとともに変化することを忘れてはならない。

2 「社会のニーズ」に対応するカリキュラム・マネジメント

（1）カリキュラムとは何か

　全国どこの学校においても、学校教育を組織的かつ継続的に実施していくためには、学校教育の目的や目標を設定し、その達成を図るための「教育課程」を編成する必要がある。この教育課程は、「カリキュラム」とも呼ばれ、各学校が児童生徒の心身の発達の段階や特性等に応じて、学習指導要領で規定された標準授業時数や教育の内容等との関連までも加味しながら、「教育内容」を総合的に編成した「教育計画」であるといってもよい。

　それゆえ、各学校は、学習指導要領等に準拠しながらも、児童生徒の姿をはじめ、地域の実情や学校の実態等を踏まえたうえで、各学校が設定する教育目標を実現するために、どのような教育課程を編成（計画）し、どのように実施・評価・改善していくのかという「カリキュラム・マネジメント」の確立と充実に努めなければならない。それはいわば、わが国の社会が未来の発展のためにどのような人間を育成していくのかという「社会のニーズ」に対応したカリキュラム・マネジメントの実践でもある。

（2）体育のカリキュラム・マネジメント

　文部科学省[5]は、学習指導要領の理念を実現するために必要な方策としてカリキュラム・マネジメントを位置づけると同時に、学校教育にかかわる様々な取組を、教育課程を中心に据えながら組織的かつ計画的に実施し、教育活動の質的向上を図るための諸活動として捉えている。そして、児童生徒に必要な資質・能力の育成をめざす「社会に開かれた教育課程」の実現を図るために、カリキュラム・マネジメントを以下の３つの側面（諸活動）から整理している。具体的には、❶各教科等の教育内容を相互の関係で捉え、学校の教育目標を踏まえた教科横断的な視点で、その目標の達成に必要な教育の内容を組織的に配列していくこと、❷教育内容の質の向上に向けて、子供たちの姿や地域の現状等に関する調査や各種データ等に基づき、教育課程を編成し、実施し、評価して改善を図る一連の PDCA サイクルを確立すること、❸教育内容と、教育活動に必要な人的・物的資源等を、地域等の外部の資源も含めて活用しながら効果的に組み合わせることなどを通して、各学校のカリキュラム・マネジメントを円滑に進めていくことが肝要である。

　こうしたカリキュラム・マネジメントは、教科としての体育にとどまらず、健康安全・体育的行事や運動部活動といった学校の教育活動全体を通じて（教職員全員で）適切に行う必要のある体育・スポーツ活動の効率的かつ効果的

なマネジメントにとっても必要不可欠であり、（保健）体育科教員にはその組織リーダーとしての役割が大きく期待されている。とはいえ、カリキュラム・マネジメントだけではなく、学校体育・スポーツのマネジメント全体を通してPDCAサイクル[*4]を実践することはとても難しい作業でもある。

＊4　第5章第2節1参照。

　とりわけ、学校体育・スポーツのマネジメントにおけるPDCAサイクルは、他教科の教員や教科組織、および児童会・生徒会などと連携・協力しながら展開していく必要があるため、Plan（計画）を立てる前に、昨年度のCheck（評価）–Action（改善）において出てきた問題点などをすべての関係者にフィードバックしておくことが重要である。決して、「例年通り」という言葉でPDCAサイクルを遂行していってはならない。

3　学校体育・スポーツのマネジメント目的・計画・評価

（1）マネジメント目的・計画

　中学校学習指導要領（平成29年告示）には、「保健体育」の目標が以下のように示されている[6]。

　体育や保健の見方・考え方を働かせ、課題を発見し、合理的な解決に向けた学習過程を通して、心と体を一体として捉え、生涯にわたって心身の健康を保持増進し豊かなスポーツライフを実現するための資質・能力を次のとおり育成することを目指す。
　⑴　各種の運動の特性に応じた技能等及び個人生活における健康・安全について理解するとともに、基本的な技能を身に付けるようにする。
　⑵　運動や健康についての自他の課題を発見し、合理的な解決に向けて思考し判断するとともに、他者に伝える力を養う。
　⑶　生涯にわたって運動に親しむとともに健康の保持増進と体力の向上を目指し、明るく豊かな生活を営む態度を養う。

　こうした意味からすれば、学校体育・スポーツのマネジメント目的は、各学校が教育活動としての目標を達成するために設定した到達点（ゴール）といってもよい。そうした目的を達成するためには「マネジメント計画」が必要であり、マネジメント計画とはいわば、効率的・合理的に目的を達成するための「道筋（シナリオ）」なのである。そのため、マネジメント計画には、長期的な計画となる「基本計画（マスタープラン）」と中・短期的な実施計画となる「具体的計画（アクションプラン）」などがあり、学校体育・スポー

図 6-1　学校体育・スポーツマネジメント計画の種類

出典　柳沢和雄・米村和彦・清水紀宏編著『テキスト体育・スポーツ経営学』大修館書店　2017 年　p.105 を一部改変

ツのマネジメント計画は、**図 6-1** のように様々な種類がある。

（2）マネジメント評価

　マネジメント評価は、PDCA サイクルの中の Check（評価）-Action（改善）に該当する。マネジメント評価を実施することの意義は、「体育・スポーツのマネジメントをよりよいものにする」ことにあり、一般的に、以下の手順を踏んで進められる[*5]。

① 　標準の設定：標準とは、マネジメント業績（成果）と比較するための尺度であり、マネジメント計画を作成した際に明示された目的や目標などがそれに該当する。

② 　診断（分析評価）：実際のマネジメント活動・条件やその結果に関する情報および資料等を収集し、計画時の標準と照らし合わせて分析することである。

③ 　修正・改善活動：分析評価の結果、不適当なものについて是正したり、調整し対策を講じたりすることである。

　また、マネジメント評価は、「マネジメント成績の評価」と「マネジメント条件の評価」といった 2 つの観点から実施される場合が多々見られる。学校体育・スポーツにおける「マネジメント成績の評価」とは、各学校の教育課程や年間指導計画、単元計画において掲げた目標をどの程度達成したのかという長期的なアウトカム評価と、運動能力テストや体力テストの結果は目標に到達したかという短期的なアウトプット評価、といった 2 つの観点から行うことである。もう一つの「マネジメント条件の評価」とは、マネジ

＊5　第 5 章第 2 節 2 参照。

メント成績をあげるための組織の活動・条件や実施方法などが適切であったか否かを診断することである。

　つまり、マネジメント評価では、学校体育・スポーツマネジメントの目的や目標を達成できたかどうかを「マネジメント成績」によって診断するのに対して、そうしたマネジメント成績をもたらした原因や要因は何かを「マネジメント条件」によって探ることになるのである。

2　学校体育・スポーツマネジメントの仕組み

　学校体育・スポーツマネジメントの構造図を俯瞰することで全体像を把握するとともに、体育・スポーツ活動の基盤として提供される C.S.・P.S.・A.S の具体的内容について学習する。加えて、学校体育・スポーツマネジメントの特徴についても理解を深める。

1　学校体育・スポーツマネジメントの構造

　学校体育・スポーツのマネジメントを理解するうえで、その全体像を構造図として把握することはとても重要である。果たして、学校体育・スポーツは、どのような組織がどのようにしてスポーツマネジメントを実践しているのであろうか。これまでに学習してきたスポーツマネジメントの構造（仕組み）を考慮すると、学校体育・スポーツマネジメントの全体像は、図6-2のように俯瞰することができる。

図6-2　学校体育・スポーツマネジメントの構造

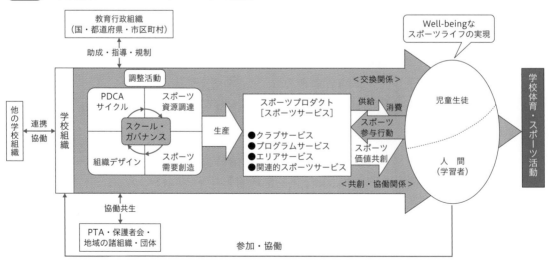

学校組織は、教育行政組織の末端に位置し、文部科学省・スポーツ庁とい う国の行政組織から都道府県教育委員会および市区町村教育委員会によって 助成・指導・規制が行われている。そして、学校組織は、学習指導要領をも とに各学校の特性や地域実態に合わせた教育課程（カリキュラム）を PDCA サイクルに従って作成すると同時に、スポーツ資源調達活動とスポー ツ需要創造活動をそれぞれ展開している。また、「地方教育行政の組織及び 運営に関する法律（地教行法）」第 47 条の 5 に基づいて、「地域とともにあ る学校づくり」をめざす教育委員会が学校運営協議会を設置した学校（コミュ ニティ・スクール）*6 などは、学校運営協議会による「学校運営の基本方針 の承認」「学校運営に関する意見」「教職員任用への意見」といった形でのス ポーツガバナンス（「スクール・ガバナンス」と呼べる）も実践している。

このように、学校組織は、多岐にわたる調整活動を通じて、多様なスポー ツプロダクトを児童生徒に学校体育・スポーツサービスとして提供している。 具体的には、「教科としての体育授業」（プログラムサービス）が小学校から 高等学校までほぼ週 3 回、専門の資格をもった教員によって行われている。 また、自由時間には体育施設・用具等が開放され（エリアサービス）、自発 的にスポーツを行うことができるとともに、放課後や休日には運動部活動（ク ラブサービス）を行うこともできる。さらには、体育・スポーツに関する行 事・イベント等（プログラムサービス）が年に複数回実施されている。

こうした学校体育・スポーツサービスをマネジメントしているのが教職員 組織と児童会・生徒会組織であり、これら 2 つの組織は、相互に連携・協 働しながら、体育・スポーツ予算を編成し、必要な物品等を調達するという スポーツ資源調達活動と、社会のニーズに対応した学校体育・スポーツサー ビスを企画・運営するというスポーツ需要創造活動を遂行している。

2　学校組織が産み出す多様なスポーツプロダクト

学校組織は、スポーツ資源調達活動とスポーツ需要創造活動を通じて、ク ラブサービス（C.S.）、プログラムサービス（P.S.）、エリアサービス（A.S.）、 そして関連的スポーツサービスを児童生徒と共創している。それゆえ、学校 組織が児童生徒と運動・スポーツとを結びつけるためには、どのようなスポー ツ需要創造活動を展開すればよいのかを構想することが重要である。

（1）クラブサービス

学校におけるクラブサービスは「運動部活動」に代表されるが、小学校に

＊6　コミュニティ・ スクール（学校運営協 議会制度） コミュニティ・スクー ル（学校運営協議会制 度）は、学校と地域住 民等が力を合わせて学 校の運営に取り組むこ とが可能となる「地域 とともにある学校」へ の転換を図るための有 効な仕組みである。コ ミュニティ・スクール では、学校運営に地域 の声を積極的に生か し、地域と一体となっ て特色ある学校づくり を進めていくことがで きるという特徴があ る。また、法律（地教 行法第 47 条の 5）に 基づいて教育委員会が 学校に設置する学校運 営協議会には、主な役 割として、①校長が作 成する学校運営の基本 方針を承認する、②学 校運営に関する意見を 教育委員会又は校長に 述べることができる、 ③教職員の任用に関し て、教育委員会規則に 定める事項について、 教育委員会に意見を述 べることができる、と いう 3 つがある。 文部科学省ウェブサイ ト「コミュニティ・ス クール（学校運営協議 会制度）」 https://manabi- mirai.mext.go.jp/ torikumi/chiiki- gakko/cs.html

おいては特別活動の中で「クラブ活動」として4年生以上で実施されている。中・高等学校においても、「課外活動としての部活動」のほかに、「必修クラブ」が1999（平成11）年まで行われていた。また、学習指導要領には運動部活動として設置するべき競技種目が明記されているわけではないため、スポーツプロダクトとしてのクラブサービスは、各学校のスポーツ資源と児童生徒のニーズなどを考慮しながら展開することが重要である。

クラブサービスにおいて、児童生徒とスポーツを結びつけるキーワードは「仲間」である。学校組織は、同じ目的をもった仲間でスポーツ活動を楽しむことのできるクラブサービスを提供することによって、スポーツに対する児童生徒の興味・関心をより喚起していくことができる。

（2）プログラムサービス

学校におけるプログラムサービス（時間と運動内容の設定）は、❶競技プログラム（個人やクラスなどで競争することを目的とした○○大会等）、❷レクリエーションプログラム（交流やレクリエーションを目的とした行事・イベント等）、❸学習プログラム（体育の授業や○○教室・レッスン等）、❹テストプログラム（体力・運動能力テスト等）、❺トレーニングプログラム（健康・体力向上を目的とした遠足や鍛錬会等）、そして❻発表プログラム（学習や練習の成果を発表することを直接のねらいとする体操発表会やダンス発表会等）、といった6つのタイプに分けることができる。

とりわけ、学校組織は、運動部活動というクラブサービスに参加してまでスポーツをする生徒ばかりではないので*7、体育の授業（❶）を中心に、授業以外で展開される「体育祭」（❶❷❻の融合）や「マラソン大会」（❶）、「クラスマッチ」（❶）、および「新体力テスト」（❹）などの健康安全・体育的行事をはじめ、「遠足・歩こう会」（❺）などの遠足的行事を児童生徒に向けたプログラムサービスとして工夫し提供することが肝要である。

（3）エリアサービス

人は魅力ある運動施設があるとスポーツをすることがわかっている[7]。校庭の芝生化は、運動する子どもたちを確実に増加させている。学校の運動施設も、商業スポーツ施設や公共スポーツ施設のように楽しく運動できる環境、つまり「場」を提供することが重要である。また、昼休みなどの休み時間に校庭や体育館でスポーツを楽しんだ経験があると思うが、各クラス（学級）に置かれていたボールはまさに、エリアサービスの1つでもある。

また、学校施設は、教育基本法第12条（社会教育）第2項をはじめ、学校教育法第137条（学校施設の社会教育への利用）や社会教育法第44条（学

＊7 運動部活動入部率
スポーツ庁「運動部活動の地域移行に関する検討会議」による「運動部活動の地域移行に関する検討会議提言（令和4年6月6日）」の参考資料によれば、運動部活動等への参加率（中学校）は、2019（令和元）年度までは横ばい傾向であったが、2021（令和3）年度には、全体で58.10％（男子65.56％、女子50.31％）となり、減少傾向にある。
https://www.mext.go.jp/sports/content/20220606-spt_oripara01-000023182_003.pdf

校施設の利用）、およびスポーツ基本法第 13 条 (学校施設の利用) の規定に基づいて、「学校教育上支障のない限り、社会教育その他公共のために、利用させることができる」（規定の集約）とされ、特に、学校体育施設開放[8]は、地域住民のスポーツ・レクリエーション活動等の場としてだけではなく、総合型地域スポーツクラブの拠点施設[9] としても必要不可欠なエリアサービスであるといってもよい。

＊ 8　第 8 章第 3 節 2 参照。

＊ 9　第 7 章第 2 節 2 参照。

（4）関連的スポーツサービス

　関連的スポーツサービスとは、スポーツサービスの効果的な展開を間接的に支援する周辺的サービスである。例えば、様々なスポーツサービスに関する情報提供をするインフォメーションサービス（Information Service）は、自由参加型のスポーツプログラムへの参加動員や健康増進プログラムの内容についての効果的な啓蒙活動に役立つであろう。また、様々なスポーツに関する「段位認定」や「表彰」などのインセンティブ制度も、児童生徒のモチベーションを向上させる周辺的サービスとして有益であろう。

3　運動部活動のマネジメントと地域連携・地域移行

　運動部活動の法的根拠を確認したうえで、運動部活動のマネジメントについて学習する。特に、近年の運動部活動をめぐる動向については最新の情報を入手することを心がけよう。また、今後の新しい運動部活動のあり方について自分の考えをまとめてみよう。

1　運動部活動の法的根拠

　これまで述べてきた教育課程には運動部活動は含まれていない。つまり、運動部活動は教育課程外の教育活動（課外活動と呼ばれる）なのである。

　2017（平成 29）年改訂の中学校と高等学校の学習指導要領の第 1 章「総則」の第 5「学校運営上の留意事項」には、以下のように示されている。

1　教育課程の改善と学校評価、教育課程外の活動との連携等
ウ　教育課程外の学校教育活動と教育課程の関連が図られるように留意するものとする。特に、生徒の自主的、自発的な参加により行われる部活動については、スポーツや文化、科学等に親しませ、学習意欲の向上や責任感、連帯感の涵養等、学校教育が目指す資質・能力の育成に資するものであり、学校教育の一環として、教育課程との関連が図られるよう留意すること。その際、

学校や地域の実態に応じ、地域の人々の協力、社会教育施設や社会教育関係団体等の各種団体との連携などの運営上の工夫を行い、持続可能な運営体制が整えられるようにするものとする。

いってみれば、学校における運動部活動は、学習指導要領に基づく教育課程と連携をもちつつ、生徒の自主的、自発的なスポーツ活動を「学校教育の一環」として教職員が支えることで成立しているのである。

2 運動部活動のマネジメント

運動部活動は学校教育の一環としての役割をもっているため、そのマネジメント目的として、❶生徒に公平・平等に機会を与え成果を保証すること、❷学校の教育目標に即していること（カリキュラム・マネジメントとの関連性）、❸学校の体育目標に即していること（体育カリキュラムとの関連性）の3つが重要である。そのため、運動部活動のマネジメントは、これらのマネジメント目的に基づいて、生徒（部員）の主体性を尊重しながら実践される必要がある。

（1）学校の教育活動全体でのトータル・マネジメント

「総則体育」にもあるように、運動部活動のマネジメントは、学校の教育活動全体を通じで適切に行う必要があるため、学校における校務分掌に「部活動推進会議」（または「部活動運営委員会」）といった部活動運営組織を設置することが重要である（図6-3参照）。また、こうした部活動運営組織は、「顧問・部活動指導員会議」をはじめとした学校側の組織と、生徒会体育部やキャプテン会などの生徒側の組織によって構成する必要がある。

学校組織は、こうした部活動運営組織を組織化することによって、❶生徒の実態把握や、❷部活動の目標と指導・運営方針（練習時間・内容・休日の設定など）の検討・決定、❸各種情報交換・共有と研修会等の企画・実施、❹外部指導者・部活動指導員[*10]の活用と地域交流・地域施設の利用に関する検討、❺スポーツ事故等への対応とリスクマネジメント（安全対策）の徹底、❻部活動予算の検討、❼部活動のマネジメント評価など、生徒の意見や要望等も踏まえたトータル・マネジメントを円滑に行うことができる。

（2）生徒の主体性を尊重した運動部活動のマネジメント

運動部活動では様々な問題が指摘されているが[*11]、なかでも、「自主性と

*10 「部活動指導員は、中学校におけるスポーツ、文化、科学等に関する教育活動（中学校の教育課程として行われるものを除く。）に係る技術的な指導に従事する」（学校教育法施行規則第78条の2）。

*11 清水紀宏は運動部活動をめぐる問題点を10にまとめて指摘している[8]。①生活諸活動への影響、②心身の健康への影響、③技術の高度化・専門家による入部希望者（初心者）の排除、④クラブ内の人間関係をめぐる問題、⑤非民主的・非科学的な練習と運営、⑥クラブの本質（加入・脱退）と移動・離脱の制約という矛盾、⑦個人のニーズを犠牲にした運営、⑧競技的運動部の優先、⑨指導者への過度の依存、⑩教科体育との教育成果の相殺。

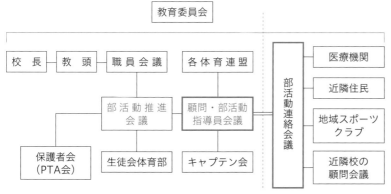

図 6-3　学校経営における「部活動運営組織」の位置づけ

出典　日本部活指導研究協会監『部活動指導・運営ハンドブック』大月書店　2020 年　pp.99-100
に筆者加筆修正

自治能力の喪失」が大きな問題としてクローズアップされる。競技力を向上させ、試合に勝つことを最重要課題とする運動部活動では、部員が顧問教師や指導者の指示待ちになりがちである。部員の自主性を重んじ、部員の自治能力によって運営される運動部活動こそ、本来の「クラブ」の姿であろう。

　2000（平成 12）年の「スポーツ振興基本計画」では、生徒のスポーツに関する多様なニーズに応える観点から「競技志向」や「楽しみ志向」の違いに対応したり、複数の運動部活動に所属できたりするよう、運動部活動の柔軟な運営に努めることが、現場への改善点として提言されているものの、現在まで浸透しているとは言い難い。

　それゆえ、生徒の主体性（自主性）を尊重した運動部活動にしていくためには 2 つの視点が重要であろう。

① 　運営スタイルの転換

　指導者は、一方的に指導・指示をするスタイルを改め、生徒たちのスポーツマネジメント能力を信じて主体的に活動できるよう支援することである。

② 　運動部活動の多様性を認めること

　学校レベルで様々なタイプの運動部活動を認めることが重要であり、多種目の活動ができる「総合運動部」の設置や地域と連携した新しいタイプの運動部活動など、今後、様々な形態による運動部活動の展開が期待される。

　最近の運動部活動に関する新しい形態はさらに複雑になり、運動部活動のマネジメントを難しくしていく可能性もあるが、基本を押さえ、生徒にとって望ましい運動部活動となるよう、さらなる工夫が必要であろう。

3 運動部活動の地域連携・地域移行

（1）運動部活動の動向

　2018（平成30）年に「運動部活動の在り方に関する総合的なガイドライン」がスポーツ庁によって示された。そして2022（令和4）年には、このガイドラインと「文化部活動の在り方に関する総合的なガイドライン」（文化庁）をスポーツ庁と文化庁との連携・協力によって統合したうえで全面改定し、新たに「学校部活動及び新たな地域クラブ活動の在り方等に関する総合的なガイドライン」が策定された。この新たなガイドラインでは、学校部活動の適正な運営や効率的・効果的な活動の在り方とともに、新たな地域クラブ活動を整備するために必要な対応策について、国（文部科学省）の考え

表 6-1　学校部活動及び新たな地域クラブ活動の在り方等に関する総合的なガイドライン（概要）

I 学校部活動 （主な内容） ・教師の部活動への関与について、法令等に基づき業務改善や勤務管理 ・部活動指導員や外部指導者を確保 ・心身の健康管理・事故防止の徹底、体罰・ハラスメントの根絶の徹底 ・週当たり2日以上の休養日の設定（平日1日、週末1日） ・部活動に強制的に加入させることがないようにする ・地方公共団体等は、スポーツ・文化芸術団体との連携や保護者等の協力の下、学校と地域が協働・融合した形での環境整備を進める II 新たな地域スポーツ活動 （主な内容） ・地域クラブ活動の運営団体・実施主体の整備充実 ・地域スポーツ・文化振興担当部署や学校担当部署、関係団体、学校等の関係者を集めた協議会などの体制の整備 ・指導者資格等による質の高い指導者の確保と、都道府県等による人材バンクの整備、意欲ある教師等の円滑な兼職兼業 ・競技志向の活動だけでなく、複数の運動種目・文化芸術分野など、生徒の志向等に適したプログラムの確保 ・休日のみ活動をする場合も、原則として1日の休養日を設定 ・公共施設を地域クラブ活動で使用する際の負担軽減・円滑な利用促進 ・困窮家庭への支援 III 学校部活動の地域連携や地域クラブ活動への移行に向けた環境整備 （主な内容） ・まずは休日における地域の環境の整備を着実に推進 ・平日の環境整備はできるところから取り組み、休日の取組の進捗状況等を検証し、更なる改革を推進 ・①市区町村が運営団体となる体制や、②地域の多様な運営団体が取り組む体制など、段階的な体制の整備を進める 　※地域クラブ活動が困難な場合、合同部活動の導入や、部活動指導員等により機会を確保 ・令和5年度から令和7年度までの3年間を改革推進期間として地域連携・地域移行に取り組みつつ、地域の実情に応じて可能な限り早期の実現を目指す ・都道府県及び市区町村は、方針・取組内容・スケジュール等を周知 IV 大会等の在り方の見直し （主な内容） ・大会参加資格を、地域クラブ活動の会員等も参加できるよう見直し 　※日本中体連は令和5年度から大会への参加を承認、その着実な実施 ・できるだけ教師が引率しない体制の整備、運営に係る適正な人員確保 ・全国大会の在り方の見直し（開催回数の精選、複数の活動を経験したい生徒等のニーズに対応した機会を設ける等）

出典　文部科学省「学校部活動及び新たな地域クラブ活動の在り方等に関する総合的なガイドライン（概要）」
　　　https://www.mext.go.jp/sports/content/20221227-spt_oripara-000026750_1.pdf

方が提示されている（表6-1参照）。

　この背景には、学校教職員の働き方改革が大きく影響している。具体的には、文部科学省による「学校の働き方改革を踏まえた部活動改革（令和2年9月）」[9] において、「今回の部活動改革については、公立学校における働き方改革の視点も踏まえ、教師の負担軽減を実現できる内容とすることが必要である。このため、公立学校を対象とした部活動改革とするとともに、主として中学校を対象とし、高等学校についても同様の考え方を基に部活動改革を進める」こととし、「令和5年度以降、休日の部活動の段階的な地域移行を図るとともに、休日の部活動の指導を望まない教師が休日の部活動に従事しないこととする」ことが〈改革の方向性〉として示された。

　これまで顧問教師のボランティアによって支えられてきた部活動は、「働き方改革」いう社会変化によってその姿を大きく変えようとしている。

（2）運動部活動の地域連携・地域移行の取組

　2022（令和4）年11月に、スポーツ庁は「運動部活動の地域移行等に関する実践研究事例集〜令和3年度地域運動部活動推進事業より〜」[10] を公表した*12。それは、全国の中学校で休日の運動部活動を学校主導ではなく、地域移行する場合、どのように運営することができるのかについて1年間の取組を実践研究事例集としてまとめたものである。この実践研究事例集によれば、地域移行の取組は、以下の7つのタイプに分けることができる。

○　**市区町村運営型**
　①地域団体・人材活用型：市区町村教育委員会が地域団体（地域スポーツ団体や地元企業、大学等）や地域の指導者と連携し、運営する形で実施
　②任意団体設立型：市区町村が任意団体（一般社団法人や協議会等）を創設し、任意団体が運営する形として実施
　③競技団体連携型：市区町村が競技団体と連携して運営する形として実施
○　**地域スポーツ団体等運営型**
　④総合型地域スポーツクラブ運営型：総合型地域スポーツクラブが地域や中学校等と連携して運営する形として実施
　⑤体育・スポーツ協会運営型：体育・スポーツ協会が地域や中学校等と連携して運営する形として実施
　⑥民間スポーツ事業者運営型：民間スポーツ事業者が地域や中学校等と連携して運営する形として実施
○　**その他**
　⑦その他の類型：学校と関係する団体や地域学校協働本部等が運営する形として実施

＊12　2023（令和5）年9月には「運動部活動の地域移行等に関する実践研究事例集〜令和4年度地域運動部活動推進事業より〜」も公表された。
https://www.mext.go.jp/sports/content/20230919-spt_oripara-000028259_01.pdf

この実践研究における運営団体の割合は、「行政機関・教育委員会」が最も高く、35％を占めた。次に多かったのが「地域スポーツクラブ」で27％であった。「行政機関・教育委員会」の35％には、地域のスポーツ環境構築の移行段階につき、一時的に運営を担っている場合も含まれており、今後、段階的にそれ以外の運営団体が増加することも想定されると分析している。また、これら7つのタイプのほかに、スポーツ少年団、競技団体、クラブチーム、プロスポーツチーム、フィットネスジム、大学など、多様な主体による運営も考えられるとしている。

　これからの運動部活動は、これまでのように、学校施設を使って学校教員が顧問（指導者）となって運営する全国共通の形態ではなくなることが確実である。学校内・外にある有限のスポーツ資源を生かした部活動マネジメントをどのように実践していくのかを見極める必要がある。学校組織は、「生徒ファースト」でその最適解を発見していくことが望まれる。

引用文献

1）岡出美則・友添秀則・岩田靖編著『体育教育学入門［三訂版］』大修館書店　2021年　pp.35-36
2）柳沢和雄・清水紀宏・中西純司編著『よくわかるスポーツマネジメント』ミネルヴァ書房　2017年　pp.13-14
3）P.F. ドラッカー（上田惇生編訳）『エッセンシャル版マネジメント―基本と原則―』ダイヤモンド社　2001年　p.2
4）前掲書1）pp.20-23
5）文部科学省ウェブサイト「4. 学習指導要領等の理念を実現するために必要な方策（1）『カリキュラム・マネジメント』の重要性」
　https://www.mext.go.jp/b_menu/shingi/chukyo/chukyo3/siryo/attach/1364319.htm
6）「中学校学習指導要領（平成29年告示）解説」保健体育編　p.24
7）関耕二・松坂大偉・露木亮人・鈴木佑介「校庭の芝生化が運動意欲の異なる児童の遊び方に及ぼす影響について」『鳥取大学地域学論集』第10巻第1号　2013年　pp.85-93
8）清水紀宏「第5章 体育・スポーツ事業の運営　第3節 クラブサービス事業　④学校運動部活動の経営論」柳沢和雄・木村和彦・清水紀宏編著『テキスト 体育・スポーツ経営学』大修館書店　2017年　p.86
9）スポーツ庁ウェブサイト「学校の働き方改革を踏まえた部活動改革（令和2年9月）」
　https://www.mext.go.jp/sports/
10）スポーツ庁「運動部活動の地域移行等に関する実践研究事例集〜令和3年度地域運動部活動推進事業より〜」
　https://www.mext.go.jp/sports/content/221101_spt_oripara-000025667_1.pdf

参考文献

・佐藤晴雄『コミュニティ・スクールの成果と展望―スクール・ガバナンスとソーシャル・キャピタルとしての役割』ミネルヴァ書房　2017年
・日本部活指導研究協会監『部活動指導・運営ハンドブック』大月書店　2020年　pp.99-100
・野崎耕一「必修クラブ活動の廃止と今後の部活動のあり方について」『静岡産業大学国際情報学部紀要』5巻　2003年　pp.95-113
・文部科学省「運動部活動の意義」
　https://www.mext.go.jp/sports/content/20210421-spt_sseisaku02-000013004_1.pptx
・八代勉・中村平編著『体育・スポーツ経営講義』大修館書店　2002年

・柳沢和雄・木村和彦・清水紀宏編著『テキスト 体育・スポーツ経営学』大修館書店　2017 年
・柳沢和雄・清水紀宏・中西純司編著『よくわかるスポーツマネジメント』ミネルヴァ書房　2017 年

┌ 学びの確認 ────

1.（　　　　）に入る言葉を考えてみましょう。

①「学校体育・スポーツ」は（　　　　　）を踏まえ、各学校の現状に合わせて実践
　されるという特性をもつ。

② マネジメント評価は PDCA サイクルの（　　　　　）に該当する。マネジメント
　評価は（　　　　）（　　　　）（　　　　　）の 3 つの手順を踏んで進められ
　る。

③ 学校の体育・スポーツサービスには、（　　　　　　　）、（
　）、（　　　　　　）の 3 つに加え、（　　　　　　　　）がある。そ
　れぞれの具体例を挙げなさい。

**2.　文部科学省「学校部活動及び新たな地域クラブ活動の在り方等に関する総合
　的なガイドライン（令和 4 年 12 月）」を読んで、その概要と問題点などにつ
　いて整理してみましょう。**

大学スポーツのマネジメント
―UNIVAS って何?―

‥‥‥‥‥‥‥‥‥‥‥‥‥‥‥‥‥‥‥‥‥‥‥‥‥‥‥‥‥‥‥‥‥‥玉川大学／川崎登志喜

皆さんは「UNIVAS」をご存じですか。正式名称は「一般社団法人 大学スポーツ協会」(Japan Association for University Athletics and Sport)、略称 UNIVAS です。

文部科学省・スポーツ庁が、2016(平成28)年「大学スポーツの振興に関する検討会議」を立ち上げ、大学スポーツのさらなる価値を発揮させるための策について検討を重ね、大学横断的かつ競技横断的統括組織、日本版 NCAA の創設をめざして2019(平成31)年3月に創設された組織です。

わが国のスポーツは明治時代、近代スポーツが日本に輸入された時期から大学を中心に発展してきたといっても過言ではありません。しかし、大学スポーツは大学内における課外活動として位置づけられ、学生やOB・OGを中心とした自主的・自立的な運営が行われてきました。そのため、大学の関与が限定的で全学的に様々な競技部を横断的にマネジメントする部局を設置している大学はまだ少ないのが現状です。また同様に、大会の開催や競技規則の運用等の役割を担う学生競技連盟(学連)も競技ごとや地域ごとに組織が存在し、高体連(全国高等学校体育連盟)や中体連(中学校体育連盟)のような大学スポーツを統轄する組織は存在しませんでした。

一方、大学スポーツ先進国のアメリカでは NCAA(全米大学体育協会:National Collegiate Athletic Association)という大学横断的かつ競技横断的統括組織が1910年より存在し、全米大学スポーツの発展を支えています。特にその市場規模は4大プロスポーツの MLB に匹敵する約8000億円、NCAA 自体も年間約1000億の収益を得ています。その大学スポーツを学内で支えているのが Athletic Department(AD: 体育局)です。1校で100億円超の予算をもつ大学もあるようです。

では UNIVAS はどのようなスポーツ事業を行っているのでしょうか。2022年の事業報告書を見てみると、1)学業充実・デュアルキャリア形成施策の提供・推進事業:管理者や指導者へのセミナー開催や就職セミナーの開催、新しく開発した6種類の学習支援教材提供など。2)安心・安全なスポーツ環境整備推進事業:安心安全オンラインセミナーの定例開催やハラスメント問題等に関する相談窓口の開設。試合や大会の現場に医療従事者等の配置(UNIVAS 負担)。3)大学スポーツ認知拡大推進事業:UNIVAS CUP を軸に3,712試合をライブ配信したり、UNIVAS AWARDS なる表彰活動。4)大学スポーツファン拡大と組織化推進事業:より楽しめる観戦環境の提供に向けた UNIVAS Plus による有料サービス「プレミアムプラン」の提供を開始。(初年度ユーザーは12万人突破)5)会員組織運営のサポート推進事業:スポーツ庁受託事業に実施やコンプライアンス研修会の月例オンライン会の開催など、様々な大学スポーツを支援する事業を企業パートナーからの支援金、年間7億5,000万円を含む約11億円程度の規模で展開しています。詳細についてはぜひホームページで確認してほしいのですが、大学スポーツのマネジメントは身近な各部活動のマネジメントにとどまらず、大学レベルでのマネジメント、各学連のマネジメント、そしてそれを横断的に統括する組織「UNIVAS」のマネジメントとそれぞれのレベルで考える必要があります。

引用・参考文献
1) スポーツ庁ウェブサイト「一般社団法人大学スポーツ協会 UNIVAS 設立概要」
https://www.mext.go.jp/sports/b_menu/sports/univas/list/detail/1410319.htm
2) 月刊事業構想編集部「大学スポーツの潜在力 MLB に匹敵する米国大学スポーツ市場 理由は『NCAA』に」(事業構想ウェブサイト有料記事)
https://www.projectdesign.jp/201611/college-sports/003226.php
3) UNIVAS「2022年度事業報告」
https://img.univas.jp/uploads/2023/06/Slide_Business-Report-2022FY_update.pdf
4) UNIVAS 「2022年度決算報告」
https://img.univas.jp/uploads/2023/06/Financial-Statement_2022-FY.pdf

memo

第7章 総合型地域スポーツクラブのマネジメント

なぜこの章を学ぶのですか？

「スポーツ基本法」では、「スポーツを通じて幸福で豊かな生活を営むことは、全ての人々の権利である」ことが示されています。そのため、総合型地域スポーツクラブは、いつでも、誰でも気軽にスポーツを楽しめる地域スポーツ環境づくりのマネジメントを展開しています。

第7章の学びのポイントは何ですか？

　本章では、地域スポーツの現状と地域社会の課題を理解したうえで、「なぜ、総合型地域スポーツクラブが必要なのか」について学習します。そして、総合型地域スポーツクラブの育成ポイントとクラブマネジメントの実際についても学びを深めていきましょう。

考えてみよう

① 私たちの身近にあるスポーツ活動には、どのようなものがありますか。思いつくままに挙げて、その特徴を考えてみましょう。

② 「総合型地域スポーツクラブ」と聞いて、どのような活動をイメージしますか。また、①で挙げたスポーツ活動との違いは何かを考えてみましょう。

1 分断された地域スポーツと地域社会の危機

地域社会では、地域住民の多くがスポーツ活動を楽しんでいるが、年代別や種目別、および志向別（競技－健康）に分断化された地域スポーツ活動になっているといってもよい。また、人々のライフスタイルの多様化・複雑化に伴って、地縁組織や地域団体等の相互扶助（共益）的な活動も低調になりつつあり、地域コミュニティの崩壊が懸念されている。こうした地域スポーツや地域社会の危機的状況の克服に向けて、地域住民が主体的に運営する総合型地域スポーツクラブに大きな期待が寄せられている。

1 年代別・種目別・志向別に分断された地域スポーツ活動

（1）子どものスポーツ活動

　子どもたちが初めてスポーツに親しむ環境の一つに「スポーツ少年団」[*1] がある。スポーツ少年団は、「一人でも多くの青少年にスポーツの歓びを提供する」「スポーツを通して青少年のこころとからだを育てる」「スポーツで人々をつなぎ、地域づくりに貢献する」を理念として掲げ、1962（昭和37）年に創設されたわが国最大の少年スポーツ団体である[1]。それは、子どもたちが「自由時間に、地域社会で、スポーツを中心としたグループ活動」[1] に自主的に参加するという活動形態である。しかしながら、多くの単位スポーツ少年団（単位団）では、小学生世代を中心とした「単一種目」型の活動となっており、勝利至上主義への偏りや、少子化等に伴う団員数の減少などが深刻な問題となっている。

　一方、中学・高校生が同好の仲間と定期的にスポーツ活動を楽しむ場や機会として「（運動）部活動」がある。そして、学習指導要領では、「生徒の自主的、自発的な参加により行われる部活動については、スポーツや文化、科学等に親しませ、学習意欲の向上や責任感、連帯感の涵養等、学校教育が目指す資質・能力の育成に資するものであり」[2]、教育課程外の学校教育活動としての重要な位置づけがなされている。

　しかし近年では、少子化の急速な進展により、生徒が種目を選択できなかったり、他校との合同チームでしか試合に出られなかったり、といった問題が表出している。加えて、文部科学省による「学校の働き方改革を踏まえた部活動改革（令和2年9月）」[3] に端を発し、2023（令和5）年度以降、休日の部活動の段階的な地域移行（学校部活動から地域部活動・地域スポーツク

*1　スポーツ少年団
その組織は、単位スポーツ少年団、市区町村スポーツ少年団、都道府県スポーツ少年団、日本スポーツ少年団と段階的に構成され、体育・スポーツ協会や教育委員会と連携して運営されている。また、2022（令和4）年度からは、総合型地域スポーツクラブとの連携・協働を踏まえたジュニア・ユーススポーツの中核組織（統括組織）への拡充をめざした取組を進めている[15]。

＊2　スポーツ庁および文化庁は、2022（令和4）年12月に「学校部活動及び新たな地域クラブ活動の在り方等に関する総合的なガイドライン」を策定し、将来にわたって生徒がスポーツ・文化芸術活動に継続して親しむ機会の確保と、学校の働き方改革を通じた学校教育の質的向上を図るために、2023（令和5）年度から2025（令和7）年度までの3年間を改革推進期間として、休日の部活動を段階的に地域に移行していく方針を示している 16)。

＊3　第8章第3節2参照。

＊4　地域スポーツクラブは、行政主催のスポーツ教室を契機にスポーツクラブとして組織化するという「三鷹方式」によって1970年代後半から急激に増加した。こうした地域スポーツクラブは、チームの目標に向かって活発に活動する凝集性の高い集団である一方で、新たなメンバーを受け入れにくい排他性や、長年にわたって公共スポーツ施設を使用しているという既得権益から、地域社会から孤立したスポーツ活動となることが指摘されてきた 9)。

＊5　スポーツ推進委員
スポーツ基本法第32条にて定められた非常勤の公務員で、市区町村からの委嘱を受け、スポーツの実技指導、スポーツに関する指導・助言、スポーツ推進事業の実施と実施に係る連絡調整など、市区町村のスポーツ推進体制の整備を行う。

ラブ活動への転換）を図ることが進められている＊2。

（2）成人・高齢者のスポーツ活動

　成人・高齢者のスポーツ環境を見てみると、多くの人々にとって最も身近な公共スポーツ施設や学校体育施設開放＊3 は、スポーツ愛好者によって結成された地域スポーツクラブの活動で常に予約が埋まっている状況にある。しかしながら、地域スポーツクラブの多くは「小規模・単一種目・チーム型」クラブであり＊4、最近では、高齢化やライフステージの変化等でメンバーが減少し、これまでの活動を継続できないクラブも増加してきている。

　一方、行政主催のスポーツ教室やスポーツ大会・イベントといったプログラムサービスにも多くの地域住民が参加し、地域スポーツ活動を楽しんでいる。そのため、各市区町村は、こうしたプログラムサービスの指導や企画・運営を担う「スポーツ推進委員」＊5 を配置し、当該市区町村におけるスポーツの推進を図っている。とはいえ、こうした行政主催のプログラムサービスは、単発的に企画・運営されることが多く、マンネリ化しているものもあるため、成人・高齢者の自発的なスポーツ活動の継続には役立っていないという指摘もある。それゆえ、スポーツ推進委員には、地域スポーツの推進事業にかかわるコーディネーターとしての役割がより一層強く求められる。

　このように、地域スポーツ活動は、「子どもは子どもだけ」「大人は大人だけ」「高齢者は高齢者だけ」といったように、年代別や種目別、あるいは志向別（競技－健康）に分断化されている状況にあり、多くの人がスポーツとの多様なかかわり方を楽しむことのできる環境づくりがなされているとはいい難く、豊かな地域コミュニティづくりに貢献するという、スポーツの「社会・生活向上価値」4) さえも創出できない危機的状況に直面している。

2　地域社会の危機と総合型地域スポーツクラブ

（1）地域コミュニティの崩壊

　地域社会には、自治会や町内会といった地域自治のための地縁組織をはじめ、子ども会や老人クラブ、婦人会といった年代・性別で組織化された団体や、商工会や消防団という職能別団体など、多くの地域組織・団体等が活動している。こうした地域組織・団体等は、地域住民の「誰か」が運営しているのではなく、地域で生活する「私たち」が互いに助け合うという「共助」行為によって支えられていることはいうまでもない。

　しかしながら、地域の人々の暮らし方やライフスタイルの多様化・複雑化

に伴って、自治会・町内会の加入率などは年々減少しており、他の地域組織・団体等においても会員数の減少や活動の停滞が著しいなどの問題点が浮き彫りになってきている。また、同じ地域社会に住みながらも、地域コミュニティの一員（構成メンバー）であるという自覚（当事者意識）はあまりなく、「自分たちさえよければよい」という自己中心的な意識をもった地域住民が増えていることも否めない。このことは、地域スポーツ活動のみならず、地域社会における共助的な活動についても、「誰か」が企画・準備してくれれば参加するといった行政依存・他者依存的な「フリーライダー」が増加している [5]、という指摘からも理解できる。

　こうした地域社会ではもはや、「互恵の精神」は失われ、豊かな信頼関係や人間的なつながり（絆）といった「ソーシャル・キャピタル」[*6] の高い地域づくりさえ困難な状況にあり、まさに地域社会の危機であるといえよう。

（2）「総合型地域スポーツクラブ」構想の現代的意味

　このような地域スポーツ活動の分断と地域コミュニティの崩壊という危機的状況の克服を期待して、文部省（現：文部科学省）は、1987（昭和62）年から「地域スポーツクラブ連合育成事業」を展開し、小規模・単一種目・チーム型の地域スポーツクラブが有機的に結びつき、地域住民を対象とした自主事業を実施する「クラブ連合」の育成を図った。しかし実際は、各クラブが事務連絡やそれぞれの利害に基づく施設利用調整に終始してしまい、期待した成果が得られなかった [6]。

　こうした経緯から、1995（平成7）年に「総合型地域スポーツクラブ育成モデル事業」が登場し、「身近な日常生活圏である中学校区程度の『地域』において、学校体育施設や公共スポーツ施設を拠点とし、地域住民の主体的な運営によって、地域住民の誰もが参加できるスポーツクラブ」[7] を基本とする総合型地域スポーツクラブ（以下「総合型クラブ」）の育成施策が全国展開されることとなった。その後、2000（平成12）年の「スポーツ振興基本計画」において、「2010年度までに全国の各市区町村に少なくともひとつは総合型クラブを育成すること」[8]（総合型クラブの全国展開）が地域におけるスポーツ環境の整備充実に必要不可欠な施策として位置づけられ、現在まで推進されてきた [*7]。

　つまり、総合型クラブとはまさに、「小規模・単一種目・チーム型」に分断された地域スポーツクラブを単に総合化するのではなく、スポーツとの多様なかかわり方（する・みる・ささえる）を楽しみ、地域スポーツ環境を豊かにしていくという新しい地域スポーツ推進システムの育成である [9] といってもよい。また、こうした地域住民の主体的な運営（自主運営）による総合

＊6　ソーシャル・キャピタル
中西純司 [5) 10)] は、ソーシャル・キャピタル（社会関係資本）を「社会的信頼・相互信頼・相互扶助」「互酬性の規範」「ネットワーク（社会的な人間関係の絆や社会的交流）」といった3つの構成要素で捉え、総合型地域スポーツクラブのような市民活動団体が多く存在するまちでは、ソーシャル・キャピタルの醸成によって、市民自らが自分たちのまちに関心を持ち、主体的かつ積極的に関与していこうとするようになり、こうした好循環を引き出し、加速することができれば「市民参加型まちづくり（地域コミュニティづくり）」が進展していくとしている。

＊7　「第1期スポーツ基本計画」（文部科学省、2012年3月30日）と「第2期スポーツ基本計画」（文部科学省、2017年3月24日）では、総合型クラブの育成が地域スポーツ推進施策として継承されており、「第3期スポーツ基本計画」（文部科学省、2022年3月25日）においては、「3．スポーツに『誰もがアクセス』できる」場づくり等の機会の提供を支えるために、「総合型クラブ等の体制強化・役割の拡大等と通じて、住民の幅広いニーズに応え、地域社会が抱える課題の解決に資する地域スポーツ環境の構築」が提示されている。

型クラブが地域社会で共助的な活動をすることによって、クラブで結ばれた新たな信頼に基づく人間関係の創出や、地域組織・団体間のネットワーク関係の確立などのソーシャル・キャピタルが醸成され、自ずと地域コミュニティの再興にもつながっていくこと[10]は想像に難くない。

いうなれば、総合型クラブ構想とは、スポーツ愛好者が単にスポーツ種目だけを楽しむ「チーム型」クラブから、地域住民が多様な形でスポーツ文化とかかわり、地域住民同士のつながりや社会的な絆を深化させるための「組織型」クラブへのイノベーション（地域スポーツ推進システムの変革）であると同時に、地域住民が地域スポーツ推進システムの主体として総合型クラブを自律・自立的に運営していくことによってまちづくりや地域づくりにも貢献する（地域社会の危機の克服）、という2つの課題を共有して超克していく点に、その現代的な意味があるといっても過言ではない（図7-1参照）。

図 7-1　総合型地域スポーツクラブ構想の現代的意味

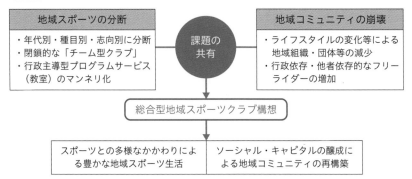

出典　中西純司「総合型地域スポーツクラブ構想と市民参加型まちづくり」大阪ガス株式会社エネルギー・文化研究所『情報誌 CEL』vol.73　2005年　p.37 を一部改変

2　総合型地域スポーツクラブづくりのポイント

　地域スポーツの推進のみならず、地域づくりまでも担う総合型クラブでは、その育成方法（クラブづくり）や運営方法（クラブマネジメント）において特徴的な「グッド・プラクティス」が見られる。特に、地域住民の自主運営によって総合型クラブが成長・発展していく過程においては、持続可能なクラブづくりに必要な 14 の戦略的ポイントが重要である。

1　総合型地域スポーツクラブの「グッド・プラクティス」

（1）NPO 法人ゆうスポーツクラブ

　2000（平成 12）年 4 月に設立し、山口県岩国市由宇地域で活動する NPO 法人ゆうスポーツクラブ（以下「ゆう SC」）は、地域住民の約 12.6％にあたる約 1,100 人の会員が加入する総合型クラブである。

　岩国市由宇地域は、2006（平成 18）年 3 月に岩国市および近隣 6 町村と合併する以前まで、由宇町という人口約 9,600 人の小さな町であった。ゆう SC の創設契機は、合併前の 1999（平成 11）年にまでさかのぼる。当時の由宇町教育委員会の主催による「学校週 5 日制対応準備委員会」において、地域にスポーツの受け皿が必要であるとの見解が示されたことを受けて、体育指導委員（現：スポーツ推進委員）の協議により総合型クラブの育成に取り組むことになった。その後、体育指導委員、スポーツ少年団指導者、学識経験者から構成される小委員会では、由宇町の地域スポーツの将来像を語り合う中で、種目や世代を超えた形が理想であるという認識が共有され、総合型クラブづくりがそのための新たな地域スポーツ推進システムであることも確認された。そして、総合型クラブの設立に向けて、小委員会は、住民主導の設立準備委員会へと発展し、既存スポーツ団体との合意形成を図り、当時の由宇町体育協会、由宇町スポーツ少年団、由宇中学校運動部活動を一本化する形で、ゆう SC を誕生させた。

　このように、新たなスポーツ環境の構築をめざした設立経緯から、現在のゆう SC 会員の年齢構成割合は、未就学児から中学生が約 40％、高校生から 65 歳未満が約 25％、65 歳以上の高齢者が約 35％と、特定の世代に偏ることなく幅広い年齢層の地域住民が入会している。また、ゆう SC は、NPO 法人格を取得し、指定管理者[8] として由宇地域のスポーツ施設を管理・運営するとともに、それらの施設を拠点にして、会員をはじめ、すべての地

＊8　第 8 章第 3 節 1 参照。

127

域住民に対する多様なスポーツサービスを提供するという「地域スポーツの
マネジメント」を実践している。さらには、社会福祉協議会や婦人会といっ
た由宇地域の様々な組織・団体との連携・協力関係までも構築している。

　こうして設立されたゆうSCは、スポーツの枠を超えた、地域コミュニティ
の拠点として「新しい公共」*9 を担う総合型クラブとして今もなお成長・
発展し続けており、まさに総合型クラブづくりの「グッド・プラクティス」（優
れた取組事例）である。

＊9　第8章第3節2
の側注＊12参照。

（2）コミュニティクラブ東亜

　コミュニティクラブ東亜（以下「CCT」）は、山口県下関市の東亜大学を
拠点施設とし、大学職員、学生、地域住民によって2005（平成17）年4
月に設立された。設立時の会員はわずか180人であったが、設立15周年
を迎えた2020（令和2）年には600人を超える会員が加入する総合型クラ
ブにまで成長している。

　CCTは、スポーツ活動をはじめ、文化・芸術活動までも対象とした幅広
い事業を展開し、2023（令和5）年度時点で、スポーツ系16種目26講座、
文化系26種目33講座を開講している。全国の総合型クラブのうち、スポー
ツ種目が11種目以上あるクラブは26.8％であり、文化活動が10種目以上
あるクラブはわずか1.0％であること[11] を考慮すると、CCTが営む文化・
スポーツ事業の多様性が伺える。さらには、こうした多様な参加型スポーツ
サービスなどを提供しながらも、会費は月1,000円のみで、プログラムご
とに追加の参加料が発生することはない*10。そのため、多くの会員は、スポー
ツや文化・芸術の枠を超えて、複数のプログラムを受講しており、まさに
CCTは「総合」的な文化・スポーツ事業を展開している。

＊10　ただし、料理
や生け花など、別途材
料費が必要な教室・講
座もある。

　このように、「総合」的な文化・スポーツ事業を実践するCCTの基盤は、
多くの会員がスポーツを「する」だけではなく、クラブを「ささえる」こと
にも積極的にかかわるという「二刀流」（一人二役）を機能させる自主運営
組織体制とクラブマネジメントにあるといってもよい。加えて、CCTは、
学校との良好な連携・協力関係も構築し、会員が学校の教育活動にもボラン
ティアで参加・協働するという「ボランタリズム」（他者奉仕と自己充実・
発展を願う心性）[12] を組織文化として定着させている。特に、2021年度か
らは、近隣の中学校運動部活動と融合したプログラムサービスとして「勝山
スポーツ教室」を展開し、「地域部活動」*11 を担う総合型クラブとしての役
割も果たしている。まさに、CCTはクラブマネジメント実践の「グッド・
プラクティス」である。

＊11　第6章第3節
3参照。

2 持続可能な総合型地域スポーツクラブづくりのポイント

　ここでは、総合型クラブづくりのグッド・プラクティスであるゆう SC の
クラブ設立・成長過程（基盤期－発展期－充実期－持続可能期）を簡単に振
り返ってみることで、持続可能なクラブづくりに必要な 14 の戦略的ポイン
トについて説明しておきたい（図 7-2 参照）。

（1）基盤期：1999 年 11 月～ 2001 年 4 月（約 1 年半）

　クラブ創設準備から設立までの「基盤期」では、設立準備委員会において
クラブ理念の確立と各団体間の合意形成がなされ、地域のスポーツ団体を一
本化した組織として総合型クラブを設立することが決定された。この基盤期
での重要なポイントは、❶由宇中学校区という「日常生活圏域での設立」が
確認されるとともに、❷行政主導から「住民主導（設立準備委員会の設置）」
への段階的な移行がなされたことである。また、設立準備委員会での時間を
かけた協議を通じて、❸「『文化』としてのスポーツ認識の共有」によって、
❹すべての地域住民がスポーツに親しめる環境づくりという「クラブ理念」
が確立・共有された。そして、こうしたクラブ理念の実現に向けて、❺クラ
ブ設立に対する「既存スポーツ団体への丁寧な説明に基づく合意形成」が図
られ、❻由宇町体育協会、由宇町スポーツ少年団、由宇中学校運動部活動な

図 7-2　持続可能なクラブづくりに必要な 14 の戦略的ポイント

	基盤期 1999.11～2001.4 ※約1年半	発展期 2001.4～2004.4 ※3年	充実期 2004.4～2011頃 ※7年	持続可能期 2011頃～
ポイント	❶日常生活圏 ❷住民主導による設立準備 ❸「文化」としてのスポーツ認識の共有 ❹クラブ理念の確立 ❺クラブ設立に対する既存団体との合意形成 ❻スポーツ団体を一本化した組織	❼会員による自主運営システムの構築 ❽クラブ理念を反映した事業展開 ❾拠点施設の確保 ❿学校体育施設の有効活用	⓫地域住民の誰もが参加できる総合的な事業展開 ⓬他団体との連携体制	⓭継承性に関する人材の確保 ⓮社会運動体としてのアソシエーション的発展
備考	【設立を進める団体の遷移】 体育指導委員会議→小委員会 →設立準備委員会	2001年4月　設立 2003年12月　法人格取得	2004年4月～指定管理受託 2006年3月　合併	2016年　新理事長就任

出典　田代祐子・中西純司「持続可能な総合型地域スポーツクラブづくりの探究―2 つのクラブの事例研究を中心に―」『立命館産業社会論集』
　　　第 58 巻第 4 号　立命館大学産業社会学会　2023 年　p.4 に筆者加筆修正

どの「地域のスポーツ団体をすべて一本化する総合型クラブの設立」という共通理解が得られたことも重要なポイントであるといってもよい。

(2) 発展期：2001 年 4 月〜 2004 年 4 月（約 3 年間）

　このようにして総合型クラブとして設立されたゆう SC は、地域スポーツの中心的な団体になるために、クラブ設立から約 3 年間の「発展期」においてクラブ運営体制を確固たるものにしていったといえる。そのため、会員自身が理事や指導者・ボランティアスタッフとしてクラブ運営に参加・協働するという「応益・応能の原理」13) *12 に基づく❼「自主運営システムの構築」を図っている。また、体育協会、スポーツ少年団、中学校運動部活動の垣根を超えた多世代型交流事業などの実施によって、単なる「寄せ集め的」なクラブではなく、地域スポーツの環境を変革するという組織型クラブとして、❽「クラブ理念を反映した事業展開」が実践されている。さらに、合併目前の 2003（平成 15）年 12 月には NPO 法人格を取得し、翌年度からは由宇町スポーツ施設の指定管理者として町内スポーツ施設を管理・運営するとともに、学校体育施設開放事業の利用調整業務までも受託したことによって、❾「拠点施設の確保」と❿「学校体育施設の有効活用」を実現することができたが、会員の自主運営による総合型クラブ体制を崩すことはなかった。

＊ 12　第 1 章第 3 節 2 参照。

(3) 充実期：2004 年 4 月〜 2011 年ごろ（約 7 年間）

　地域に密着したゆう SC として安定化を図る「充実期」には、拠点施設を活用した⓫「地域住民の誰もが参加できる総合的な事業展開」によって、会員のみならず、非会員住民を対象とした多様なスポーツサービスまでも提供するという、由宇地域の中核的なスポーツ組織へと成長・発展した。また、2006（平成 18）年 3 月に由宇町が岩国市と合併したことによって、婦人会のスポーツ行事への参画や地域の介護予防サロンでの講座の開講など、⓬「他団体との連携体制の確立」による協働事業を展開し、地域社会の活性化にも寄与するようになった。

(4) 持続可能期：2011 年ごろ〜

　クラブ設立から 10 年を迎える「持続可能期」には、新理事長の就任や理事の世代交代など、⓭「継承性に関する人材の確保」ができるようになった。また、行財政改革のあおりを受けて指定管理料が削減される傾向にあるにもかかわらず、ゆう SC は、拠点施設を活用した地域スポーツ推進事業を持続的に展開するとともに（事業体的性格）、スポーツ文化の推進を通じた地域コミュニティ形成の役割（社会運動体的性格）も果たしていくために、指定

管理業務の継続を重要視している。そのため、行政との連携・協働体制を構築していこうとするゆう SC の姿勢は、❶「社会運動体としてのアソシエーション的発展」を視野に入れているといってもよかろう。

　こうした（1）～（4）のクラブ設立・成長過程からも理解できるように、ゆう SC が地域スポーツ推進事業をマネジメントするスポーツ組織として成長・発展することができたのは、上記❶～❶の戦略的ポイントを着実かつ住民主体で積み重ねていったからであるといっても過言ではない。

3　総合型地域スポーツクラブのマネジメント

　総合型クラブのマネジメントは、スポーツを「する」「ささえる」という一人二役を担う会員のボランタリズムによって支えられている。こうしたクラブ運営を円滑に進めるためには、適切な自主運営組織を創り、地域の限られたスポーツ資源を調達・活用しながら、会員や非会員住民のスポーツニーズを反映したスポーツサービスを「自家」生産することが重要である。そのため、クラブマネジメント実践のグッド・プラクティスである CCT を紹介していきたい。

1　自主運営組織のマネジメント

（1）クラブ運営組織の特性

　CCT の最大の特徴は、自主的なクラブ運営組織づくりにある。つまり、CCT は、「当クラブは『みんなで創るクラブ』で、会員はどなたでも運営に参加できます。『もっと楽しく』『もっといきいきと元気』なクラブにするために、お手伝いしてみようという方、"大歓迎"です」14) に基づいて、「指導者・代表者・世話人制度」と呼ばれる独自の会員参加型クラブ運営組織体制を構築し、多くの会員がクラブ運営に参加できるようにしている。ここでいう「世話人」とは、各教室・講座に配置され、指導者と参加者、および事務局をつなぐ調整役であり、各参加者が自発的に担う役割である。

　この制度は、規約には明記されていないが、「みんなで創る、ささえる」というクラブ理念を色濃く反映しており、会員自らが「ささえる」スポーツを経験する制度として定着している。いってみれば、先にも示した「ボランタリズム」12) という利他の心をクラブ文化として醸成する仕組みなのである。

（2）クラブ運営組織のマネジメント

　CCT は、図 7-3 にも示しているように、規約に従って、クラブの最高議決機関としての「総会」と、実際のクラブ運営を担う「運営委員会」（事務局担当および専門部会委員）を構成し、クラブの事業ごとに「指導者研修部会」「文化芸術部会」「スポーツ部会」「ふれあい部会」「広報部会」といった5つの専門部会を組織化している。こうした運営委員会や専門部会には、各教室やサークルにかかわっている指導者・代表者・世話人の約80名がクラブ運営に参加・協働している。

　加えて、CCT は、クラブマネジャーを配置せず、事務局の輪番制（月〜土曜日の13:00〜15:00に2〜3名の会員が無理のない範囲で、事務局を日替わりで担当する制度）を採用すると同時に、各専門部会が週1回のミーティングを開催することによって、会員の活動状況やニーズ等を収集するというボトムアップ型のクラブ運営組織を円滑にマネジメントしている。

　このように、CCT は、会員主体の組織マネジメントによって、各会員の力（持ち味・役割等）や協働意欲等を引き出し、「みんなで創る、ささえる」を合言葉にして「お客さん意識」をなくすというクラブ文化を創造している。

図 7-3　コミュニティクラブ東亜の組織体制

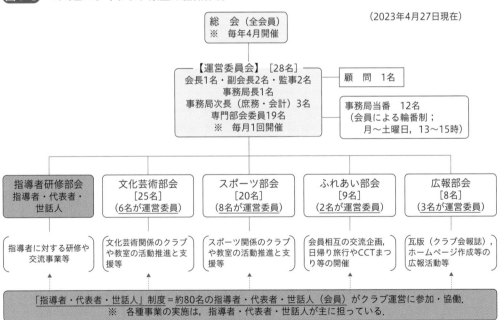

出典　コミュニティクラブ東亜「CCT の組織体制」より筆者作成
http://www.cctoua2015.sakura.ne.jp/sosikitraisei.2023.new.pdf

2 地域スポーツ推進事業のマネジメント

（1）スポーツ資源調達のマネジメント

　CCT は、こうした独自のクラブ運営組織を通じて、様々なスポーツ資源を調達・活用している。はじめに、先に説明した指導者・代表者・世話人制度によって、クラブ運営に協力してくれる運営スタッフを人的資源として確保している。また、大学拠点のクラブという特徴を活かして、大学側とは定期的に連絡調整を行いながら大学施設（事務所兼クラブハウスを含む）を主に確保するとともに（年間使用料は定額 1,000,000 円）、近隣の公民館、寺社、県立武道館などの地域施設も使用料減免制度等をうまく活用しながら確保し（2023 年度は合計 175,000 円）、会員の「利便性（地の利）」に配慮した形で、施設・設備等やクラブハウスなどの物的資源の調達に努めている。

　さらには、補助金や助成金等には一切頼らず、会費収入（月会費 1,000 円で 1 人あたり年会費 12,000 円：2023 年度＝ 7,230,000 円）のみによる自主財源でクラブ運営を行っており、地域社会ならではの「格安感」をアピールすることで財務資源（2023 年度総予算＝ 7,994,500 円）を調達している。最後は、事務局の輪番制や各専門部会のミーティング（週 1 回）、年 1 回のアンケート調査の実施、および行政・民間団体等による各種研修会への参加などによって、クラブ運営に必要不可欠な有益情報（会員ニーズ等）やマネジメント知識・技術・ノウハウ等といった知識・情報資源を獲得している。

（2）スポーツ需要創造のマネジメント

　CCT は、こうした多様なスポーツ資源を調達・活用することで、会員や非会員住民のスポーツ需要を主体的に創造するという、地域スポーツ推進事業のマネジメントを実践している。例えば、テニス同好会やゴルフ同好会、グラウンドゴルフ同好会などのクラブサービスをはじめ、スナッグゴルフ教室やいきいき体操教室、卓球教室やテニス教室、ちびっこ運動教室といったプログラムサービス、および卓球開放といったエリアサービスといったように、CCT は多岐にわたる参加型スポーツサービス（26 講座）を自給自足している。加えて、勝山中学校と連携して、勝山スポーツ教室という参加型スポーツサービスまでも開発し、勝山中学校の硬式テニス部・陸上部・野球部の「地域部活動」を支援している。

　また、同じように、文化的教室・クラブについても、中国語会話や英語会話、パソコン教室、料理教室、生け花教室、絵画教室、折り紙同好会、大正琴同好会など、33 の文化・芸術講座が提供されている。さらに、ふれあい

部会は、日頃の活動種目や世代を超えた会員間の交流・親睦や非会員住民との交流などを促すサービスとして、春の健康ウォークや（日帰り）バス旅行、CCTまつりなどを企画・提供している。そして、広報部会は、ホームページの作成や瓦版（広報紙）の発行などのプロモーション活動を展開し、会員増加や他団体との連携強化を図っている。

　このように、CCTは、クラブ運営組織をうまくデザインすることによって、限られたスポーツ資源を効率よく調達・活用しながら、「手づくり」の地域スポーツ推進事業を「総合」的にマネジメントしているといってもよい。

引用文献

1）日本スポーツ協会ウェブサイト「スポーツ少年団とは」
　https://www.japan-sports.or.jp/club/tabid265.html
2）文部科学省「中学校学習指導要領（2017年3月改訂）」　2017年　p.27
3）スポーツ庁ウェブサイト「学校の働き方改革を踏まえた部活動改革（令和2年9月）」
　https://www.mext.go.jp/sports/b_menu/sports/mcatetop04/list/detail/1406073_00003.htm
4）中西純司「『文化としてのスポーツ』の価値」『人間福祉学研究』第5巻第1号　関西学院大学人間福祉学部研究会　2012年　pp.7-24
5）中西純司「第3章 総合型地域スポーツクラブ構想と市民参加型まちづくりの可能性」松尾匡・西川芳昭・伊佐淳編著『市民参加のまちづくり【戦略編】―参加とリーダーシップ・自立とパートナーシップ―』創成社　2005年　pp.36-57
6）藤井和彦「7 地域スポーツクラブ育成政策」柳沢和雄・清水紀宏・中西純司編著『よくわかるスポーツマネジメント』ミネルヴァ書房　2017年　pp.50-51
7）中西純司・行實鉄平「第11章総合型地域スポーツクラブと『コミュニティ・ビジネス』」伊佐淳・西川芳昭・松尾匡編著『市民参加のまちづくり【コミュニティ・ビジネス編】―地域の自立と持続可能性―』創成社　2007年　pp.184-207
8）文部省「スポーツ振興基本計画」2000年
　https://www.mext.go.jp/a_menu/sports/plan/06031014.htm
9）柳沢和雄「第2章 総合型地域スポーツクラブの実像と虚像」日本体育・スポーツ経営学会編著『テキスト総合型地域スポーツクラブ増補版』大修館書店　2004年　pp.13-29
10）中西純司「総合型地域スポーツクラブ構想と市民参加型まちづくり」大阪ガス株式会社エネルギー・文化研究所『情報誌CEL』vol.73　2005年　pp.35-38
11）スポーツ庁「令和4年度総合型地域スポーツクラブに関する実態調査結果概要」　2023年
12）田尾雅夫「第1章 定義、そして、本質を考える」田尾雅夫・川野祐二編著『ボランティアNPOの組織論―非営利の経営を考える―』学陽書房　2009年　pp.12-24
13）中西純司「2 コミュニティ政策とボランタリーアソシエーション」山下秋二・中西純司・松岡宏高編著『図とイラストで学ぶ新しいスポーツマネジメント』大修館書店　2016年　pp.106-109
14）コミュニティクラブ東亜「CCTの組織体制」
　http://www.cctoua2015.sakura.ne.jp/sosikitraisei.2023.new.pdf
15）日本スポーツ協会・日本スポーツ少年団「スポーツ少年団改革プラン2022―ジュニア・ユース世代にスポーツの本質である自発的な運動の楽しさを提供しよう―」2022年
　https://www.japan-sports.or.jp/Portals/0/data/syonendan/2022/kaikakuplan2022pamphlet.pdf
16）スポーツ庁・文化庁「学校部活動及び新たな地域クラブ活動の在り方等に関する総合的なガイドライン」2022年
　https://www.mext.go.jp/sports/content/20230216-spt_oripara-000012934_2.pdf

参 考 文 献

・総合型地域スポーツクラブ育成協議会編著『総合型地域スポーツクラブマネジャー養成テキスト＜普及版＞』ぎょうせい　2005 年
・田代祐子・中西純司「持続可能な総合型地域スポーツクラブづくりの探究―2 つのクラブの事例研究を中心に―」『立命館産業社会論集』第 58 巻第 4 号　立命館大学産業社会学会　2023 年　pp.33-54
・日本体育協会「持続可能な総合型地域スポーツクラブを目指して」2015 年
https://www.japan-sports.or.jp/Portals/0/data/kurabuikusei/doc/report_sustainable.pdf
・日本体育・スポーツ経営学会編著『テキスト総合型地域スポーツクラブ増補版』大修館書店　2004 年
・文部科学省『「総合型地域スポーツクラブ」育成マニュアルクラブづくりの 4 つのドア』アドスリー　2001 年
・文部科学省「スポーツ基本計画」2012 年
https://www.mext.go.jp/component/a_menu/sports/detail/__icsFiles/afieldfile/2012/04/02/1319359_3_1.pdf
・文部科学省「第 2 期スポーツ基本計画」2017 年
https://www.mext.go.jp/sports/content/1383656_002.pdf
・文部科学省「第 3 期スポーツ基本計画」2022 年
https://www.mext.go.jp/sports/content/000021299_20220316_3.pdf

1.（　　　　）に入る言葉を考えてみましょう。

① 地域スポーツ活動は、スポーツ少年団、学校運動部活動、成人・高齢者対象のスポーツ教室、クラブチームなど、（　　　　）、（　　　　）、（　　　　）に分断されている。

② 総合型地域スポーツクラブの育成とは、スポーツ愛好者が単にスポーツ種目だけを楽しむ（　　　　）クラブから、地域住民が多様な形でスポーツ文化とかかわり、地域住民同士のつながりや社会的な絆を深めるための（　　　　）クラブへのイノベーションである。

③ 地域に根差した総合型地域スポーツクラブのクラブづくりには、14の戦略的ポイントに着目していくことが肝要である。中でも、（

　　　　）によって、地域の（　　　　　　　　　）した組織として設立すること、（　　　　）システムを構築し、会員のみならず（

　　　　）スポーツサービスを展開することは、重要なポイントである。

2．このたび、あなたは、地域で活動している総合型クラブに入会しました。このクラブでは、「ささえる」スポーツとして次の3つの活動に参加できます。あなたが、「ささえる」スポーツを経験するとしたら、どの活動に参加しますか。その活動を選んだ理由も書いてみましょう。また、その活動で取り組んでみたい企画を考えてみましょう。

　　A「スポーツイベントにスタッフとして参加」

　　B「週1回、事務局スタッフとして参加」

　　C「スポーツ教室に指導者として参加」

総合型クラブ訪問記

平生町教育委員会／田代祐子

■ NPO法人ゆうスポーツクラブに見る「公共性」

　山口県岩国市の中心部からJR山陽本線で4駅。駅に降り立つと巨大な白いドーム型の建物が目に入る。NPO法人ゆうスポーツクラブ（以下「ゆうSC」という）が管理運営する由宇文化スポーツセンター、通称・「ゆうたん」だ。

　駅から徒歩約5分、ゆうたんに入ると、明るく開放的なアリーナでは、高校生数名がバスケットボールの自主練習をしている。事務室そばから延びる廊下の掲示板には、クラブの所属団体お手製のチラシが並び、その先の小体育室では、子ども体操教室が開催されていた。

　この小体育室、実は、繊維工場を改築したものだという。ゆうSCの範域である旧由宇町は、かつては廻船業、繊維業で栄えた町であり、ゆうたんは、「多くの町民にスポーツに親しんでもらいたい」という町の思いから、町の中心にあった繊維工場の跡地に建設された。「だから、ゆうたんを拠点とするうちのクラブでは、公共性を大事にしているんです」と顧問の山川さん。

　ゆうSCでは、さまざまな参加型スポーツサービスを提供しており、なかでも、エリアサービスが特に充実している。例えば、毎週水曜午前9時30分から11時30分までの「卓球デー」は、誰でも参加可能で、クラブ会員でなくとも気軽に卓球を楽しむことができる。また、毎週金曜日の「フリーデー」では、団体利用予約を受け付けておらず、学校や仕事の帰りに気軽に汗を流せる場が設定されている。こうしたエリアサービスにより、ゆうたんを利用することで、クラブの活動を知り、所属団体や主催教室でもっとスポーツを楽しみたいとクラブに入会する地域住民も多いという。

　総合型クラブが指定管理者となり、拠点施設を確保することは、あたかもクラブが施設を独占し、クラブの所属団体に対してクラブサービスを提供しているように見える。しかし、ゆうSCは、ゆうたんの公共性を保ちつつ、会員のみならず、すべての地域住民に対してクラブライフを提案しているのである。

■ 地域活動も「創る、ささえる」コミュニティクラブ東亜

　山口県下関市、新下関駅から車で5分。コミュニティクラブ東亜（以下「CCT」という）の事務局にお邪魔する。東亜大学7号館の1階にある小さな事務局では、7、8人の会員が和気あいあいと作業をされていた。聞けば、事務局スタッフをはじめ運営委員の皆さんがそれぞれにやってきて、自分の担当する業務を進めておられるとのこと。さっそく「みんなで創る、ささえる」というクラブの理念を象徴する場面を垣間見たのである。

　そんなCCTでは、学校と連携して、様々なユニークな取組を展開している。例えば、小学校の「遠足付き添い事業」。これは、健康づくりサークル「いきいき」の会員の、「小学校のお役に立ちながら自分たちもウォーキングを楽しみたい」というアイデアから生まれたという。こうした、自分たちの楽しみだけでなく、地域貢献をも意識した活動が生み出せるのは、CCTの活動を通じて、地域の活動は皆で助け合って行うという「互恵の精神」が育まれたからであろう。

　現在、地域部活動としての「勝山スポーツ教室」が展開されているが、CCTの「みんなで創る、ささえる」という理念が中学生に浸透し、より豊かな地域コミュニティが構築されることを願ってやまない。

公共スポーツ施設のマネジメント

なぜこの章を学ぶのですか？

私たちが運動やスポーツ活動を楽しむうえで、その基盤となる体育・スポーツ施設の概念や構造について理解を深めることはとても重要です。なかでも、私たちにとって最も身近な公共スポーツ施設の有効活用を図っていくためには、施設マネジメント（管理・運営）のあり方について学習しておく必要があります。

第8章の学びのポイントは何ですか？

本章では、体育・スポーツ施設の捉え方や施設の分類（性格・タイプ）、および施設整備の考え方を学習するとともに、実際の施設マネジメントにおける「官民協働」のあり方などについても理解を深めていきましょう。

考えてみよう

① 私たちが運動やスポーツ活動を楽しむための基盤となる体育・スポーツ施設にはどのような種類があるのかを考えてみましょう。

② 公共スポーツ施設の経営形態やマネジメントの基礎を理解したうえで、今後、どのような官民協働のあり方が有効なのかを考えてみましょう。

1 体育・スポーツ施設の現状

　人々の運動・スポーツ活動の場である体育・スポーツ施設は、「運動施設」のみならず、「付属設備・用具」と「付帯施設」をも含めて捉えると、人々のスポーツ需要に対応するための「物的資源」として位置づけることができる。こうした体育・スポーツ施設は、「学校体育・スポーツ施設（＋大学・高専体育施設）」「公共スポーツ施設」「民間スポーツ施設」という順に設置数が多くなっているが、全体的には減少傾向にあることも否めないため、既存施設の有効活用が重要な課題である。

1 体育・スポーツ施設の捉え方

　体育・スポーツ施設は、人々が運動やスポーツ活動を楽しむ場や機会をささえる参加型・観戦型スポーツサービスを創り出すのに必要不可欠な「物的資源」として位置づけることができる。そのため、この体育・スポーツ施設には、人々の豊かな運動・スポーツ活動を直接的に成立させる物理的かつ開放的な環境条件（主体的施設）として提供されるエリアサービスとしての側面と、クラブサービスやプログラムサービス、および観戦型スポーツサービスのクオリティを維持・向上させるための基礎的条件（従属的施設）として機能する側面がある[1]。

　このような 2 つの側面を有する物的資源としての体育・スポーツ施設は、一般的に、「運動施設（設備・用具を含む）」のみならず、「付属設備・付属用具」「付帯施設」といった 3 つの要素から構成される（図 8-1 参照）。なかでも、運動施設の有無や整備状況によっては、人々が運動・スポーツ活動に向かうことができたりできなかったりする場合もある。また、身近なところに運動施設がないからスポーツをしないという人も存在するであろう。

　例えば、ある人たちがバレーボールをする場合、運動施設としては、（屋内）

*1　本章第 2 節 1（1）参照。

図 8-1　運動施設の概念

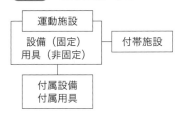

体育館（運動空間）と、ラインで囲まれるコート（支柱受けを含む）、ネットおよびアンテナ、支柱（カバーも含む）といった設備（固定）、そして、バレーボール用ボールといった用具（非固定）が最低限必要である。しかし、体育授業時のゲームや公式の大会となると、審判台、ホイッスル、ベンチ、得点板・ボード、記録台、観覧席などの「付属設備・付属用具」[*2] がさらに必要となってくる。

　一方、郊外の民間スポーツ・フィットネスクラブなどを利用して運動・スポーツ活動を快適に行いたいという人たちのことを考えると、実際に身体を動かす場面のみならず、運動・スポーツ活動の前後においても快適性や利便性を提供できるよう、駐車場や駐輪場、受付のロビー、更衣室・ロッカールーム、トイレ、シャワールーム、談話スペース、レストランなどの「付帯施設」[*3] の整備・充実にも配慮する必要がある。とりわけ、「便利な（すぎる）現代社会」では、運動・スポーツ活動の前・中・後における利便性を求めることで、快適なスポーツライフを送りたいという人々が増えていることも否めない現実であろう。

　私たちが生活する身近な地域社会にある体育・スポーツ施設にこれらがすべて設置されているというわけではないので、施設経営・管理者は、当該施設を利用する可能性のある人々のスポーツ需要（ニーズ・欲求や期待の総体）や「サービススケープ」[*4] の観点から、どこまで整備・充実していくのかについて、「財務資源」（施設整備予算など）を考慮しながら慎重に検討していく必要がある。加えて、効果的かつ効率的な施設マネジメントには「施設機能管理」「施設利用促進・支援」「施設利用案内」といった専門的な業務（仕事）が必要不可欠であるため、これらの業務を担うことのできる「公認スポーツ施設管理士」「公認スポーツ施設運営士」などの有為な資格をもった「人的資源」の配置も必要となってくるであろう。

2 体育・スポーツ施設の設置数の現状

　わが国の体育・スポーツ施設の設置数は、文部省・文部科学省[2] [3] やスポーツ庁[4] が周期的に[*5] 調査し報告してきた「我が国の体育・スポーツ施設」ないしは「体育・スポーツ施設現況調査」からその推移をみることができる。この調査報告によれば、設置主体は「学校体育・スポーツ施設」「公共スポーツ施設」「民間スポーツ施設」「大学・高専体育施設」「職場スポーツ施設」に分けられ、5区分すべての設置数調査ができていた中で最後の2008（平成20）年調査では、上記の順に設置数が多かった。設置主体を問わず、

<aside>
＊2　付属設備・付属用具
運動施設の機能を維持したり高めたりする設備や用具。

＊3　付帯施設
運動施設と関連させて設けられると、運動施設への動員機能を高める施設。

＊4　サービススケープ
スポーツマーケティングの分野では、物理的な施設空間・環境の演出方法について「サービススケープ」（Servicescape；スポーツサービスが生産され消費される場にかかわるすべての物理的環境のデザインや外見・ありよう）という観点から実証的に研究が進められ、こうしたサービススケープがスポーツサービスを利用する人の五感に好意的あるいは否定的な印象を与えると結論づけている[1]。

＊5　3年周期（ただし、2015（平成27）年度以前は5～7年周期である）。
</aside>

図 8-2　わが国のスポーツ施設種別数の推移

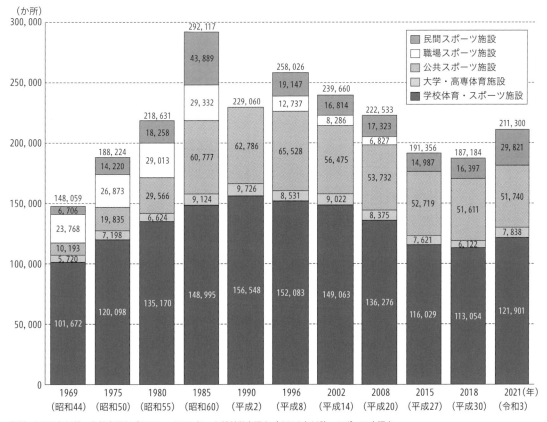

（か所）

凡例：
民間スポーツ施設
職場スポーツ施設
公共スポーツ施設
大学・高専体育施設
学校体育・スポーツ施設

資料　1996 年以前：文部省調査／ 2002 〜 2018 年：文部科学省調査／ 2019 年以降：スポーツ庁調査

　1965 〜 1975 年代頃までは施設設置数が増加し、1985（昭和 60）年にピークを迎え、1990（平成 2）年までは同程度を維持しつつも、その後は全体的に減少傾向にある（図 8-2 参照）。

　平成以降に施設数が減少している「学校体育・スポーツ施設」の背景としては、少子化の進行に伴う学校数の減少が大きな要因といえるものの、最新の 2021（令和 3）年調査[4]においては、前回 2018（平成 30）年調査と比べると 8,847 か所増加している。「公共スポーツ施設」では 1999（平成 11）年以降に本格化した「平成の大合併」による市町村数自体の大幅な減少の影響により、2002（平成 14）年の調査時に施設数を大幅に減らしているが、それ以降は微減となっている。また、「職場スポーツ施設」を除く他の 3 施設の設置数（設置率）について、1985（昭和 60）年調査と 2021（令和 3）年調査とを比較すると、「学校体育・スポーツ施設」（大学・高専体育施設を含む）は 15 万 8,119（60.2%）から 12 万 9,739（61.4%）、「公共スポーツ施設」は 6 万 777（23.1%）から 5 万 1,740（24.5%）、そして「民間スポーツ施設」は 4 万 3,889（16.7%）から 2 万 9,821（14.1%）となり、

「学校体育・スポーツ施設」と「民間スポーツ施設」の設置数の低下が顕著である。しかしながら、施設数が把握できる中で「学校体育・スポーツ施設」と「公共スポーツ施設」を合計した施設数の設置率は、2021（令和3）年調査で85.9％と大多数を占めていることがわかる。

施設の設置に関しては、体育・スポーツ施設数そのものが全体的に減少傾向にあること、また「民間スポーツ施設」の設置率は低いが、その利用にかかる経費等の関係で誰もが気軽に利用できる施設とはなり得ていない、といった現状にある。そのため、税金等の公費により設置・運営がなされ、地域住民にとっても比較的安価な経費で利用できる「公共スポーツ施設」や、日常生活圏内（小学校〜中学校区）に必ず設置されている「学校体育・スポーツ施設」といった既存施設の有効活用法について考えていく必要がある。

2 体育・スポーツ施設の分類と公共スポーツ施設の整備

体育・スポーツ施設は「主体的施設」か「従属的施設」かの性格、「近隣運動施設」か「自然的運動施設」かのタイプによる分類が可能である。「近隣運動施設」は、さらに「遊び場」「近隣運動場」「地域運動場」の3つのタイプに分けられる。国が提示した公共スポーツ施設の整備指針により、「地域施設」「市区町村域施設」「都道府県域施設」といったゾーニングによる施設整備の考え方が示されたが、実際の設置・整備の実態には地域差がみられる。

1 体育・スポーツ施設の分類

（1）体育・スポーツ施設の性格

人々の運動・スポーツ活動をささえるスポーツサービスを創り出すために必要不可欠な「物的資源」として位置づけることができる体育・スポーツ施設の働きかけ（機能・役割）には、以下のような異なる性格がみられる。

例えば、大学のトレーニングセンターにおいて、特定の日時に一般学生向けに施設の一般開放をしており、空き時間に「運動不足の解消」「気晴らし」といった理由でマシンを使ったりランニングをしたりする場合、人々の豊かな運動・スポーツ活動を直接的に成り立たせる物理的かつ開放的なスポーツ環境条件を提供するというエリアサービスとしての役割を果たしているとみることができ、便宜上、「主体的施設」と呼ぶこともできる。

また、同じ大学のトレーニングセンターであっても、体育系強化クラブが週に数回、ウェイトトレーニング（練習メニューの一環として）を行うため

に利用する場合や、体育系大学新入生の入学時の体力・運動能力を測定する
ために利用される場合、施設利用者の直接的な目的や動機づけは、それぞれ
「スポーツクラブ」と「スポーツプログラム」にあるといってもよい。言い
換えると、「体育・スポーツ施設（トレーニングセンター）」が「クラブサー
ビス（ウェイトトレーニング）」や「プログラムサービス（体力・運動能力
測定会）」といった他のスポーツサービスのクオリティの維持・向上のため
の基礎的条件として捉えられ、「従属的施設」としての機能を果たしている
ことになる。

　このように、同じ体育・スポーツ施設（物的資源）であっても両方の性格
を併せ持つが、当該施設の活用法などによって「主体的施設」と「従属的施
設」の比重が変わってくることはいうまでもない。それゆえ、施設の経営・
管理者は、施設利用が想定される人々の需要を把握し、そうした人々が希望
する曜日・時間帯などに無理なく利用できるよう、施設利用調整等を工夫す
るというスポーツ需要創造活動を実践することが肝要である。

（2）体育・スポーツ施設（主体的施設）のタイプ

　笹川スポーツ財団の『スポーツライフ・データ 2022』[5] によると、過去
1 年間に「よく行った（実施頻度の高い）」運動・スポーツ種目の実施場所・
利用施設（多い順）は、「1. 道路」（56.9％）、「2. 自宅（庭・室内等）」（31.3％）、
「3. 公園」（17.0％）、「4. 体育館」（13.3％）、「5. 高原・山」（11.4％）、「6.
海・海岸」（10.4％）、「7. ゴルフ場（コース）」（8.8％）、「8. トレーニン
グルーム」（8.7％）、となっている[*6]。このように、人々の運動やスポーツ
活動は、必ずしも日常生活圏内の身近な場所で行われるとは限らず、自然と
のふれあいなどを求めて野外活動施設などで実施される場合もあることがわ
かる。

　前述した「主体的施設」としての機能を果たす体育・スポーツ施設は、人々
の年齢区分や愛好する運動・スポーツ種目、および生活圏・行動圏に基づい
て、表8-1のように、必要とされるタイプを具体化することができる。

　とはいえ、日常生活の中で多くの人々がいつでも気軽に利用できる主体的
施設を地域社会に整備することは重要な課題であるが、野外活動施設を日常
生活圏内に求めることは一般的には不可能と考えざるをえない。それゆえ、
地域における主体的施設としての体育・スポーツ施設のタイプは、（1）近
隣運動施設と、（2）自然的運動施設とに大別して[6]、施設整備のあり方につ
いて検討することが大切である。例えば、近隣運動施設は、利用が想定され
る人々の特質（基本的に年齢層で区分）を考慮しながら、❶遊び場、❷近隣
運動場、❸地域運動場の 3 つのタイプに分けて捉えると検討しやすくなる

＊6　特に、2020（令
和 2）年の 3 位は「体
育館」（17.1％）であっ
たが、2022（令和 4）
年は「公園」に抜かれ、
4 位となった。新型コ
ロナウイルス感染症の
拡大による運動・ス
ポーツ施設の利用制限
が続いたこともあり、
2020 年に増加した
「自宅（庭・室内等）」
や屋外の公共空間など
の利用率が高くなった
と推測できる。

| 表 8-1 | タイプ論による地域の一般的・主体的施設 |

		(1) 近隣運動施設			(2) 自然的運動施設	
概念		近隣社会の住民のために、身近な場所を主眼として考えられた運動施設			自然のなかで運動ができるものとして開発された施設	
タイプ		①遊び場	②近隣運動場	③地域運動場	①運動公園	②自然的運動
内容	概要・対象	就学前の幼児	学齢期の児童・生徒	地域（コミュニティ）の青少年や成年	地域運動場をさらに充実しながら、自然的な条件を多く加味したもの	自然をできるだけそのままのかたちで生かしながら、運動ができる場として開発したもの
	規模・位置	住宅密集区域の中心	小学校、中学校の近くに設置	地域全体からみて中心部に設置	いろいろ珍しい、また美しい風景のある郊外の地	郊外にある広大な土地
		幼児が歩いて行っても利用できるところ	交通の激しい道路や工場の近くを避ける			
	構造	簡単で安全に子どもが遊べるような遊具	近所の幼児が利用する「遊び場」が併設されているとよい	子どもたちのための施設も併設されているとよい	森林地などの自然の姿を効果的に利用すること	キャンプ、ピクニックのセンター
						ウィンタースポーツ施設の設置
		自由な活動のできる広場（芝生）	固定遊戯施設	プール、駐車場	ピクニックエリア	

出典　佐藤勝弘「運動施設の分類」宇土正彦・八代勉・中村平編著『体育経営管理学講義』大修館書店　1989 年　pp.66-67

であろう。また、自然的運動施設は、日常生活圏から離れた郊外地を開発することが求められるかもしれない。

　文部科学省の「体力・スポーツに関する世論調査（平成 25 年 1 月調査）」[7] によると、今の子どものスポーツや外遊びの環境は「悪くなった」と回答した者（1,154 人：全体の 60.8％）に対して、それはどのようなところかを質問した結果（多い順）、「1. 子どもが自由に遊べる空き地や生活道路が少なくなった」（74.4％）、「2. スポーツや外遊びができる時間が少なくなった」（50.7％）、「3. スポーツや外遊びをする仲間（友達）が少なくなった」（50.4％）、「4. 親子でスポーツに親しむ機会が少なくなった」（18.9％）、「5. 子どもが自由に利用できるスポーツ施設が少なくなった」（12.2％）、などが挙げられている。

＊7　本章第1節2参照。

　したがって、施設経営・管理者は、体育・スポーツ施設設置数の減少傾向[*7] や、人々の運動・スポーツ欲求の多様化に対応した施設整備の不足、および子どものスポーツや外遊びの環境悪化（自由に遊べる空き地や生活道路、自由に利用できるスポーツ施設の減少）などを理解しておく必要がある。そのうえで、施設の経営・管理者は、施設のタイプ論にも着目しながら、単なる外形的な特徴のみならず、施設機能管理や施設利用促進・支援も合わせた総合的な特徴に基づく主体的施設を人々にとって身近な物的資源として整備すると同時に、利用者の多様な運動・スポーツ欲求を満たすことのできるエリアサービスまでも考案することが肝要である。

2 公共スポーツ施設の整備の考え方

　公共スポーツ施設は、国や地方公共団体（都道府県・市区町村）によって設置された各種体育・スポーツ施設である。こうした公共スポーツ施設の整備基準などの策定を担った保健体育審議会は、1972（昭和 47）年に「体育・スポーツの普及振興に関する基本方策について」[8] を答申し、日常生活圏域における体育・スポーツ施設の整備基準を明示した。この整備基準では、5種類の施設種別（屋外運動広場、屋外コート、屋内体育館、屋内柔剣道場、プール）に対して人口規模（1 万人・3 万人・5 万人・10 万人）を勘案したうえで、設置が期待される箇所数（面積も含めて）を提示し、地方公共団体の施設設置目標（目安）としての役割を果たしたといってもよい。

　その後、保健体育審議会は、1989（平成元）年に「21 世紀に向けたスポーツの振興方策について」[9] を答申し、各地域レベルにおいて一般的に整備が望まれる体育・スポーツ施設の機能・種類や標準的な規格・規模、および具備すべき主な付帯施設・設備といった整備指針を提示した（一部は表8-2 の左側を参照）。1972（昭和 47）年の答申との比較では、日常生活圏をゾーニングし、住民の日常的なスポーツ活動のための身近な施設として「地域施設」という区分を新たに設けたことが特筆される。そのため、この整備指針は、「地域施設」を広範囲にした「市区町村域施設」と各種事業展開を実施するための「都道府県域施設」を加えた 3 つの施設区分で構成されている。さらに、運動する局面のみならず、運動のプロセスをもあわせて施設整備とする考え方に基づいて、具備すべき主な付帯施設・設備が整備指針として具体的に明示されたことは高く評価することができる。

　これら 2 つの答申で示された整備基準・整備指針や施設のタイプ論などに従って、各地域でしかるべき公共スポーツ施設の整備・充実が図られるべきであるが、地域格差が生じていることも否めない。ある特定の県を対象とした公共スポーツ施設の整備状況をこの整備指針に基づいて分析した結果[10]、特に市区部に比べて、町村部において未整備状態が多いという格差がみられた。また、整備指針に準じた施設を一定程度保有する地方公共団体は少なく、制度と現実との間にもギャップ（格差）があることも指摘された。

3 官民協働による体育・スポーツ施設の有効活用

公共スポーツ施設の経営形態として、「直轄」以外にも「委託」という仕組みがより取り込まれ、PFI法に基づくPFIや、地方自治法の一部改正により2003（平成15）年からは「指定管理者制度」が施行された。近年では、複数の事業者が共同事業体を構成し、指定管理者として取り組む手法が増えたが、地方公共団体によって違いが見られる。また、学校（体育）施設の開放も、地域のスポーツ環境は地域住民自らの力で支えるという「新しい公共」の視点を踏まえた意識の醸成が求められる。

1 公共スポーツ施設の経営形態とマネジメント

（1）公共スポーツ施設の経営形態

体育・スポーツ施設の経営形態は、施設の設置者、施設の形態やタイプ、経営の目的、意思決定権（経営権）など、いくつかの視点からの分析が可能である。「公共」か「民間」かという分類は、資本や経営目的という視点から意味のある分類となる。

公共スポーツ施設の経営形態を、意思決定権と経営体の性格の視点から分類したものが 図 8-3 である。この図では、その経営形態を、設置者（スポーツ行政）が経営する「直轄（直接経営）」と第三者に管理・運営を任せる「委託」とに大別している。そして、「委託」は、公共的団体（外郭団体[*8]）が管理・運営を担う「間接経営」と民間部門に委託する「民間委託」とに分

＊8 外郭団体
地方公共団体の組織の外にありながらも、当該地方公共団体から補助金等を受けるなどして、地方公共団体の補完的な業務を担う団体のことである。具体的には、地方公共団体が出資した法人、公共団体や公共的団体等のことを指す。例えば、公益財団法人Ａ県スポーツ振興事業団、財団法人Ｂ市文化体育振興財団、公益財団法人Ｃ県都市公園・緑化協会などの名称で組織化される。

図 8-3 公共スポーツ施設の経営形態の分類

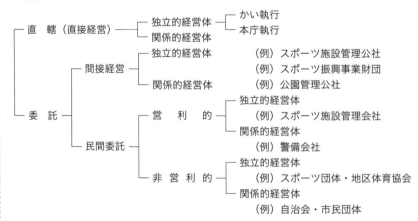

出典 柳沢和雄「スポーツ施設の経営形態」宇土正彦他編『体育経営管理学講義』大修館書店 1989年 pp.181-183

けられる。さらに、前者は、スポーツ施設の機能を実現しようとして組織化された「独立的」経営体と、本来スポーツ以外の目的で組織化されたがスポーツサービスも提供するという「関係的」経営体に、また後者は、「営利的」経営体と「非営利的」経営体に、それぞれ細分化することができる。

　このように、1947（昭和 22）年施行の地方自治法では「公の施設」*9 の管理・運営が「管理委託制度」に従っていたが、2003（平成 15）年に一部改正された地方自治法では「指定管理者制度」が導入され、「公の施設」の管理・運営主体が法人その他の団体であれば特段の制限を設ける必要はなくなったのである。

（2）公共スポーツ施設のマネジメント

　国や地方公共団体においては、公の施設等の老朽化が進むとともに、財政的にも厳しい状況が続いている。こうした中、公の施設が住民に対して適切なサービスを提供し、現状維持を図るためには、公共施設等の改修・修繕や施設管理・運営コストの効率化等が必要不可欠である。PPP（Public Private Partnership）の活用は、これらを解決するための一方法として有効である[12]。PPP とは、「官民連携事業」の総称であり、今後も必須のスポーツ資源調達活動といえよう。PPP は、官と民との役割分担の観点から次の 3 つに分類される。

　第 1 は、「公共サービス型」（民間による公共サービス提供）であり、官が決めた方針等に基づいて公共サービスの実施を民間に委ねる手法である[13]。その最たる例が PFI（Private Finance Initiative）や指定管理者制度である。はじめに、PFI の根拠法は、「民間資金等の活用による公共施設等の整備等の促進に関する法律」（平成 11 年 7 月 30 日 法律第 117 号：PFI 法）であり、その管轄は内閣府となる。公共スポーツ施設等の整備等にあたって、従来のように、地方公共団体が設計・建設・運営等の方法を決めてバラバラに発注するのではなく、どのような設計・建設・運営を行えば最も効率的かについて、民間事業者に提案競争させ、最も優れた民間事業者を選定し、設計から運営までを行わせ、資金調達も自ら行ってもらう制度である[12]。公共施設等が利用者から収入を得られるものである場合、民間事業者に公共施設等の整備や運営だけでなく、オフィス・売店等の収益施設を併設させて営業をしてもらうことができれば、より公共の負担が少なくなる可能性があるとされている[12]。

　続いて、公の施設の指定管理者制度は、総務省が管轄であり、「地方自治法の一部を改正する法律」（平成 15 年法律第 81 号）により制度化された。本制度の目的は、公の施設の管理主体を民間事業者、NPO 法人等に広く開

＊9　公の施設
住民の福祉を増進する目的をもってその利用に供するための施設のことを公の施設という（地方自治法第 244条）。公の施設の主な区分例としては、「レクリエーション・スポーツ施設」以外に、「産業振興施設」「基盤施設」「文教（文化）施設」「社会福祉施設」がある。

147

放することで、❶民間事業者の活力を活用した住民サービスの向上、❷施設管理における費用対効果の向上（行政コストの削減）、❸管理主体の選定手続きの透明化を図り[14]、地域振興へとつなげていくことにある。この制度の導入によって、指定管理者は、自らの組織の強みを生かし、他の施設が提供できないスポーツサービスを住民へ提供することで利益をあげることができるなどのメリットがあり、これまで参入できなかった民間事業者にとってはビジネスチャンスとなりうる。その一方で、老朽化や経年劣化が進む公共スポーツ施設の維持・修繕にかかる経費、地域によっては適切な事業者等の不足、指定管理者の交代に伴うサービス供給体制や雇用の不安定性など、少なからず問題も発生している。近年では、それぞれ得意分野のある事業者が複数で共同事業体を構成し、指定管理者として取り組む手法が多くみられる。

第2は、「公有資産活用型」（公有資産の活用による事業創出）であり、官の空間（土地または建物が公有財産）を有効利用して、民間がビジネス（事業）展開できる手法である。ネーミングライツがその代表であり、そのほか、統廃合した学校や公共施設の利活用などの事例も多い[13]。ネーミングライツとは、公の施設の名称にスポンサー企業の社名、ブランドや商品名を付与する広告概念であり、「施設命名権」とも呼ばれ、施設建設および運用資金調達のために用いられる手法である。公共スポーツ施設でこの仕組みが取り入れられることは多く、有効なスポーツ資源調達活動となっており、他にも歩道橋などの契約事例がある。

このネーミングライツは、1980年代から米国で用いられており、その契約期間も20～30年の長期間であるのに対して、その後遅れて普及した日本では3～5年の短期契約が多いのが特徴である。企業側にとっては短期間で効果を得てI・II期の数年での契約終了やリスク回避ができるという長所があるものの、契約更新を繰り返し10年以上にわたってスポンサーとなる企業も存在する。その一方で、契約を結んだ企業の業績不振や破産による撤退、不祥事による契約解除の事例といった短所もあることから、リスクマネジメントは欠かせない。また、民間側の意向に契約更新が左右されることが多いことから、官と民との良好なパートナーシップ関係を構築して持続させることが必要不可欠といえよう。

最後が、「規制・誘導型」（民間活動支援等による地域活性化）である。事業が行われる空間（土地や施設）や事業内容は民間であるが、まちづくりや地域福祉のために、ビジョンの明示、規制、規制緩和、補助金、税制等の政策手段により行政が民間の行動をコントロール（支援）する手法とされ、特区や市街地再開発などがその事例となる[13]。

表8-2は、保健体育審議会答申でのスポーツ施設の整備指針*10の一部を

表 8-2　スポーツ施設の整備の指針と施設規模別にみた期待される運営者や機能との相関

施設の機能	主な施設の種類	施設の区分	施設の規模	期待される運営者	必要な機能
地域住民の日常的なスポーツ活動のための身近な施設	多目的運動広場	地域施設	コミュニティレベル施設	総合型地域スポーツクラブ（NPO取得）	継続的スクール
	多目的コート				クラブ会員サービス
	地域体育館				施設運営
	柔剣道場			住民組織	施設メンテナンス
	プール			施設管理会社	地域交流
市区町村全域に機能する施設	総合運動場	市区町村域施設	中規模自治体中核施設	フィットネスクラブ	施設運営
	総合体育館			施設管理会社	教室・プログラム
	柔剣道場			地元大学	施設メンテナンス
	プール			NPO等住民組織	地域交流
都道府県全域にわたる事業を実施するための施設	総合的な競技施設	都道府県域施設	大規模施設（観戦型施設等）	プロスポーツチーム	ホームゲーム開催
	総合的なトレーニング施設			都道府県体育協会	大会誘致・計画
	研究・研修施設			施設管理会社	教室・プログラム
	情報センター			イベント企画会社	施設運営
					競技団体調整

資料　左表：保健体育審議会「21世紀に向けたスポーツの振興方策について」1989年を簡略化
　　　右表：大竹弘和「スポーツ施設産業」原田宗彦編『スポーツ産業論［第6版］』杏林書院　2015年　pp.34-35を簡略化
出典　永田秀隆「スポーツ施設の捉え方とマネジメント」黒田次郎他編『スポーツビジネス概論4』叢文社　2021年　p.20

　表の左側に、スポーツ施設の規模ごとに期待される運営者（指定管理者）と施設経営において必要な機能を表の右側に示し、両者のかねあいを提示したものである。コミュニティレベル施設や中規模自治体中核施設では、総合型地域スポーツクラブが運営者として関わる事例も以前よりは多くなった。それゆえ、総合型地域スポーツクラブが地域住民の特性に応じたスポーツ需要創造活動を展開することで会員の増加を進め、脆弱なクラブ経営からの脱却を図ると同時に、住民参加型の仕組みを構築していけるような機運の高まりも期待したい。それゆえ、今後、地方公共団体は、先に説明したようなスポーツ資源調達活動を工夫したうえで、官民協働による様々なスポーツ需要創造活動を展開していくことによって、人々のWell-beingなスポーツライフの形成・定着を図っていくことが喫緊の課題である。

2 学校体育施設の有効活用

（1）学校体育施設開放の実情

　学校体育施設は、他の体育・スポーツ施設と比較すると、設置数が圧倒的に多く[*11]、たとえ移動手段がないとしても、小さな子どもや高齢者なども自分の足で向かうことができる場所にある、ということが最大の特徴である。つまり、地域の人々が運動やスポーツ活動をする場所としては極めて理想的

＊11　本章第1節2参照。

149

な立地条件といえる。

スポーツ庁が2021（令和3）年度に実施した「体育・スポーツ施設現況調査」[15] によれば、市区町村における公立学校体育施設開放状況（実施率）は、全国 1,739 市区町村の 86.0%（未回答 9.9%）となっている。具体的にみてみると、開放している市区町村（1,496）における小学校・中学校・高等学校（施設保有校）全体での施設種別開放状況は、「1. 体育館」（76.1%）、「2. 屋外運動場」（70.1%）、「3. 武道場」（41.1%）の順に多くなっている。また、開放の対象は、「学区（校区）に限らない・クラブ（団体）のみ」（62.8%）、「学区（校区）に限らない・個人利用も可」（20.3%）、「学区（校区）に限る・クラブ（団体）のみ」（13.9%）の順に多く、範域も狭くなく施設種別によっては個人利用も一定程度可能となっている。さらに、開放の頻度は「平日（月～金曜日）」（71.8%）、「土曜日」（79.5%）、「日曜日」（77.4%）といったように、年間を通じて定期的に開放されており、その時間帯も平日は「夜間のみ」（59.5%）、休日は「昼夜とも」（61.5%）がそれぞれ多くなっている。

一方、開放時の業務運営形態は、「教育委員会」（30.7%）、「開放校」（29.7%）、「運営委員会」（27.5%）と続き、「委託先の民間企業・スポーツ団体」が 5.7% である。また、「1. 利用予約・調整手続の改善」（55.6%）、「2. 開放校の負担軽減」（42.8%）、「3. 鍵の管理者の確保」（36.8%）、「4. 受益者負担の適正化」（30.0%）、「5. 使用料徴収事務の負担軽減」（24.1%）、「6. 予算の確保」（18.3%）などが開放事業運営上の課題（複数回答）として挙げられている。

このように、学校体育施設は人々の日常的な運動やスポーツ活動のための身近な「地域施設」として重要な役割を果たしていることがわかる。昨今、学校体育施設開放については、公共スポーツ施設を補完する機能だけではなく、学校と地域との「共同利用」化やコミュニティセンター化といった幅広い機能を期待する活用方策が提案されている[16]。しかし、これらの実現・充実には、利用団体等の関係者による連携と協働に基づく自主運営が求められるが、未だに教育委員会や学校への依存体質が残り、身近な学校体育施設が「新しい公共」*12 空間にはなり得ていない実態もみられる[16]。

（2）学校体育施設の有効活用事例

文部科学省[16] が整理した実践事例集の中から、官民協働による学校体育施設の有効活用の実践例についていくつか取り上げてみよう。また、スポーツ庁[18] は、地方公共団体が、学校体育施設を活用して、地域スポーツ環境を充実させ、スポーツ実施率の向上を図るために『学校体育施設の有効活用に関する手引き』を 2020（令和2）年3月に策定し公表している。

*12 新しい公共
これまで行政が独占していた公共サービスの提供について、地域住民、地域組織、NPO法人、企業等の民間の多様な主体も等しくそのサービスの提供者となりうるとの認識に立ち、官民が協働して地域社会を持続的に発展させていくという考え方である。このような考え方が最初に登場したのは、国が 2008（平成 20）年に策定した「国土形成計画」である[17]。また、この考え方は、内閣府の「新しい公共」円卓会議が 2010（平成 22）年6月4日に提示した『「新しい公共」宣言』によって広まっていったといってもよい。

①　学校開放と総合型地域スポーツクラブ

　熊本市の場合、総合型地域スポーツクラブ*13（以下「総合型クラブ」）の設立校区では、行政が総合型クラブへの学校体育施設の優先確保を行い、安定した活動の場を提供できるよう支援をしている。各学校には夜間開放管理人を配置し、施設の施錠や屋外施設の利用の可否など、利用者が安全に利用できるよう管理業務を行っている。しかし、総合型クラブがある校区に対しては、管理人業務を総合型クラブへ委託できるよう規程を改正し、学校施設の管理委託をしている。それは、総合型クラブが学校開放にかかわることによって、地域スポーツの推進だけではなく、総合型クラブの自律・自立的な活動を支える効果もあるからである。また、以前の仕組みでは施設使用が一部の人に限られていたが、総合型クラブが学校体育施設を管理・運営することで、今までスポーツをしていなかった地元の人たちもスポーツをする機会が多くなっている。さらには、地元の住民が学校体育施設を主に使うようになって使用マナーがよくなり、地元の誰が使用したのかもわかるようになったことで、学校側も連絡等がしやすくなったという。

＊13　第 7 章参照。

　一方、熊本市が 2008（平成 20）年から実施する文部科学省の「放課後子ども教室推進事業」でも、総合型クラブが子どもたちの安全・安心な居場所づくりを目的に年間 20 回程度のスポーツ教室を実施した結果、保護者にも好評で、子どもたちが運動をする機会の拡充につながり、また、本事業を実施した学校の運動部活動への加入率も増加し、様々な効果が出ている。このようなことから、総合型クラブのスタッフと子どもたちとの交流が活発化し、総合型クラブ会員の拡充や地域コミュニティの向上も図られている。

②　学校開放とクラブづくり

　横浜市にある総合型クラブ「まる倶楽部」は、20 数年前より学校施設利用団体の調整や自主事業を行ってきた中丸小学校「学校開放運営委員会」が母体となって、横浜市教育委員会生涯学習課の紹介で 2002（平成 14）年から取り組んだ「学校開放活性化モデル事業」を契機に、2009（平成 21）年に設立された。クラブの理念は、「ソーシャル・ボンド（社会的なきずな）」の機能をもつこと、換言すると、社会をつなぐ「地域の中核となる」クラブになる、ということである。

　まる倶楽部が中丸小学校の学校体育施設を管理するようになってからは、「同一種目を統一して対外的にオープンにする」という方法を採用している。例えば、まる倶楽部の卓球クラブでプレーする会員は、コーチの役割も担うようになり、一般の参加者（初心者等）への指導にあたるなどしている（バレーボールも同様の方法で実施）。また、2002（平成 14）年からはプールの空き時期を使ってカヤック体験を行い、使用期間が短いプールの有効活用

につなげた。神奈川県横浜市は水に恵まれた地域であり、カヤックに乗って水と親しむことは、地域文化のより深い理解や身体発達にもよい影響を与える（バランス競技はコアスタビライザーを有効に働かせるトレーニングとして最適で、他の競技のトレーニングの1つとしても有効である）。このカヤックは、学校教育活動のクラブにも取り入れられるとともに、一般の地域住民にも参加してもらうことで、まる倶楽部に30歳代の参加者が非常に多くなっているのにも貢献している。さらには、保育園や幼稚園、地区コミュニティセンターなどの周辺教育機関と連携するとともに、各小・中・高校の部活動や職業体験等への協力も積極的に行っている。

　このように、官民協働による学校体育施設の有効活用の検討が、単純な効率性の追求のみならず、人々の地域での豊かなスポーツライフにつながり、さらには地域の活性化に結び付いていくといった、関係するすべての人々の「連帯・協働」や「新しい公共」の形成として機能し、地域社会の持続的な発展に寄与することを大いに期待したい。

引用文献

1 ）中西純司「エリアサービス事業の進め方」柳沢和雄・木村和彦・清水紀宏編著『テキスト体育・スポーツ経営学』大修館書店　2017 年　p.60
2 ）文部科学省「我が国の体育・スポーツ施設」2010 年
3 ）文部科学省「体育・スポーツ施設現況調査」2018 年
4 ）スポーツ庁「我が国の体育・スポーツ施設―体育・スポーツ施設現況調査報告―（令和 5 年 3 月）」2023 年
　　https://www.mext.go.jp/sports/content/20220927-spt_stiiki-300000983_2.pdf
5 ）笹川スポーツ財団『スポーツライフ・データ 2022』2022 年
6 ）佐藤勝弘「運動施設の分類」宇土正彦・八代勉・中村平編著『体育経営管理学講義』大修館書店　1989 年　pp.66-67
7 ）文部科学省「体力・スポーツに関する世論調査（平成 25 年 1 月調査）」
　　https://www.mext.go.jp/sports/b_menu/toukei/chousa04/sports/1368151.htm
8 ）保健体育審議会「体育・スポーツの普及振興に関する基本方策について（答申）」1972 年
9 ）保健体育審議会「21 世紀に向けたスポーツの振興方策について（答申）」1989 年
10）永田秀隆「公共スポーツ施設の設置・整備状況に関する地域比較：保健体育審議会答申の整備指針に基づく M 県下の市区町村域施設の分析」『体育経営管理論集』第 1 巻　日本体育学会体育経営管理専門分科会　2009 年　pp.13-18
11）柳沢和雄「スポーツ施設の経営形態」宇土正彦・八代勉・中村平編著『体育経営管理学講義』大修館書店　1989 年　pp.181-183
12）内閣府 民間資金等活用事業推進室（PPP/PFI 推進室）「PPP/PFI の概要」
　　https://www8.cao.go.jp/pfi/pfi_jouhou/pfi_gaiyou/pdf/ppppfi_gaiyou.pdf
13）大竹弘和「スポーツ施設産業」原田宗彦編著『スポーツ産業論［第 6 版］』杏林書院　2015 年　pp.34-35
14）総務省「公の施設の指定管理者制度について」
　　https://www.soumu.go.jp/main_content/000451041.pdf
15）前掲書 4 ）
16）文部科学省スポーツ・青少年局スポーツ振興課「学校体育施設等の有効活用実践事例集（平成 24 年 3 月）」2012 年
　　https://www.mext.go.jp/a_menu/sports/jireisyu/__icsFiles/afieldfile/2014/05/30/1322682_01.pdf

17）澤田道夫「新しい公共」非営利法人研究学会編『非営利用語辞典』2022 年
18）スポーツ庁「学校体育施設の有効活用に関する手引き（令和 2 年 3 月）」2020 年
　　https://www.mext.go.jp/sports/content/20200331-spt_stiiki-1385575_00002_2.pdf

学びの確認

1.（　　　　）に入る言葉を考えてみましょう。

① 体育・スポーツ施設は「運動施設」のみならず、「（　　　　）設備・（　　　　）用具」や「（　　　　）施設」をも含めるとよい。体育・スポーツ施設の設置数は、「職場のスポーツ施設」を除くと多い順に「学校体育・スポーツ施設」「（　　　　）スポーツ施設」「（　　　　）スポーツ施設」となる。

② 体育・スポーツ施設の分類において、「主体的施設」か「従属的施設」かの（　　　　）によるものや、タイプ別の「（　　　　）運動施設」や「自然的運動施設」といった区分もできる。公共スポーツ施設は、日常生活圏のゾーニングにより、「（　　　　）施設」「市区町村域施設」「都道府県域施設」に分けられそれぞれの範域ごとに整備指針が示される。

③ 公共スポーツ施設の経営形態は大きくは「直轄」と「（　　　　）」とに区分される。公共スポーツ施設のマネジメント手法として、PPP は官民連携事業の総称であるが、代表的なスポーツ資源調達活動のうち、（　　　　）法に基づく（　　　　）と、2003（平成 15）年から施行された「（　　　　）制度」がある。「公有資産活用型」としては「施設命名権」と呼ばれる（　　　　）も有効活用されている。

④ 官民協働による学校体育施設の有効活用の検討が、関係するすべての人々の「連帯・協働」や「（　　　　）」の形成として機能することが期待される。

2. 市区町村レベルで考えると、その地域（地区）に設置している体育・スポーツ施設の数や質には何らかの格差があるものと思われます。そのことを問題とした場合、どのような改善・解決策が考えられるでしょうか。

....

....

....

....

体育管理からスポーツマネジメント

仙台大学／永田秀隆

大学時代

　私は大学では保健体育専攻（体育科）ということもあり、基本ジャージ（現在の職場でも特定学科の学生もそういう傾向が強いです）での通学（原チャリ）が当たり前でした。学内ではきっと浮いていたか、ひと目で体育科とバレていたかと思われます。本文で取り上げた事例からもわかる通り、バレーボールを専門としており、大学でもバレーボール部での活動が中心でした。3年生の途中からは主将をすることになり、授業中も練習内容を考えたりしていたので、講義の内容はあまり頭の中には残っておらず、適当な学生だったと反省しきりです。

　2年生の頃から研究室（ゼミ）に入った記憶がありますが、体育科の先生の中にバレーボールを専門とされている方がおり、まったく迷わずその先生のゼミにしました。その先生（仮にM先生）は、講義も担当しており、その担当科目の一つが「体育管理」でした。今でも持っている「体育管理学入門」という教科書を使用しての授業でしたが、当時の事はあまり記憶にございません（M先生すみません）。ですが大学院進学のきっかけを作っていただけたことに感謝いたします。ありがとうございました。

　4年生になり教員採用試験、どの学校段階（小中高）で受けようかと考え、一応小学校の参考書等を買いましたが、まったく手はつけていません。3つ上の学年に、高校もゼミも同じ先輩がいまして、その方が大学院に進学していたことを知りました。大学が自宅からの通いで一人暮らしに憧れていた私は、チャンスと思いその道を考えるようになりました。そのN先輩に入試の手ほどきを受けて、入試日前後もアパートに泊めていただきギリギリまで添削等でお世話になり、その結果合格できました（その節はありがとうございました）。その後N先輩はN先生となり、実は本書の編者でもあります。

大学院時代

　大学とは違う大学院へ進学したことで、正直場違いの所に来たなという印象でした。まわりには関東の垢ぬけた所の出身者が多く田舎もんの私は縮こまる一方です。

　ゼミは「体育経営学研究室」で、指導教員のYT先生は基本穏やか系ですが、たまに発する厳しい一言が重く、私にはボディーブローのように利いていったように思い出されます。YT先生には○○で頭を下げてもらうなど迷惑をかけることもありましたが、そのお陰で何とか今に繋がっています（ありがとうございました）。

　当時は「体育経営学」に関する書籍等も限られており、「経営学」関連の本を古本屋で探すことが多かったです。今は当学問領域の本も百花繚乱で逆に選ぶのが大変かもしれませんね。

就職

　大学院を修了し研究生をしている頃にYK先生が赴任され、その先生のツテで今の職場に勤務できました（ありがとうございました）。その頃には、「体育・スポーツ経営学」→「スポーツ経営学」と進んだ感じがします。本学での科目名は「スポーツ経営学」ですが、私のゼミは「体育・スポーツ経営学研究室」を名乗っています。その後「スポーツマネジメント」を名乗る学会や専門は「スポーツマネジメント」とおっしゃる方も出てきて、本書も『スポーツマネジメント』と相成りました。

　私のライフヒストリーと専門学問を雑に絡めましたが、大学からの37年間を振り返ると、特に、登場した4名の先生方のおかげで、やりがいのある仕事ができました。感謝申し上げます。いつまでもお元気でお過ごしくださいね。

　ありきたりですが、「人との出会いや縁を大切にしましょう！」ということです。

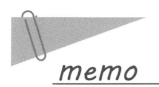

memo

なぜこの章を学ぶのですか？

　人々の Well-being 志向やウェルネス意識の高まりとともに、快適な運動・スポーツ空間の中で最上の経験価値をビジネスとして提供する民間スポーツ・フィットネスクラブの重要性が高まってきています。こうしたクラブビジネスの仕組みや実態を学ぶことによって、魅力的なスポーツ・フィットネスサービスを創造していくための技術や方法を理解することができます。

第 9 章の学びのポイントは何ですか？

　本章では、民間スポーツ・フィットネスクラブの社会的・経済的動向を理解したうえで、快適で魅力的なスポーツ・フィットネスサービスを開発・提供していくためのマネジメント（クラブビジネス）のあり方やイノベーションの方法について学習します。

＼ 考えてみよう ／

① 民間スポーツ・フィットネスクラブの市場（産業）規模はどのくらいなのかを考えてみましょう。

② 生活者（顧客）にとって快適で魅力的なスポーツ・フィットネスサービスを開発・提供するには、どのようなスポーツマネジメントを実践すればよいのでしょうか。

1 民間スポーツ・フィットネスクラブの動向

　スポーツやフィットネスにかかわる施設は、アリーナやスタジアムなどに代表されるように国や地方公共団体、関連省庁などが主体的に開発・運営するものと、フィットネスクラブやテニスクラブなどに代表されるように民間スポーツ・フィットネスクラブが開発・運営するものがある。近年は、いずれも利用者のニーズに対応して多様化・最適化の傾向が伺われる。とりわけ、民間スポーツ・フィットネスクラブについては、2000（平成 12）年以降、コンセプチュアルな小規模業態・サービスが多数開発され、広がってきており、こうした業態・サービスを展開する企業が、既存の大手企業を凌駕する勢いで成長してきている。

1 スポーツやフィットネスにかかわる関係者

（1）多様化するスポーツやフィットネスにかかわる関係者

　スポーツやフィットネスの社会的な価値を中心的に創出・拡充してきているのは誰で、どのような取組をして、どれくらいの経済価値を創出しようとしているのかについて、わが国のスポーツ関連政策を参考に探っていきたい。

　はじめに、「第 3 期スポーツ基本計画」[*1] では、「(6) スポーツの成長産業化」[1)] について「スポーツ市場を拡大し、その収益をスポーツ環境の改善に還元し、スポーツ参画人口の拡大につなげるという好循環を生み出すことにより、スポーツ市場規模 5.5 兆円を 2025 年までに 15 兆円に拡大することを目指す」という政策目標を掲げて、その現状を以下のように集約している。

- 日本プロサッカーリーグ（J リーグ）やジャパン・プロフェッショナル・バスケットボールリーグ（B リーグ）等の地域密着型のプロスポーツリーグ等において、地域とともに成長しようとする活動が拡大しつつある。

- 「第 2 期スポーツ基本計画」[*2] では、スポーツ市場規模を 2020（令和 2）年までに 10 兆円、2025（令和 7）年までに 15 兆円とする目標を掲げており、統計数値が利用可能な直近のデータである 2018（平成 30）年までは約 9 兆円と順調に推移。しかし、その後は新型コロナウイルスの感染拡大の影響を大きく受けている可能性がある。

　また、こうした現状を踏まえたうえで、「新型コロナウイルスの感染拡大の影響を受けたスポーツ産業を再び活性化させるとともに、成長産業化への道筋を明確なものとする」ことが今後の施策目標として掲げられ、主に❶地域経済の活性化の基盤となるスタジアム・アリーナ施設の整備、❷スポーツ団体と他産業（民間事業者）とのオープンイノベーションによる新しいビジ

*1　第 3 期スポーツ基本計画
第 12 章第 3 節 2 参照。

*2　第 2 期スポーツ基本計画
第 12 章第 1 節 2 参照。

ネスモデルの創出支援、❸国際市場へのスポーツコンテンツの輸出やデジタル技術の活用による新たなスポーツ市場（スポーツ観戦の提供やインバウンドの取り込み）の拡大、といった具体的施策が設定されている。

　以上からは、利害関係者として、国や地方公共団体、関連省庁に加え、当事者であるスポーツ団体やそれを経営・運営する民間企業、さらにはそれらをコンテンツとして配信するメディア企業なども含めて、「スタジアム・アリーナ」を拠点に、いわゆる、「する・みる・ささえる」という側面から、国際的な視野をもちデジタルテクノロジーなども活用して産業化をめざしていることがわかる。こうしたスポーツ政策とは直接的に関係しない民間事業者や学校法人などの独自の取組もあろうが、ここで挙げられた利害関係者、とりわけ、経営人材やその予備軍などが中心となり、既述の取組に対して積極的にかかわっていくことになるのだろう。

　続いて、フィットネスの産業化については、ヘルスケアサービスも含めた

図 9-1　ヘルスケア産業市場規模推計の改訂

●ヘルスケア産業の全体像を整理した上で、民間調査会社等が既に試算している各産業分野の市場規模を集計し、現状及び将来の市場規模を推計。2017年度調査時に2016年には約25兆円、2020年には約28兆円、2025年には約33兆円になると推計された。
●社会情勢の変化に応じた新たなヘルスケア領域の枠組みを整理し、市場規模の再推計を行う。

2017年度調査結果[※]

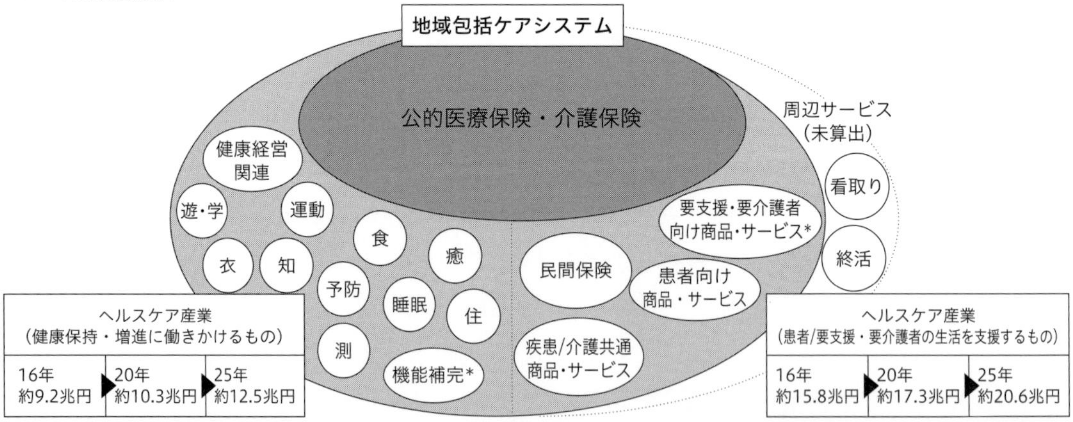

地域包括ケアシステム
公的医療保険・介護保険
周辺サービス（未算出）
健康経営関連
遊・学　運動　食　癒
衣　知　予防　睡眠　住
測　機能補完*
看取り　終活
要支援・要介護者向け商品・サービス*
民間保険　患者向け商品・サービス
疾患/介護共通商品・サービス

ヘルスケア産業（健康保持・増進に働きかけるもの）
16年	20年	25年
約9.2兆円	約10.3兆円	約12.5兆円

ヘルスケア産業（患者/要支援・要介護者の生活を支援するもの）
16年	20年	25年
約15.8兆円	約17.3兆円	約20.6兆円

No	論点	改善の方向性
1	「要支援・要介護者向け商品・サービス」の修正 ・「介護関連住宅」と「福祉用具」には介護保険給付分がすべて含まれている。	介護保険給付額/介護保険費を引いた数値に修正。 ※市場規模は8.3兆円から、4兆円程度に下がると想定。
2	デジタル分野への着目 ・2017年以降、5G等の技術革新によりデジタル化が加速しており、市場規模に大きな影響を与える可能性。	ヘルスケア市場に大きな影響を及ぼす新製品/サービスを調査し、追加・整理。（例：デジタルヘルス、ロボット介護機器等）

※　経済産業省委託事業。データの制約上、公的保険が数兆円規模で含まれている。
出典　経済産業省「第1回新事業創出WG　事務局説明資料（今後の政策の方向性について）」2021年　p.1

「ヘルスケア産業（公的保険外サービスの産業群）」としてより広く捉えると、経済産業省[2]が 図 9-1 に示している通り、かなり大きな市場規模（推計）となる。2016（平成 28）年の市場規模が約 25 兆円とすると、2025（令和 7）年には約 33 兆円になると推計されている[*3]。多様な領域で、いくつものサービスが創出され、フィットネス産業を含むヘルスケア産業としての成長が見込まれている。このうち、フィットネスマシーン等も含む「運動」領域の市場規模は、 図 9-2 にある通り、2016（平成 28）年に 7,100 億円、2025（令和 7）年には 1 兆 5,900 億円と推計されている。

このように、民間スポーツ・フィットネスクラブは、経済産業省が推計しているように、公的保険外の多様なサービス領域において、極めて大きな経済的価値をもたらすとともに、社会的価値までも生み出し、社会全体の Well-being（ウェルビーイング）の醸成や生活者のクオリティ・オブ・ラ

*3　ただし、今後、新たに産業化が見込まれる商品やサービス等、例えば、健康志向住居や健康関連アドバイスサービスなどは含まれていない。

図 9-2　ヘルスケア産業（公的保険外サービスの産業群）の市場規模（推計）の内訳

●2016 年のヘルスケア産業市場規模は、約 25 兆円、2025 年には約 33 兆円になると推計された。
●ただし、今後、新たに産業化が見込まれる商品やサービス等（例えば健康志向住居や健康関連アドバイスサービス）は含んでいない。

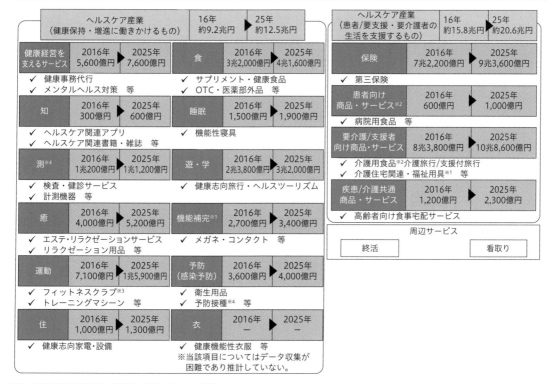

※1　保険内外の切り分けが困難であり一体として試算。
※2　施設向け／個人向けの区分が困難であり一体として試算。
※3　要支援・要介護者向けサービスの切り分けが困難であり一体として試算。
※4　自治体／企業等の補助と個人負担の切り分けが困難であり一体として試算。
出典　経済産業省「次世代ヘルスケア産業協議会 新事業創出ワーキンググループ（第 9 回）【資料 3】」2018 年　p.18

イフ（QOL）の向上に大きく貢献している。

（2）民間スポーツ・フィットネスクラブも多様化し、市場は成長へ

　商業スポーツ施設のなかでも民間スポーツ・フィットネスクラブは、2000（平成12）年までは、ジム・プール・スタジオという、いわゆる、"三種の神器"を備えた総合型フィットネスクラブの設立が目立った。しかし、かつて一世を風靡したこの総合業態も徐々にコモディティ化が進み、2000（平成12）年以降はそれに代わって、生活者の多様なニーズに的確に対応する様々な専門的業態・サービスが広がっていくことになる。

　「Curves」「Dr. stretch」「Anytime Fitness」「LAVA」「RIZAP」「chocoZAP」などのブランドを聞いたことがあろう。いずれも、2000（平成12）年以降に開発されたコンセプチュアルな小規模業態・サービスである。図9-3を見るとわかる通り、中央に総合業態を位置づけるとすると、それを取り囲むように4つの領域の業態・サービスが開発され、それらが総合業態の集客力を弱めることになる。現在、こうした新興の業態・サービスが、市場規模の割合のおよそ過半を占めるほどの勢いを増してきている。いってみれば、産業構造が変化してきているのである。

　今後も、こうした新しい業態・サービスが開発されるとともに、激化する競争を生き抜いてきた民間スポーツ・フィットネスクラブは、既存の業態・サービスを改善・改革するとともに、指定管理者制度を活用した公共スポーツ施設運営に着手したり、新しい業態・サービスを独自に開発したりするなどして成長していくため、フィットネス市場も活性化し、全体的に成長していくことは想像に難くない。もちろん、フィットネス市場だけではなく、周辺のヘルスケア市場も同様に多様化しながら成長していくことが予測される。

図 9-3　小規模業態における現在のポジショニング

2　民間スポーツ・フィットネスクラブの動向

（1）12 兆円を超える世界のフィットネス市場

　これまで、わが国のスポーツ政策とヘルスケア産業の市場規模から、民間スポーツ・フィットネスクラブの現状について概観してきたが、その領域では新興企業の業態・サービスも加わって多様化しつつも、中・長期的には市場が成長していく方向に動いているといってもよい。

　ここでは、世界的な視点から、フィットネス市場がどのように成長してきているのかについて追ってみたい。図 9-4 は、世界のフィットネス市場規模の推移を示しているが、コロナ禍前の 2019（令和元）年までの 19 年間で、年平均 4.17％の成長を続け、12 兆円を超える規模にまで成長している。ちなみに、2019（令和元）年の世界の民間フィットネス施設数は 20.5 万施設、総会員数は 1.85 万人、年間消費額（客単価）は 6.5 万円となっている。国際的なフィットネス協会 IHRSA（International Health, Racquet and Sportsclub Association）は、この時点で、2030 年の総会員数も 2.3 億人と推計している。なお、国際連合（国連）の "World Population Prospects 2022（WPP2022：世界人口推計 2022 年版）" では、2030（令和 12）年の世界総人口が 85 億人と推計されているので、世界のフィットネス参加率は 2.7％となる。

　しかし 2020（令和 2）年には、新型コロナウイルスの感染拡大が世界的大流行（パンデミック）となり、アメリカでは、フィットネスクラブの 17％が永久的に閉鎖した。「ゴールドジム」「24HOUR FITNESS」「TSI」など、都市部に集中出店していた多くの既存大手 8 社がロックダウンによ

図 9-4 世界のフィットネス市場の推移

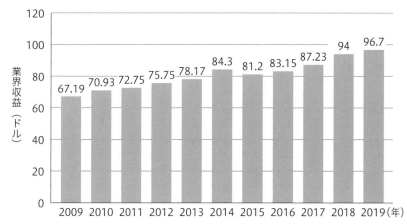

出典　Worldwide; IHRSA; 2009 to 2019

り経営が立ちいかなくなり、破産申請するなど、閉鎖撤退が相次ぎ、市場規模が急減した。2019（令和元）年に4.2兆円あった市場規模が1.75兆円になるなど、市場全体の約6割が消失し、100万人以上の従業員が失職した。

また、欧州でも同様で、ドイツでは、コロナ禍によるロックダウンにより市場が半減した。2022（令和4）年末時点でも、総施設数はピーク期（2019（令和元）年）のそれに及んでいない。2022（令和4）年末の総施設数は、9,149施設（前年比3.6％減）にとどまっている。総会員数は、前年比100万人増の1,030万人と増加している。個人事業主の閉鎖撤退が相次ぎ、チェーン展開企業の市場規模に占める構成比が高くなった。また、小規模のリハビリ施設は、法律的にも運営を続けることができたことから、コロナ禍の3年間で大きくその施設数を増加させた。ドイツの2022（令和4）年の市場規模は、6,860億円にまで回復してきているが、それでもピーク期の市場規模にまでは達していない（同水準にまで回復するのは2023（令和5）年9月と予測されている）。

（2）伸びしろの多いわが国のフィットネス市場

アメリカやドイツなど、欧米の主要国では、2023（令和5）年に入りコロナ禍が終息していくとともに、客足も急回復して、かつてのピーク期を上回る勢いがみられているが、わが国の回復だけは遅いといってもよい。本来、習慣的な健康づくりをサポートするフィットネス産業は、新型コロナウイルスから身体を守るエッセンシャルなサービスを提供し、国のインフラを担う産業である。なかでも、その自負が強い民間スポーツ・フィットネスクラブにとって、この状況は忸怩たる思いであろう。

表9-1は、コロナ禍前の2019（令和元）年からの4年間のわが国のフィットネス市場の業績推移である。2022（令和4）年の業績は、2019（令和元）年比で、売上高が1割ほど減、会員数が2割ほど減であることがわかる。つまり、コロナ禍によって、かつての「成功の方程式」が崩壊し、それが反転してしまったといってもよい。例えば、「都心の大型総合施設＆リアルサー

表9-1 フィットネス市場における主要指標の推移

	2019年	2020年	2021年	2022年
売上高	4,939億円	3,196億円	4,113億円	4,503億円
会員数	555万人	425万人	433万人	459万人
参加率	4.4％	3.38％	3.45％	3.68％
利用回数（年）	76.3回	63.8回	76.9回	85.2回
客単価（年）	88,945円	75,138円	95,083円	98,081円

出典 フィットネスビジネス編集部（クラブビジネスジャパン）作成

ビス」は「地方・住宅街での小型施設＆ハイブリッドサービス」に、「"混雑"が人気の証明」は「"（身体的）三密"を避けた安全・安心環境を用意」に、「値下げの努力、価格訴求」は「値上げの工夫、オプション商品販売による単価増」に、「委託・アルバイトを活用」は「社員による少数精鋭化を推進、委託・アルバイトで調整」に、「施設提供」は「個々人に最適化したサービス」に、それぞれ変化した。

2023（令和 5）年 3 月末時点で、業績回復が相当早い企業でさえもピーク期の売上高には至っていない。なかには、2020（令和 2）年 3 月期から 4 期連続の赤字決算という企業も散見される。また、この間の光熱費の高騰もあり、利益もピーク期に比べて半分以下の水準にとどまっており、新規会員がなかなか増えない中、利用回数や客単価が上昇してきていることからも想像できるように、ある意味、「ヘビーユーザー」化の兆しがみて取れる。

各企業ともに集客が思うように進んでいないため、新規入会者の受け入れ態勢を強化したうえで、値上げをしたり、付帯サービスを拡充したりするなどして、単価を高めるとともに、会員継続の促進につながる取組をより一層強化してきている。

とはいえ、既存の民間スポーツ・フィットネスクラブがまったく新しい価値を提供して新しい顧客を獲得しようとしていないわけではなく、例えば、フリーウェイトエリアを拡充してジムを 24 時間営業化したり、サウナを改修しコワーキングエリアを新設したり、パーソナルトレーニングブースやグループピラティスを導入したりするなど、カテゴリーエントリーポイント[*4]を増やし、各層に向けたプロモーション活動を展開し、集客につなげているクラブもある。また、これらに加えて、介護や介護予防、地域の自治体や学校、さらには企業の健康経営[*5]といった社会課題に対して、オンラインでのサービスなども絡めて積極的な取組をしているクラブもある。

既存の大手企業が苦しむ一方、前述した「Curves」「Dr.stretch」「Anytime Fitness」「LAVA」「RIZAP」「chocoZAP」などのブランドを展開する新興企業は、回復のスピードも速く、次々と新しい施策を打ち出し、成果をあげている。医療費・介護費などの社会保障費が年々高まる中、生活者一人ひとりが、自身の家族や、多額の保険料を継続的に支払いながらも健康維持に努めヘルシーな状態を維持している国民に迷惑をかけないように、生活習慣病対策として主体的に健康づくりに取り組むことが求められている今、各民間フィットネス事業者は、こうしたことに意識の高い層の欲求に対応したサービス・業態を創造していくことが大切になろう。

前述のように、本来、習慣的な健康づくりをサポートするフィットネス産業は、新型コロナウイルス感染症などから身体を守るエッセンシャルなサー

＊4　カテゴリーエントリーポイント
カテゴリーを想起するきっかけとして、そのカテゴリーが使用される「状況」や「目的」をいう。例えば、「痩せたい」「筋肉をつけたい」「リラックスしたい」「痛みをなくしたい」など。

＊5　企業等が従業員等の健康管理を経営的な視点で考え、企業理念に基づいて、従業員等への健康投資を戦略的に実践することによって、従業員の活力向上や生産性の向上等の組織活性化を図り、結果的に業績向上や株価向上につながることが期待される。
https://www.meti.go.jp/policy/mono_info_service/healthcare/kenko_keiei.html

ビスを提供し、国のインフラを担う産業でもあるので、SDGs に関心の高い若い世代がフィットネスのエシカルな側面に着目し、自己負担で予防に努めるようになれば、この産業が発展していくことは確実だろう。さらには、多くの人々が健康になれば、イノベーションを起こしたり、消費活動を積極化したり、他の人々とつながろうとしたりするようになり、Well-being な気持ちを抱く人々も増えていくことは想像に難くない。

2 民間スポーツ・フィットネスクラブのマネジメント

　民間スポーツ・フィットネスクラブの中で、大手既存企業が中心的に展開してきた業態が、ジム・プール・スタジオという、いわゆる、"三種の神器"を備えた総合型フィットネスクラブである。かつて一世を風靡したこの総合業態も、今では、かつてほどの集客力と収益性を持たなくなってきている。しかし、開発と運営のあり方によっては、まだ十分に存続可能である。一方、総合業態以外にも、そうしたノウハウを活かした複数の業態・サービスを展開し、ポートフォリオ経営を実践することで、安定的な成長を図ることもできるであろう。

1 「総合業態」をとるフィットネスクラブの開発と運営手法

(1)「総合業態」をとるフィットネスクラブのマーケティング

　先にも説明したが、既存の民間スポーツ・フィットネスクラブは、総合業態として、新しい価値を提供して新しい顧客を獲得するとともに、持続的に競争力を維持していくために、顧客志向のマーケティングを実践し、様々な創意工夫と努力をしている。いってみれば、顧客の課題やニーズに率直に向き合い、顧客がお金を払ってでも課題解決したいと思えるサービスを独自の資源を調達・活用して生産し提供していくというマーケティング活動を実行しているのである。

　図9-5 は、マーケティング活動の基本的なステップを示したものである。自社のビジョンやミッションなどについて事業関係者間でのコンセンサスを得たうえでアジェンダを決め、3C 分析[*6] などを用いて外部環境や内部資源等の現状を把握した後、マーケティングの心臓部といわれる STP 分析[*7] を実行していくのである。とりわけ、P（Positioning：ポジショニング）が肝になる。このポジショニング分析は、「価格が高い」「延床面積が広い」などのサービス提供者側の一方的な要因ではなく、「やさしい（プログラムが難

＊6　3C 分析
市場を構成する自社（Company）、顧客（Customer）、競合（Competitor）の3つの視点からビジネス環境の現状把握をするための分析枠組みのことである。これ以外にも、PEST 分析やSWOT 分析、および5F 分析などがある（第4章の＊3を参照）。

＊7　STP 分析
第4章第1節2参照。

図 9-5　マーケティング戦略策定プロセスの全体像

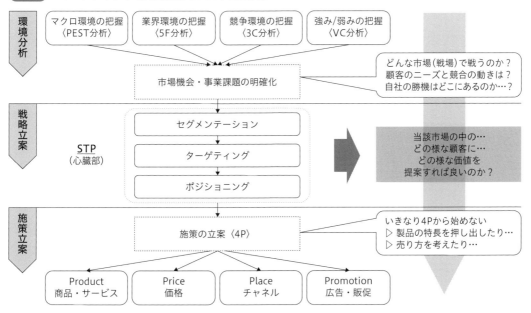

出典　金森努『3 訂版 図解よくわかるこれからのマーケティング』同文舘出版　2022 年　p.33 をもとに作成

しく、指導が厳しすぎない）」「家から近くて通いやすい」といった顧客側の「重要購買決定要因」（Key Buying Factor：以下「KBF」）などの中から可能性の高い 2 つを選び、その 2 軸（縦・横）を組み合わせて行われる。そのうえで、ポジショニング分析で得られたコンセプトに対応したマーケティング・ミックスを構築・実行し、コントロール（統制・評価）していくことが肝要である。

　その際、セグメンテーション（S:Segmentation）分析で明確にされ、ターゲティング（T：Targeting）分析で標的とされた対象顧客、例えば、「身体的な痛みを解消したい」や「体形を整えたい」という顧客層の KBF に対応したコンセプトに基づいて、マーケティング・ミックス（パーソナルトレーニングというフィットネスサービスなど）やいくつかのカテゴリーエントリーポイントを用意することで顧客の需要創造を図る必要がある。

（2）「総合業態」をとるフィットネスクラブのオペレーション

　このように、マーケティング活動を準備できたとしても、現場最前線での適正なオペレーション（スポーツ価値共創）がなされなければ、期待通りの成果をあげ続けることはできない。そのためには、図 9-6 のように、"As-Is（現在の状態）"のカスタマージャーニーを描いてみて、その中で品質が欠けている部分や勝負プロセスにすべき部分のサービスデザインを見直し、"To-Be（あるべき理想の状態）"のカスタマージャーニーに近づくよう努

図 9-6 カスタマージャーニーマップによるオペレーションの見直し

AS ISのカスタマージャーニーマップ

	STEP1 認知・興味	STEP2 行動&比較	STEP3 入会	STEP4 利用	STEP5 継続	STEP6 退会
Stage	自宅・通勤	自宅・会社	フィットネスクラブ	フィットネスクラブ	クラブ・自宅ほか	フィットネスクラブ
シーン	チラシ	スマホ・PC	スマホ・PC	施設	施設・web	施設
チャネル	広告	検索・HP・SNS・クチコミ	web・フロント	トレーナー	トレーナー	フロント
タッチポイント	自宅・通勤	自宅・会社	フィットネスクラブ	フィットネスクラブ	クラブ・自宅ほか	フィットネスクラブ
行動	施設、看板、チラシなどを見る	・HPなどweb情報をチェックする ・知人・友人に評判を訊く ・見学・体験を申し込む	・館内案内・体験をする ・入会案内を受ける ・入会申し込みをする	・チェックインする・測定 ・オリエンテーションする ・ロッカーで着替えチェックアウトする	・紹介キャンペーンの案内を受ける ・イベント参加の案内を受ける ・商品・サービスを勧められる	・退会届けを提出する ・退会理由を訊かれる
思考	ほかにもシェイプアップする方法はないのかなぁ？	友だちにも評判を聞いてみよう！	どのくらいお金がかかるんだろう？	トレーナーの方たちはやせ方を教えてくれるんだろうか？	習慣化できた！	お金がもったい無い
感情	本当に痩せられるのかなぁ？	セールスされるのはやだなぁ	もし続けられない場合はどうしよう	いろいろとやってみたい！	通うのが楽しい	飽きた！つまらない！

TO BEのカスタマージャーニーマップ

	STEP1 認知・興味	STEP2 行動&比較	STEP3 入会	STEP4 利用	STEP5 継続	STEP6 退会
Stage						
シーン						
チャネル						
タッチポイント						
行動						
思考						
感情						

出典 フィットネスビジネス編集部（クラブビジネスジャパン）作成

力していくことが重要である。

　日本の総合業態のクラブの場合は、欧米の市場とは異なり、ビルドアップやシェイプアップを求める生活者以上に、健康維持を求めるフィットネス初心者が多いため、入会からの1〜3か月間で適切な運動を中心とした健康づくりの習慣が定着するような初期定着サポートをしていく必要がある。しかし実際には、こうしたサポートを実現できているクラブは極めて少ないので、新規入会者の継続率などをKPI*8化すると同時に、初期定着プロセスを的確にデザインしたシステム・マネジメントを実践することができれば、クラブとしての競争優位性を確立することができるであろう。

　そのため、フィットネスクラブの新規入会者（特に、初心者）の継続利用を促す要因が何かを明確にすることができれば、顧客に運動を中心とした健康づくりを習慣化してもらうことができる。ノルウェーでは、フィットネスクラブの新規会員250人を対象に、入会後－3か月後－6か月後－12か月後というそれぞれのタイミングでアンケート調査を実施し、どのような心理的要因が継続利用に影響を与えたかを明確にしている[3]。この調査結果によれば、入会6か月後までは、「顧客満足」ではなく、「楽しさ」「自己効力感」「ソーシャルサポート」の3要因がポジティブな影響を与えていたという。また、6か月後以降は、「楽しさ」「持久力向上」「体重管理」「美容・外見」といった要因の影響力が低下していく一方で、「ストレス発散」「目標への挑戦」といった2つの心理的要因が高まっていくことが明らかにされた。し

*8 KPI
Key Performance Indicator の略で、「重要業績評価指標」と呼ばれている。

たがって、各クラブは、こうしたエビデンスを参考に、入会直後の初期定着サポート体制のオペレーションについて検討していくことが重要である。

　さらに、今後の総合業態のオペレーションにおいて重要なことは、一人ひとりの新規入会者の目的に寄り添って「顧客生涯価値」*9（Life Time Value：LTV）を高めるクラブマネジメントを展開していくことである。具体的には、入会後、顧客をナーチャリング（育成）しながら、段階的にアップグレードしていけるような「トリガー商品」を創って提案していくことで、顧客のロイヤルティを高めるオペレーションを実践していくことが大切である。例えば、入会 2 ～ 3 か月後に、「初めてパーソナル 3 回セット」（トリガー商品）をリーズナブルな価格で納得感をもって購入してもらえるように提案し、その後、「パーソナル会員」というこれまでよりも高い月会費の会員種別（ロイヤル顧客）へとアップグレードするよう働きかけるのである。

2 総合業態以外の業態・サービスへの取組

（1）既存企業が取り組むポートフォリオ経営

　総合業態を中心に展開している既存企業は、既存施設でのマーケティング上の様々な工夫に加えて、介護や介護予防、地域の自治体や学校、さらには健康経営といった社会課題に対して、オンラインでのサービスなども絡めて積極的な取組をしている。その一方で、新しい業態・サービスの開発に着手することも必須となってきている。

　こうした状況を加味すると、既存企業が事業リスクに対する脆弱性を超克し、倒産リスクを回避するためには、PPA*10 を活用した「ポートフォリオ経営」を戦略的に展開していく必要がある。つまり、クラブマネジメントの安定性を担保するためにも、無理のない範囲で、スイミングスクール事業や介護予防事業、および指定管理事業などにも参入することが望まれる。

（2）指定管理者制度を活用した公共スポーツ施設運営

　最近、石川県金沢市の北側に位置し、同市のベッドタウンとも言われる河北郡津幡町（4 市 2 町と隣接、総人口約 3.8 万人）において、わが国初の「指定管理予定者」という新たな指定管理者制度の仕組みが実現している。この津幡町では、町民が約 20 年前からプールの設置を要望し、長年、民間のフィットネス事業者に出店依頼もしていたが、実現しなかったという。

　しかし、2023（令和 5）年 4 月末にようやく、「アザレア」と命名された待望の屋内温水プールが同町の住吉公園内に完成することになったのであ

*9　顧客生涯価値
企業にとって、顧客 1 人が生涯にどれくらいの利益をもたらしたかを示す指標である。つまり、1 人の顧客が生涯を通じて自社にもたらす総利益である。

*10　PPA
第 4 章第 1 節 1 参照。

る。延床面積は 1,100 坪（3,373.84㎡）で、25m × 5 コースのメインプールと 25m × 3 コースの多目的プールに加えて、幼児プール、ジャグジー、温浴スパ（サウナ完備）、トレーニングルーム、スタジオ（兼 HOT スタジオ）、ロッカールームといったアイテムで構成され、総工費は約 14 億円（備品の購入費や開業費は別途。ただし、トレーニングマシンだけは（株）エイムが同町に寄贈）と言われている。隣接する公園に造成する運動場と野球場の整備にかかわる費用も含めると約 16 億円である。

＊11　PFI
1999 年 7 月公布の「民間資金等の活用による公共施設等の整備等の促進に関する法律」（PFI 法：Private Finance Initiative）に基づいて、民間事業者に公共事業を委ねる手法の一つである。つまり、民間事業者の資金や経営能力・技術力（ノウハウ）を活用して、公共施設等の設計・建設・改修・更新や維持管理・運営を行う公共事業の手法である（第 8 章第 3 節 1 参照）。

　当初は民間の資金等を活用する PFI[11] のスキームでも検討していたが、同町が国と補助金等の交渉をする中で、指定管理者制度でも実現できることになった。それも、単なる指定管理者ではなく、フィットネス施設の開発・運営にかかわる資源を十分に備えた民間フィットネス事業者である（株）エイム（以下「エイム」）が「指定管理予定者」として、基本設計の段階から同町プールの開発・運営を主導できる立場となったのである。全国初の「指定管理予定者」であり、エイムの担当スタッフは、現場での定例の建築工程会議にも参加して、プロジェクトマネジメントにあたっている。

　このように、エイムが企画・設計の段階からプロジェクトマネジメントを実践することで、公的施設の建築でよくみられる「ムダな費用」の流出防止や、完成後のプールの利用しやすさの確保（利用者や運営者）、およびランニングコストや再投資費用の高額化防止など、設置目的を十分に満たす効率的な開発・運営ができたといってもよい。加えて、このスキームであれば、エイムとしても、初期投資を抑えられ、誰もが満足できる理想的なフィットネスクラブ運営が実現できる。今後、こうした新しい指定管理者制度の仕組みが全国各地に普及すれば、各地の生活者の税金が無駄に使われることがなく、民間フィットネス事業者もその地域の生活者の健康・体力づくりや、Well-being な地域づくりにも大きく寄与することができるであろう。

写真 1

写真 2

3 民間スポーツ・フィットネスクラブにおける イノベーションの創出

　既存の業態・サービスは、いつか競争優位性が終焉する時が来る。そして、そのタイミングは年々早まってきている。したがって、常に、既存の業態・サービスの改善に取り組みながらも、次代の柱となるような新しい業態・サービスの構築と実装にも取り組んでいかなければ、企業は生き残り、成長していくことが難しい。民間スポーツ・フィットネスクラブは、新しい価値の創出というイノベーションをどのようにすれば実現できるのであろうか。

1 新しい業態・サービスの創出

（1）バイアスを取り除き、新しい価値を発見する

　民間スポーツ・フィットネスクラブにとって、新規事業としてイノベーションに取り組むことほど難易度の高いものはないだろう。しかし、既存事業の寿命が短くなってきている中、次代の柱になるような事業に取り組んでいかなければ、生き残りや持続的な成長はなし得ない。そのためには、顧客が新しい価値だと認識できる業態・サービスに関するアイデアを探索する必要がある。とはいえ、企業の多くは、フィットネス業界の既存の常識や既成の価値観がバイアスとして働き、顧客が感動するような新鮮な業態・サービスのアイデアを発見することができない。

　第 2 節では、STP 分析の中でもポジショニング分析から導き出されたコンセプトに対応したマーケティング活動の重要性について指摘したが、バイアスを除去して、新しい業態・サービスのアイデアを発見するには、「脱・平凡発想」のための 3 ステップ [4]（ 図 9-7 ）が有益な方法である。

図 9-7　「脱・平凡発想」のための 3 ステップ

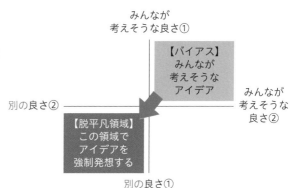

ステップ
1.みんなが考えそうなアイデア群が持つ
　「良さ」の方向性を言語化する
　・アイデア群の背景にある「暗黙の良さ」を見抜く
　・自分のやりたいアイデアから考えちゃダメ、
　　それは②でやる
2.それぞれの軸の反対側に「別の良さ」の
　キーワードをひねり出して書く
　・真逆を書くのではない（よくあるミス）
　・その良さに十分なサイズ感を感じるもの
　・ここで自分の偏愛を入れられるといい
　・業界のタブーを突く
　・他業界のうまい打ち手（組み木）が必要
3.左下の領域でアイデアを強制発想する

出典　細野慎吾「脱・平凡発想トレーニング講座」【資料】

（2）新規事業企画書を作成する

「脱・平凡発想」に基づいて発見した、新しい業態・サービスのアイデアを新規事業として企画書を整理・作成し、組織内や投資家に説明する場合、新規事業の「ストーリー」をうまく伝えることができるかが重要である。そうした新規事業企画書では、❶ WHY（なぜ？）＝新規事業に取り組む必要性や理由（担当部署としての理由や、社会的な必要性、および起案者個人としての理由など）、❷ WHAT（どんな課題に？）＝顧客ニーズの充足や顧客が抱える問題（課題）の解決に対する有効性、❸ HOW（どんな手段で？）＝ MVP（Minimum Viable Product：実用最小限の製品＝顧客に価値を提供できる最小限のプロダクト）の試験的開発・導入による「ショーン・エリステスト」（Sean Ellis Test）*12 結果の明示、❹ HOW MUCH（どのくらい利益が見込めるのか？）＝収益性（コストパフォーマンスや市場規模（TAM・SAM・SOM）など）の算出・提示（図 9-8 参照）、といった 4 つの骨格を明確にしておく必要がある。

＊12 ショーン・エリステスト
顧客となりそうな人に「もし製品を使えなくなったらどう思いますか？」と質問し、「非常に残念」と答えた人の割合を測定する方法である。一般的には、「非常に残念」と答えた人の割合は 40％がマジックナンバーであるといわれており、これ以上であれば PMF（Product Market Fit；製品・サービスが市場に適合し、利用され続けている状態）を達成していると判断することができる。

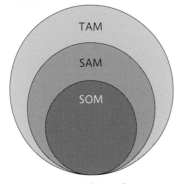

図 9-8　対象市場の規模

TAM

SAM

SOM

TAM：Total Addresable Market
→ある事業が獲得できる可能性のある全体の市場規模

SAM：Sarviceable Available Market
→ある事業が獲得し得る最大の市場規模

SOM：Sarviceable Obtainable Market
→ある事業が実際にアプローチできる顧客の市場規模

（例）カーブスの場合
総人口×10％
総人口×5％
総人口×1％

出典　東京 IPC ウェブサイト「TAM、SAM、SOM とは？意味や活用シーン、計算方法を具体例を交えて解説」
https://www.utokyo-ipc.co.jp/column/tam-market-size/

2 新しい業態・サービスの実現方法

（1）「バリュープロポジションキャンバス」の活用

顧客が新しい価値だと認識できるアイデアを新規事業企画書においてある程度まで特定化できたならば、図 9-9 のような「バリュープロポジションキャンバス」（Value Proposition Canvas：以下「VPC」）を活用して、新しい業態・サービスを具体化することが重要である。そのため、民間スポーツ・フィットネスクラブにとっての VPC とは、自クラブのスポーツ・フィットネスサービスと顧客のニーズとのギャップ（ズレ）を可視化し解消するた

めの分析枠組みであり、「顧客（会員）に提供する価値」を意味している。この VPC を用いることができれば、民間スポーツ・フィットネスクラブは既存のスポーツ・フィットネスサービスの改善・改良や新規スポーツ・フィットネスサービスの設計・開発を円滑に進めることができるであろう。

　具体的には、「1. 誰に何を提供するのかを決める」（❶バリュープロポジション（顧客への提供価値）、❷顧客セグメント）、「2. 顧客のニーズを把握する」（❸顧客が解決したい課題（問題）、❹顧客の利得、❺顧客の悩み）、そして、「3. 顧客に提供できる価値を決める」(❻自クラブのスポーツ・フィットネスサービス、❼顧客の利得（❹）をもたらすスポーツ・フィットネスサービスの内容、❽顧客の悩み（❺）を取り除けるスポーツ・フィットネスサービスの内容）、といった手順と方法で VPC を作成させていくのである。とりわけ、❸顧客が解決したい課題（問題）については、できる限り主観的な見方を排除して、顧客の立場（機能面・社会面・感情面）から客観的に吟味していくことが肝要である。そして最終的には、十分な資金を調達してPMF（Product Market Fit）[12] をめざしたスポーツ・フィットネスサービスの開発（❻）につなげていく必要がある。

図 9-9　バリュープロポジションキャンバス

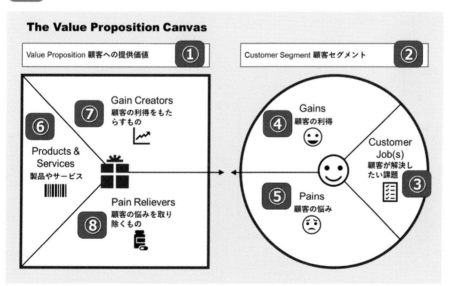

出典　MarkeTRUNK「バリュープロポジションキャンバス（VPC）の重要性と作り方、事例を解説」
https://www.profuture.co.jp/mk/column/7431（2023 年 9 月 12 日閲覧）に筆者加筆

（2）VPC の具体的な活用事例
①女性専用フィットネスクラブ・スポーツジム「カーブス」（Curves）

　「女性だけの 30 分フィットネス」を掲げるカーブス[13] は、国内店舗数

＊ 13　カーブス
ホームページ：
https://www.curves.
co.jp/

1,962店、会員数約77.7万人を誇る女性専用のフィットネスクラブ・スポーツジムである（2023（令和5）年8月末時点）。このカーブスは、"No Mens（男性なし）"、"No Mirror（鏡なし）"、"No Makeup（化粧不要）"といった「3つのNo」をコンセプトとして徹底し、中高年女性を中心とした顧客に支持されている。カーブスがこうしたコンセプトを開発し設定することができた背景には、VPCの活用（図9-10参照）があるのではないか。

　ここで最も注目すべきは、「安い・便利」といった機能的な価値よりもさらに深い、対象顧客の「心の声」（感情面）に応えるような課題解決を実現させている点である。具体的には、「男性の目にさらされる恥ずかしさ」「変わらない体型を直視しなければならない精神的ストレス」「身だしなみ（服装や身なりなど）に気を遣う手間」といった、中高年女性が言語化していなかった情緒的ニーズを的確に捉えて、これまでにはなかった「3つのNo」をコンセプトとしたスポーツ・フィットネスサービスの価値を提供することで、競合他社との差別化を図り、スポーツ・フィットネスビジネスを成功に導いたといってもよい。もしカーブスが競合他社を模倣したマーケティング戦略を策定し実践しようとしていたならば、こうした新しいコンセプトの開発と設定には至らなかったであろう。

図 9-10　これまでにない女性専用フィットネスクラブ：カーブスの場合

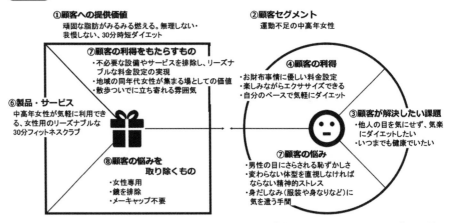

出典　株式会社 bridge ウェブサイト「顧客課題と提供価値を整理する『バリュープロポジションキャンバス』の使い方」を参考に筆者作成 https://www.bridgedesigners.com/topics/4039/

②ダイエットするなら「ライザップ」（RIZAP）

　「あなたを理想のカラダに導きます」を掲げるライザップ[14]は、国内店舗数168店、会員数（累計）約17.6万人の完全個室型プライベートジムである（2022（令和4）年3月末時点）。このライザップは、VPCを活用することによって、「結果にコミットする」高額高付加価値のパーソナルトレー

＊14　ライザップ
ホームページ：
https://www.rizap.
jp/

ニングサービスを提供することを決定したものと想像できる（図 9-11 参照）。
加えて、今では、国内店舗数が 1,160 店、会員数 101 万人（2023（令和 5）
年 11 月 14 日時点）にまで拡大しつつある、「簡単」「便利」で「楽しい」、
スマホ 1 つで通えるコンビニジムとして登場した chocoZAP（チョコザッ
プ）[15] も、こうした VPC を活用することで、民間スポーツ・フィットネス
クラブ業界のイノベーションとして創出されたのかもしれない。

＊15　チョコザップ
ホームページ：
https://chocozap.jp/

図 9-11　「結果にコミットする」ライザップの場合

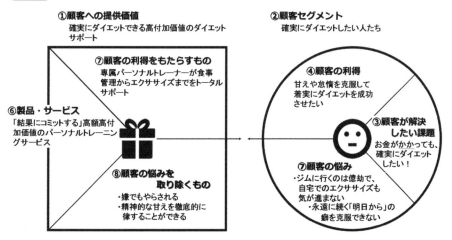

出典　株式会社 bridge ウェブサイト「顧客課題と提供価値を整理する『バリュープロポジションキャンバス』の使い
　　　方」を参考に筆者作成
　　　https://www.bridgedesigners.com/topics/4039/

引用文献

1 ）文部科学省「第 3 期スポーツ基本計画」2022 年　pp.50-51
　　https://www.mext.go.jp/sports/content/000021299_20220316_3.pdf
2 ）経済産業省が示すヘルスケア産業（公的医療保険外サービスの産業群）の市場規模に関する推計（出所　未
　　来投資会議構造改革徹底推進会合「健康・医療・介護」会合（第 5 回）資料　2018 年）
3 ）Christina Gjestvang et.al., Motives and barriers to initiation and sustained exercise adherence
　　in a fitness club setting—A one-year follow-up study. *Scandinavian Journal of Medicine &
　　Science in Sports*. vol.30, no9, Wiley, 2020.
4 ）細野真悟『リーンマネジメントの教科書—あなたのチームがスタートアップのように生まれ変わる—』日経
　　BP　2022 年

学びの確認

1.（　　　　）に入る言葉を考えてみましょう。

① 民間スポーツ・フィットネスクラブは、公的保険外の多様なサービス領域において、極めて大きな（　　　　　）をもたらすともに、（　　　　　）までも生み出し、社会全体の（　　　　　　　　　　）の醸成や生活者のクオリティ・オブ・ライフの向上に大きく貢献している。

② フィットネス市場は、世界的にも 2019（令和元）年までの 10 年間は、年平均数パーセントの（　　　）を続けてきていた。日本の同市場もその間に新興事業者が台頭し、（　　　　　）を提案、提供する業態・サービスを創出し、市場の成長を牽引してきた。

③ 総合業態を中心に展開してきた既存の民間スポーツ・フィットネスクラブは、対象顧客の課題に応えるべく改善、改革に取り組み、経営の持続性を保てるように努めている。特に、対象顧客の視点からその顧客課題に対応した（　　　　　　　　　）や（　　　　　　　）を再構築、実践していくことが求められている。

④ 既存のフィットネス事業者は、経営の安定化のため、総合業態以外の業態・サービスの開発にも取り組み、（　　　　　　　　）経営をめざすことが求められている。介護や介護予防、地域の自治体や学校、さらには健康経営と言った社会課題に対して、デジタルを活用するなどして対応していくことも求められている。また、公共スポーツ施設の運営・管理では、（　　　　　　　　）という新たな制度もみられる。

2. 民間スポーツ・フィットネスクラブにおいて、あなた自身が革新的な業態・サービスを創造し、イノベーションを創出していく場合、どのような VPC を作成しますか。実際に VPC を活用してみましょう。

パーパスを自問し、新しい時代に対応した フィットネスクラブをめざせ

:: *クラブビジネスジャパン／古屋武範*

　コロナウィルス感染症 COVID-19 による禍害の影響で、「スポーツジム」は、首相や専門家会議のメンバー、マスコミなどから、あたかも感染源であるかのような扱いを受け、不要不急なものとされ、真っ先に通うことを控えるようにと名指しされ、風評被害を受けることになった。営業停止を余儀なくされ、フィットネス運営各社は、倒産への危機感を抱きながら必死に生き残りのため、当座のキャッシュの調達に、またコスト低減や支払いのリスケジュールなどの交渉に、さらには会員さまへの対応、そして再開後の安全・衛生対策に奔走した。

　フィットネスは、必要なものなのではないのだろうか？否、まずそれが不可欠だという人がいる。特定の疾患にかかっているが、定期的に運動等の指導を受けることによって、なんとか健康状態を保っているという人にとっては、必須だ。こうした人以外にも多くの人々がよりよく活きるために、フィットネスを必要としてる。

　フィットネス運営各社は、それを求める人々がより取り組みやすいようなサービス・業態を整えることを懸命にしてきたのだろうか。ハード面への投資は過剰であったが、サービス面、ビジネスモデル面での創意工夫はどうであったか。フィットネスクラブは、もっとオーセンティシティ（欺瞞がなく、信頼できる本物らしさ）を大切にするべきではないか。もっと謙虚に顧客の立場になってサービス・業態を再構築すべきだろう。この点、イタリアのファッションデザイナー、ジョルジオ・アルマーニが、コロナ禍で危機にさらされているファッション業界について語った次の言葉が、示唆的である。

　「『（雑誌などで見た）アイテムを今すぐ買いたい』という一部の消費者の欲望を満たすためだけに、真冬なのに店ではリネンのドレスしか売っておらず、逆に真夏にはアルパカのコートしか置いていないような現状もおかしいと思う。服を買うときに、それが着られる季節になるまで半年以上もクローゼットで眠らせておくことを想定して買う人間がどれほど

いるだろうか？　いたとしても、ごく少数だろう。百貨店が始めたこの方法はいつの間にか定着してしまったが、間違っていると思うし、変えなければならない。今回の危機は、業界の現状を一度リセットしてスローダウンするための貴重な機会でもある。現在イタリアは全土封鎖の措置が取られているが、それが解除された際には、春夏コレクションの商品が少なくとも 9 月初旬まで店頭に置かれるように手配した。それが自然な姿だと思うので、今後もずっとそうするつもりだ。『オーセンティシティ』の価値も、これを機会に取り戻したい。ファッションをただコミュニケーションの手段として利用したり、軽い思いつきでプレ・コレクションを世界中で発表したり、やたらに大掛かりで派手なショーを開催したりするのはもう十分だ。意味のない金の無駄遣いであり、今の時代には不適切なうえ、もはや品のない行為に思える。特別なイベントだったはずのものを慣例だからと繰り返すのではなく、本当に特別な機会にのみ行うべきだ」。

　もしフィットネスがスポーツを日常化した気軽な（身体）運動であるとするならば、フィットネスは、スポーツ以上に日常の生活シーンに溶け込み、誰もがごく自然にできるものになる必要があろう。アフターコロナの時代に、生活者がニューノーマル（新常態）と呼ばれるようなライフスタイルを求めるようになるなら、フィットネスも、それに対応したものになるべきだろう。

　コロナ禍は、カスタマーセントリックな視点から、見直し、無駄を削ぎ、時間を経るごとに、価値あるものにしていくことの大切さに気づかせてくれたのではないか。顧客一人ひとりとエンゲージメントや信頼関係を築くことで効率的な運営をするためには、どうあらなければならないのか。私たちはもう一度自社や自分のあり方を考え、これからの時代にふさわしい取り組みをしなければならない。

プロスポーツ組織の マネジメント

なぜこの章を学ぶのですか？

　プロスポーツ組織では日々、ファンやスポンサー、地域社会からの理解と共感を得るためのマネジメントが繰り広げられています。その仕組みや実態を知ることで、魅力的な「観戦型スポーツサービス」が生み出されるための条件をより深く理解できるようになるはずです。

第10章の学びのポイントは何ですか？

　本章では、世界各国のプロスポーツリーグにみられる構造的な特徴に加えて、個々のプロスポーツクラブが展開する経営戦略の実態について学びます。また、プロスポーツ選手の法的地位や社会的責任、選手会やスポーツエージェントの役割についても説明を行います。

考えてみよう

① 世界各国のプロスポーツリーグにみられる構造の違いは、それぞれのリーグの魅力（面白さ）にどのような影響を及ぼしているのでしょうか。

② プロスポーツクラブは、自らのファン（顧客）を増やすために、人々のニーズや欲求にどのような対応をしていく必要があるのでしょうか。

③ トップアスリートの権利やWell-beingなスポーツライフを保障していくためには、どのような環境づくりや支援が必要になるのでしょうか。

1　プロスポーツリーグのマネジメント

　世界各国のプロスポーツリーグの構造は、それぞれのリーグが展開するスポーツの価値向上をめざした経営戦略の実態を色濃く反映しているだけではなく、各リーグを取り巻く歴史・文化・社会とも密接なつながりを有している。アメリカ（北米）やヨーロッパ（欧州）のプロスポーツ文化を柔軟に受け入れながら発展を遂げてきた、わが国のプロスポーツリーグにおいても、それぞれの競技特性や歴史的背景を踏まえた独自のリーグ構造が模索されている。

1　「アメリカ（北米）型」と「ヨーロッパ（欧州）型」

　世界各国のプロスポーツ[*1]リーグは、昇格・降格の有無（開放型または閉鎖型）[1)]、およびリーグ戦の放映権などといった諸権利の処理とその現金化に関する権限の所在（リーグ集権型またはチーム分権型）[2)]、という観点から、大きく4つのタイプに分類することができる[3)]（表 10-1 参照）。

表 10-1　各国プロスポーツリーグの構造

	閉鎖型	開放型
リーグ集権型	アメリカプロスポーツリーグ（NFL、MLB、NBA、NHL、MLS）	Jリーグ
チーム分権型	NPB	欧州プロサッカーリーグ（英国プレミアリーグほか）

出典　福田拓哉『FRM　プロスポーツ組織の顧客関係戦略』モシカ書房　2022 年　p.49 を一部改変

　例えば、北米4大プロスポーツリーグといわれる NFL・MLB・NBA・NHL をはじめ、メジャーリーグサッカー（MLS）といった「アメリカ（北米）型」プロスポーツリーグは、昇格・降格がない閉鎖型のリーグ形態を採用すると同時に、リーグ集権型の構造を形成している。それぞれのリーグでは、放映権料などの収入がリーグ組織の権限の下で一括管理され、これらの収入が各チームに分配されるレベニューシェアリングを導入している。同時に、選手年俸の上限額を設定し、これらの上限額を超過した場合には贅沢税（Luxury tax）などを徴収するといったサラリーキャップのほか、前年度の成績が下位のチームから順に選手の指名を行うというウェーバー式ドラフトなどの仕組みも存在する。ここで挙げた一つ一つの制度は、リーグ組織が権限を発揮しながら、チーム間における収入格差の是正と戦力均衡を図ることによって、「試合結果の未確定性」を担保した、エキサイティングな商品（ス

＊1　プロスポーツ
プロフェッショナルスポーツ（professional sports）の略語であり、競技や演技を通じて報酬を得るといった「職業として行われるスポーツ」のことを意味している。プロスポーツは、ゴルフやテニス、ボクシング、大相撲なども含めて多彩に存在するが、本章では野球やサッカーなどの競技を中心に説明を行っている。

ポーツプロダクト）を提供し続けることを可能にしているといってもよい。

　これに対して、イングランドのプレミアリーグやスペインのラ・リーガ、ドイツのブンデスリーガなどのフットボール（サッカー）リーグに代表される「ヨーロッパ（欧州）型」プロスポーツリーグは、毎年のリーグ成績によって昇格・降格が発生する開放型のリーグ形態となっている。また、それぞれのリーグに加盟するクラブは、各地域の歴史・文化・社会と密接なつながりを有していることから、フランチャイズ（本拠地占有権）制を採用するアメリカ型プロスポーツのように、チームの本拠地移転が生じるといったことがほとんどない[4]。こうした歴史的・文化的・社会的な背景のもと、ヨーロッパ型プロスポーツリーグでは、長年にわたってチーム分権型の構造が形成されてきた。したがって、毎年のようにリーグ優勝を繰り返すような「ビッグクラブ」と、経営規模の小さな地方クラブが混在している状況にある。その他、UEFA（欧州サッカー連盟）では、2011 年以降、主催大会に出場するクラブの財政健全化を促進することを目的とした「ファイナンシャル・フェアプレー規則（Financial Fair Play Regulations）」[*2]が導入されている。

　このように、国際競技団体（FIFA や UEFA など）によるガバナンス機能が働いている点も、ヨーロッパ型プロスポーツにみられる一つの特徴である。ただし、ヨーロッパ型プロスポーツリーグも、グローバルな市場競争への対応や各クラブに生じた莫大な負債の解消が図られる中で、レベニューシェアリングやサラリーキャップの導入に踏み出すなど、その一部にリーグ集権型の要素を組み込もうとする事例が散見されるようになっている。

2 わが国のプロスポーツリーグの構造

　わが国のプロスポーツリーグは、先に挙げた「アメリカ（北米）型」と「ヨーロッパ（欧州）型」の構造を参考にしつつも、これらの両方の特徴を柔軟に受け入れながら、それぞれ独自のリーグ形態を構築している。例えば、（一社）日本野球機構（NPB）に加盟する各プロ野球球団は、閉鎖型・チーム分権型のリーグ構造を形成している。そのため、放映権料などの契約は、各球団で個別に行われているほか、リーグ組織が各球団の予算繰りに干渉しないことから、球団間の資金力の差がそのままチーム力の差につながりやすい環境にあるといえる[5]。また、各球団の名称に企業名が入っていることが多くなっている点は、欧米諸国のプロスポーツとは異なった特徴でもある[6]。

　一方、サッカーＪリーグ（公益社団法人日本プロサッカーリーグ）においては、開放型・リーグ集権型の制度設計がなされてきた。Ｊリーグに加盟す

＊2　ファイナンシャル・フェアプレー規則（FFP）
クラブの財政破綻を未然に防止するため、人件費や移籍金などにかかわるクラブの支出が、サッカーを通じて得た収入（入場料、放映権料、スポンサー収入など）を上回ることが禁じられている。FFP に違反したクラブには、罰金や選手登録人数の制限、UEFA が主催する大会（チャンピオンズリーグやヨーロッパリーグ）への出場権剥奪などの制裁が科される。

＊3　Ｊリーグクラブライセンス制度
J1・J2・J3 の各クラブは、「競技基準」「施設基準」「人事体制・組織運営基準」「法務基準」「財務基準」といった５つのライセンス基準を充足することによって、リーグ戦への参加資格を得ることができる。Ｊリーグ入会をめざす JFL（日本フットボールリーグ）のクラブも、J3 ライセンスを申請することが可能である。

るためには、Jリーグクラブライセンス*³ の取得が必要になるものの、Jリーグ（J1・J2・J3）、JFL、地域リーグ、都道府県リーグの各リーグ間での昇格・降格が可能な仕組みとなっている。また、1993（平成5）年のリーグ開幕当初より、クラブ名から企業名を外し、地域名を冠することが、リーグ組織によって義務づけられてきたほか、放映権（公衆送信権）や商品化権などにかかわる収入の一括管理と分配（Jリーグ配分金）も行われている。

　2000 年代以降は、Bリーグ*⁴（バスケットボール）、Tリーグ（卓球）、Vリーグ（バレーボール）、WEリーグ（女子サッカー）、リーグワン（ラグビー）などの新たなスポーツリーグが誕生している。これらのリーグの多くは、加盟クラブに対して「地域社会と一体となったクラブ作り」を求めるなど、Jリーグが提案した「ホームタウン制」に大きな影響を受けている。ただし、現段階においては、閉鎖型リーグへの制度変更、企業スポーツからの段階的移行なども含め、それぞれの競技特性や歴史的背景を踏まえた、独自のリーグ構造を模索している状況にあるといってもよい。

*4 Bリーグ（B. LEAGUE）
ジャパン・プロフェッショナル・バスケットボールリーグの略称。2005（平成17）年にJBL（日本バスケットボール・リーグ）から独立する形で設立された「bjリーグ（日本プロバスケットボールリーグ）」と、JBLの後継リーグという位置づけにある「NBL（ナショナル・バスケットボール・リーグ）」が統合されたことによって、2016（平成28）年に発足した。

2　プロスポーツクラブのマネジメント

　　プロスポーツクラブの持続可能なマネジメントを実現していくためには、スポーツ需要創造活動による収益規模の維持・拡大に加えて、毎年のチーム状況や経済・社会の情勢などを踏まえた収支バランスの管理・調整が求められることになる。また、クラブを取り巻く多様なステークホルダー（利害関係者）の利害調整や合意形成を図りながら、多くの人々からの理解と共感を得ていくことも、プロスポーツクラブの重要な経営課題となっている。

1　プロスポーツクラブの収支構造

　プロスポーツクラブの収支構造は、各リーグの制度（リーグ配分金や普及・育成事業の有無など）によって若干の違いが存在するものの、それぞれの競技に共通した項目を確認することができる。

　はじめに、収入面では、主に入場料収入やスポンサー収入に加えて、放映権収入（またはリーグ配分金）、物販収入といった項目が存在する。これらの項目以外にも、賞金や移籍金などにかかわる収入のほか、Jクラブなどのように普及・育成事業を展開している場合には、スクールの会費や教材費などのアカデミー関連収入が計上されることもある。次いで、支出面には、試合関連経費、チーム人件費、トップチーム運営費のほか、販売費および一般

管理費などの項目が含まれる。加えて、株式会社の形態を有するプロスポーツクラブでは、法人税の納入などにかかわる費用が発生することになる。

　プロスポーツクラブには、スポーツ需要創造活動による収益規模の拡大だけではなく、毎年のチーム状況や経済・社会の情勢などを踏まえた収支バランスの管理・調整を通じて、身の丈に合った健全経営を展開していくことが求められる。このような背景から、わが国では昨今、営利部門（興行）と非営利部門（普及・育成事業）を別法人で運営する「ハイブリッド型スポーツクラブ」[*5] の形態を採用するクラブが増加するなど、その組織デザインにも様々な創意工夫が施されるようになってきている[7]。

2 プロ野球球団が展開するファン・マーケティング

　チーム分権型からなるプロ野球球団（セントラル・リーグとパシフィック・リーグ）では、「個別最適化」を志向した球団経営が長年にわたって展開されてきた。しかしながら、既存ファンの満足度向上や新規ファンの獲得を目的としたスポーツ需要創造活動（ファン・マーケティング）に関しては、時として、各球団による個別の努力だけでは解決することが困難な問題が生じることもある。こうした問題を解決するために、パシフィック・リーグ（パ・リーグ）においては、2007（平成19）年に6球団による共同出資のもとで、「パシフィックリーグマーケティング株式会社（PLM）」が設立された。PLMの設立を契機に、インターネットを活用した動画配信サービス（パ・リーグTV）や公式アプリ（パ・リーグ.com）、各球団ホームページの企画・運用・管理、そして、球団と事業人材のマッチングサービス（PLMキャリア）や国内外におけるプロモーションの展開など、パ・リーグの「全体最適化」をめざした球団経営が実現することになった。とりわけ、球団間の連携・協働を通じたスポーツ価値共創やマーケティング戦略の推進、各球団のPR（Public Relations）にかかわるコストの削減などが可能となった点は、MLBを模倣したリーグ単位ビジネスの成功例として注目に値する。

　また、昨今のプロ野球球団では、各球場（スタジアム）のボールパーク化に向けた動きが加速化している。とりわけ、各球団独自のスタジアムの保有者、あるいは公共スポーツ施設（野球場）の指定管理者[*6] となることによって、演出効果やホスピタリティの向上を通じた非日常的な感動体験をファンに届けることができるようになっている。また、単なる野球観戦だけにとどまらない多様な楽しみ方が提供できる空間を創出することで、試合前後の時間帯や試合が開催されない日にも、人々が当該球団を身近に感じられるよう

＊5　ハイブリッド型スポーツクラブ
例えば、アカデミー組織やサッカー教室の運営などといった「普及・育成部門」を、公益法人や特定非営利活動法人（NPO法人）の形態で運営することによって、税制上の優遇措置や公的支援の受け入れが比較的容易に行えるようになっている。また、その代表的なJクラブとして、湘南ベルマーレやモンテディオ山形、セレッソ大阪、東京ベルディ1969を挙げることができる。

＊6　第8章第3節1参照。

な仕掛けづくりが可能になっている。スタジアムや野球場などのボールパーク化は、経験価値[8]という、商品やサービスを利用した経験から得られる感動や満足感を提供するためのマーケティング戦略であるといってもよい。こうしたスポーツ価値共創を通じて最大化された経験価値を享受したファンは、その試合やイベントなどを好意的に評価し、より積極的な支援行動を展開するようになるのである[9]。

3 Jクラブのホームタウン活動が果たす機能

　Jクラブが展開する地域活動（ホームタウン活動）は、サッカー教室や学校・福祉施設訪問、高齢者の介護予防事業、地域の環境保全活動など、多岐にわたっている。これらの地域活動は、スポーツ需要創造活動を通じたファンベースの構築・拡大だけにとどまらず、地方自治体の代替サービスとしての機能[10]、さらには、企業の社会貢献（地域貢献）やイメージアップの手段としての機能を果たしてきたといってもよい。とりわけ、ホームスタジアムの建設・整備やその優先使用、周辺のインフラ整備などに関する行政からの支援獲得、地元企業との関係構築をめざすJクラブにとっては、地域内で公共性・公益性の高い活動を展開し、クラブを取り巻くステークホルダー（利害関係者）の理解と共感を得ていくことが重要な経営課題となってきた[11]。

　一方、2018（平成30）年以降のJリーグでは、「シャレン！（社会連携活動）」と呼ばれるプロジェクトが展開されるようになった。「シャレン！」とは、社会課題や共通のテーマ（教育、ダイバーシティ、まちづくり、健康、世代間交流など）に、地域の人・企業や団体（営利・非営利を問わず）・自治体・学校などとJリーグ・Jクラブが連携して活動する取組である。ここでは、各クラブと三者以上の協働者との共通価値の創造＊7が想定されることによって、サッカーとの関係性をこれまでもったことがなかったような企業やNPO、行政機関など、より多様な背景を有する組織・団体等とのスポーツ価値共創が実現するようになっている。加えて、「シャレン！」をキーワードとしたプロジェクトの開始を発端として、個々のJクラブをはじめ、これらの活動に参加・参画する多くの組織・団体等の「市民性（citizenship）」や「当事者性（ownership）」が発揮・醸成されつつある[13]。いうなれば、「シャレン！」にかかわる人々が、企業市民・行政市民・生活者市民といった様々な立場から、多様性や異質性に基づく自由で対等な人間関係やスポーツ社会を構築していくといった「スポーツ市民」[14]としての役割を担うようになってきたのである。

＊7　共通価値の創造（Creating Shared Value：CSV）
ポーター（M. E. Porter）とクラマー（M. R. Kramer）[12]によって提唱された、経済的価値（収益の向上など）と社会的価値（社会的ニーズへの対応や社会課題の解決）を両立させていくための経営戦略。

＊8　マネジリアル・
マーケティング
企業の存続・発展とカ
スタマー満足の実現を
めざした、企業の最高
経営者の意思決定に基
づくマーケティングで
あり、その本質は「売
れる仕組みづくり」「成
長の仕組みづくり」「顧
客基盤の仕組みづく
り」を基本とする市場
需要調整活動に見出さ
れる[15]。

＊9　ソーシャル・
マーケティング
ソーシャル・マーケ
ティングをめぐる立場
には、企業の市場問題
への対処活動に、単な
る企業利潤だけではな
い、社会価値追求の考
え方を導入していこう
とする「もう一つの潮
流」が存在している
が[17]、社会的価値の
創出を可能にするマー
ケティングのあり方を
追求しようと試みてい
る点において、それぞ
れの潮流には共通した
視点が存在している。

＊10　ABCD モデル
ビジネス化指標とロー
カル化指標からなる2
軸マトリックスを用い
たJクラブ経営の分析
視座であり、各Jクラ
ブは、①ビジネス化戦
略とローカル化戦略を
両輪とした経営を展開
する「先進型クラブ
（Type-A）」、②ビジネ
ス化戦略を先行的に実
践する「ビジネス志向
型クラブ（Type-B）」、
③ローカル化戦略を先
行的に実践する「コ
ミュニティ志向型クラ
ブ（Type-C）」、④ビジ
ネス化戦略とローカル
化戦略の両方が遅滞す
る「発展途上型クラブ
（Type-D）」の4タイ
プに分類することがで
きる。

こうした意味で、Jクラブのホームタウン活動は、スポーツの文化的価値の維持や向上、さらには、地域社会の持続可能な発展に対して、今後も大きな貢献を果たしていくことが期待されるであろう。

4　プロスポーツクラブ経営に求められる2つのマーケティング

プロスポーツクラブ経営においては、マネジリアル・マーケティングとソーシャル・マーケティングを相互補完的に展開するだけではなく、これらの2つのマーケティング戦略の間に相乗効果を生み出していくことが強く求められる。マネジリアル・マーケティング＊8とは、経営者による意思決定のもと、全社的な視点から市場の需要調整活動を展開するといった考え方を示している[16]。これに対して、ソーシャル・マーケティング＊9は、社会的に意味のある組織やアイデアの効果的な運用・遂行のために、企業経営などで培われたマーケティングの思想やノウハウを導入することを意味している[18]。

なかでも、「地域社会と一体となったクラブ作り」をめざすJクラブは、それぞれ組織の自立・自律的な経営を実現するための「ビジネス化戦略」と、向社会的行動を通じた地域社会への貢献・浸透を可能にする「ローカル化戦略」といった形で、こうした2つのマーケティング戦略を展開してきた。

しかしながら、Jクラブのビジネス化戦略とローカル化戦略の実践状況に関する調査・分析研究[19]では、各Jクラブが4つのタイプに類型化された「ABCD モデル」＊10（図10-1参照）を提示し、一部のJクラブにおいては、これら2つの戦略が相乗効果を生み出す関係性（Type-A、D）ではなく、トレードオフや二律背反の関係性（Type-B、C）として捉えられている可能性があることが実証的に明確にされている。それゆえ、プロスポーツクラブが持続可能なマネジメントを実現していくためには、ビジネス化戦略とローカル化戦略の相乗効果だけではなく、2つの戦略間に生じる矛盾・葛藤（マーケティング・ジレンマ）を超越していくための様々な「調整活動」が必要不可欠であるといってもよい。

図 10-1　「ABCD モデル」を用いた J クラブの類型化

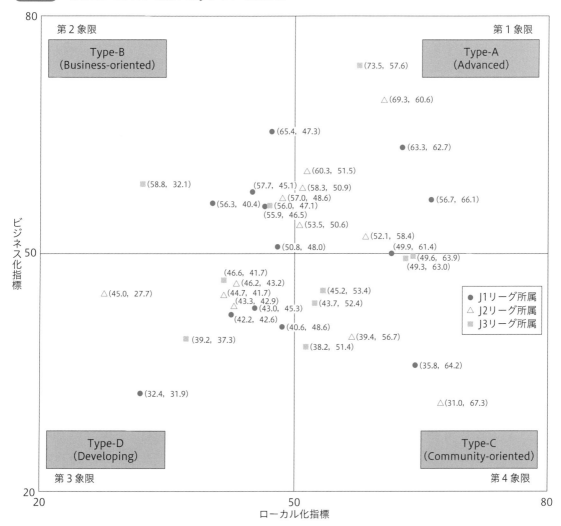

※ 1　（　）内の数値の前者はビジネス化指標、後者はローカル化指標の T 得点を示す。
※ 2　T 得点は 0 から 100 までの数値で表されるが、データの最小値・最大値を踏まえ、10 から 80 の範囲で表示している。
出典　山本悦史・中西純司「J クラブ経営におけるビジネス化戦略とローカル化戦略の諸相：ABCD モデルを用いたマーケティング・ジレンマの発生可能性の推察」『スポーツ産業学研究』第 32 巻第 1 号　2022 年　pp.97-116 をもとに筆者作成

3 プロスポーツ選手のマネジメント

スポーツ価値の最大化をめざす過程において、プロスポーツ選手の法的・社会的地位の向上は必須の課題である。プロスポーツ選手のもつ権利や Well-being なスポーツライフを保障していくためには、競技団体やリーグ・クラブ・球団による制度設計や環境整備に加えて、「選手会」や「スポーツエージェント」が適切に機能していくことが肝要である。

1 プロスポーツ選手の法的地位と社会的責任

　プロスポーツ選手の労働者性、すなわち、これらの選手が「労働者」であるか否か（あるいは、「個人事業主」であるか否か）という問題は、これまでにも多くの議論がなされてきた。他方、プロスポーツリーグに所属する選手が被雇用者（employee）として明確に位置づけられているアメリカに対して、わが国のプロ野球選手やJリーガーなどに代表されるプロスポーツ選手は、様々な法律によって異なる取り扱いを受けている状況[19]にある（図10-2参照）。その意味で、プロスポーツ選手の権利保障やその法的地位をめぐる問題については、まだまだ十分な議論が尽くされているとは言い難い状況にある。

　ただし、プロスポーツ選手の法的地位（または社会的地位）をめぐる議論を展開していく際には、その権利や存在意義を一方的に主張または擁護するだけではなく、プロスポーツ選手が果たすべき社会的責任を明確化するといった視点があわせて求められることになろう。佐伯年詩雄は、プロフェッショナリズムの真髄を「公共性・社会的貢献性の自覚に立つ高い志」[21]に見出している。それは、プロフェッション（profession）という言葉が、当初は「聖職者」を意味しており、その後に医者や弁護士などといった「専門職」に対する総称となったことに由来している。このように、プロスポーツ選手の役割は、「カルチャーとしてのスポーツの発展に献身する使命を請け負うこと」[22]にあり、こうした専門的な仕事を行う人々への敬意と社会的報酬のシステムが、プロスポーツを成立させてきたのである。

　一方、スポーツと社会の関係性が流動的に変化している現代社会において、スポーツ文化に対する貢献のあり方は、多様化・複雑化の一途をたどっていると考えるべきであろう。実際に、プロ野球では1999（平成11）年から、優れた社会貢献活動を実施した選手に対して「ゴールデンスピリット賞」（報知新聞社主催）の表彰が行われるようになったほか、Jリーグでは2003（平

図 10-2　プロ野球選手の法的地位の現状（概念図）

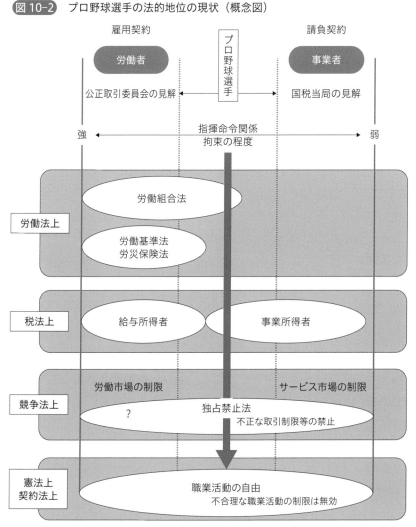

出典　グレン . M. ウォン・川井圭司『スポーツビジネスの法と文化―アメリカと日本―』成文堂　2012 年　pp.27-31 に筆者加筆修正

成 15）年度から選手の社会貢献活動が義務化された。こうした事例以外にも、公益財団法人日本財団は、2017（平成 29）年から、アスリートの社会貢献活動を推進する「HEROs Sportsmanship for the future」というプロジェクトを開始している。多くの人々からの尊敬を集める偉大なトップアスリートたちの振る舞いを目の当たりにすれば、今日におけるプロスポーツ選手（トップアスリート）の社会的な責任や役割が、必ずしも「プレイ（競技）すること」だけに限定されるわけではないことは明らかであろう。こうした意味で、今後は、「アスリートアドボカシー」*11 をめぐる人々の反応や各スポーツ組織の動向などについても注視していくことが求められる[24]。

＊ 11　アスリートアドボカシー
「人々を社会問題へ巻き込むことを目的とした、アスリートによる説得行動」[23] と定義される。具体的には、アスリートによって行われる。社会的・政治的な問題（人種差別やジェンダー差別、戦争・紛争など）に関する啓発活動を指す。

2 選手会の存在意義

＊12　球界再編問題
2004（平成16）年、大阪近鉄バファローズが親会社の経営不振を理由として、オリックス・ブルーウェーブとの合併を決定したことが発端となっている。同年には、福岡ダイエーホークスのソフトバンクへの売却、選手獲得をめぐる金銭の不正授受問題（一場事件）などといった多くの問題が浮上したほか、楽天ゴールデンイーグルスの新規参入といった新たな動きも生じることになった。

　わが国のプロ野球における球界再編問題[＊12]が勃発した2004（平成16）年、日本プロ野球選手会によって史上初のストライキが決行された。こうしたストライキ（争議権の行使）が可能になったのは、労働組合法上、プロ野球選手が「労働者」という位置づけにあり、リーグ組織に対する諸権利（団結権・団体交渉権・団体行動権）が保障されていたからであるといえよう。それ以前にも、日本プロ野球選手会は、リーグ組織との労使交渉を通して、最低年俸の引き上げ、ポストシーズンの確立、球場の安全対策、年金額の引き上げなどといった労働条件の向上に大きく貢献してきた[25) 26)]。

　それと同時に、プロスポーツの選手会では、選手のセカンドキャリア支援、チャリティーマッチ、チャリティーオークションなどといった多彩な活動が展開されてきた。これは、日本プロ野球選手会や日本プロサッカー選手会が、労働組合としての側面だけではなく、公益法人（一般社団法人）としての側面を有しているためでもある。また、日本プロサッカー選手会では、2022（令和4）年以降、プロサッカー選手への興味・関心を喚起する話題づくりを目的として、選手同士の投票でその年の最優秀選手を決定するといった活動も開始されるなど、今日の選手会の取組はより幅広いものになっている。

　さらに、国際的には、労働法制における団体交渉の枠組みを基礎として、競技団体やリーグが、選手会への情報開示と定期的な意見聴取を図りながら、従来の規程の見直しや新たな制度設計に選手の声を反映させていくといった潮流がみられる[27)]。スポーツを選手自らの手でマネジメントする場と機会が生まれつつあるといった意味において、選手会は「選手自身が市場経済社会の中で自立できる（仕事のできる）人間になること」[28)]を下支えする役割を果たしている、といっても過言ではなかろう。

3 スポーツエージェントの役割とその影響力

　スポーツをめぐる諸権利のビジネス化が進展し、プロスポーツの市場規模が拡大していくにつれ、チームとの契約や移籍にかかわる代理交渉を担うスポーツエージェント（スポーツ代理人）の存在感が強まることになった。スポーツエージェントは、選手に代わって彼らの活躍や貢献度、その将来性を評価し、チームや球団に正当に評価を求めるための業務として存在しており、その役割は大きく以下の3つに分類されている[29)]（図 10-3 参照）。

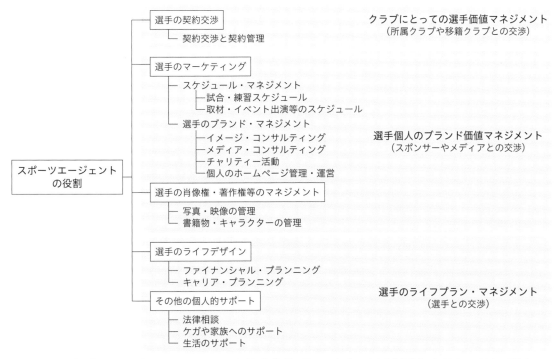

図 10-3　スポーツエージェントの役割

出典　原田宗彦「スポーツ・エージェント」山下秋二・原田宗彦編著『図解スポーツマネジメント』大修館書店　2005 年　p.91 を一部改変

　第 1 は、所属チームまたは移籍チームとの間で選手契約（契約金、報奨金、移籍金、契約期間、その他の環境など）に関する交渉を行う「クラブにとっての選手価値マネジメント」である。第 2 は、スポンサーやメディアなどとの交渉（肖像権や著作権の使用、取材やイベント参加のスケジュールなど）にかかわる「選手個人のブランド価値マネジメント」である。第 3 は、選手個人の財務管理やキャリア・プランニング、けがや家族に対するサポートなどといった「選手のライフプラン・マネジメント」が挙げられる。ただし、実務レベルにおいては、エージェント（チームとの契約交渉）とマネジメント（メディア出演やスポンサー契約などをめぐる交渉やライフプラン・マネジメント）のそれぞれにかかわる業務・担い手が峻別されることもある[30]。

　また、今日、CAA、Wasserman、WME Sports などのように、アスリートのエージェント業務を組織的に展開する企業（スポーツエージェンシー）が、他社の買収などを繰り返しながら巨大化し、スポーツ界に多大な影響を及ぼしている。これらのスポーツエージェンシーは、数百人から数千人にも及ぶアスリート、またはクラブとの間に契約を結び、選手契約における契約金や移籍金の一部を報酬（手数料）として受け取るといったビジネスモデルを形成している。

　その一方で、こうしたスポーツエージェントの台頭は、選手年俸の高騰や

選手契約をめぐる不正行為などの問題を招いてきた[31)]。そのため、一部の競技では、エージェントに対する規制や認証制度を設けながら「環視体制」[32)] の維持・強化を図ろうとする事例なども確認される。

引用文献

1）S. シマンスキー・A. ジンバリスト（田村勝省訳）『サッカーで燃える国 野球で儲ける国―スポーツ文化の経済史―』ダイヤモンド社　2006 年　pp.4-6

2）種子田穣『アメリカンスポーツビジネス―NFL の経営学―』角川学芸出版　2007 年　p.18

3）福田拓哉『FRM プロスポーツ組織の顧客関係戦略』モシカ書房　2022 年　p.49

4）西崎信男『スポーツマネジメント入門―プロ野球とプロサッカーの経営学―』税務経理協会　2015 年　pp.50-51

5）小林至『野球の経済学』新星出版社　2022 年　p.97

6）前掲書 3）p.49

7）谷塚哲『地域スポーツクラブが目指す理想のクラブマネジメント　ソシオ制度を学ぶ』カンゼン　2011 年　p.193

8）B. J. パイン II・J. H. ギルモア（岡本慶一・小髙尚子訳）『[新訳] 経験経済―脱コモディティ化のマーケティング戦略』ダイヤモンド社　2005 年

9）押見大地「スポーツイベントの魅力とファンづくり」『AD STUDIES』第 67 巻　吉田秀雄記念事業財団　2019 年　pp.24-29

10）武藤泰明「プロスポーツクラブの地域密着活動の意味と意義は何か」『調査研究情報誌 ECPR』第 1 号　えひめ地域政策研究センター　2009 年　pp.3-8

11）山本悦史「第 17 章 J クラブによる地域貢献活動の新展開―ソーシャルガバナンス論からのアプローチ―」有賀郁敏編『スポーツの近現代―その診断と批判―』ナカニシヤ出版　2023 年　p.427

12）M. E. ポーター・M. R. クラマー（DIAMOND ハーバード・ビジネス・レビュー編集部訳）「経済的価値と社会的価値を同時実現する 共通価値の戦略」『Harvard Business Review』2011 年 6 月号　ダイアモンド社

13）前掲書 11）p.439

14）山本悦史「第 4 章 スポーツガバナンス」山下秋二・中西純司・松岡宏高編著『図とイラストで学ぶ新しいスポーツマネジメント』大修館書店　2016 年　p.48

15）中西純司「第 9 章 スポーツマーケティング・アプローチ」山下秋二・原田宗彦編著『図解スポーツマネジメント』大修館書店　2005 年　p.106

16）同上書　p.106

17）嶋口充輝『マーケティング・パラダイム―キーワードで読むその本質と革新―』有斐閣　2000 年　p.230

18）同上書　p.230

19）山本悦史・中西純司「J クラブ経営におけるビジネス化戦略とローカル化戦略の諸相：ABCD モデルを用いたマーケティング・ジレンマの発生可能性の推察」『スポーツ産業学研究』第 32 巻第 1 号　日本スポーツ産業学会　2022 年　pp.97-116

20）グレン . M. ウォン・川井圭司『スポーツビジネスの法と文化―アメリカと日本―』成文堂　2012 年　pp.27-31

21）佐伯年詩雄『現代企業スポーツ論―ヨーロッパ企業のスポーツ支援調査に基づく経営戦略資源としての活用―』不昧堂出版　2004 年　p.264

22）佐伯年詩雄『現代スポーツを読む―スポーツ考現学の試み―』世界思想社　2006 年　p.133

23）小木曽湧・舟橋弘晃・間野義之「アスリートアドボカシーに対する人々の反応：献身性と適合性がもたらす影響」『スポーツ産業学研究』第 33 巻第 2 号　日本スポーツ産業学会　2023 年　pp.125-140

24）同上書　p.136

25）阿部武尊「労働組合日本プロ野球選手会の労使交渉過程：1985-1993 年を中心に」『スポーツ史研究』第 29 号　スポーツ史学会　2016 年　pp.15-25

26）阿部武尊「労働組合日本プロ野球選手会の労使交渉過程：1993-2004 年を中心に」『スポーツ史研究』第 30 号　スポーツ史学会　2017 年　pp.31-40

27）川井圭司「アスリートの組織化：選手会をめぐる世界的動向と日本の課題」『日本労働研究雑誌』第 688 号　日本労働研究機構　2017 年　pp.95-103

28）山下秋二「『スポーツビジネスがスポーツを亡ぼす』に反論する」『体育科教育』第 54 巻第 1 号　大修館書店　2006 年　pp.16-19

29）藤本淳也「スポーツエージェント」中村敏雄・髙橋健夫・寒川恒夫・友添秀則編『21 世紀スポーツ大事典』大修館書店　2015 年　pp.184-188

30）水戸重之「第 9 章　スポーツ・エージェントの実務」早川武彦編著『グローバル化するスポーツとメディア、ビジネス』創文企画　2006 年　p.137

31）石堂典秀「アメリカにおけるスポーツ代理人規制：エージェント規制に関するメジャーリーグ選手会（MLBPA）規則を中心として」『CHUKYO LAWYER』第 22 巻　中京大学法科大学院法曹養成研究所　2015 年　pp.1-16

32）原田宗彦「第 7 章　スポーツ組織のビジネス環境　3. スポーツ・エージェント」山下秋二・原田宗彦編著『図解スポーツマネジメント』大修館書店　2005 年　pp.88-91

学びの確認

1.（　　　　　）に入る言葉を考えてみましょう。

① 「アメリカ（北米）型」プロスポーツリーグを象徴する制度として、放映権料など
の収入が各チームに分配されるといった（　　　　　　　　　　）、選手年俸の上
限額を設定するといった（　　　　　　　　　　）、前年度の成績が下位のチーム
から選手の指名を行うといった（　　　　　　　　　　）などを挙げることができ
る。

② プロスポーツクラブ経営においては、経営者による意思決定のもと、全社的な視
点から市場の需要調整活動を展開する（　　　　　　　　　　）と、企業経営など
で培われたマーケティングの思想やノウハウを活用し、社会的に意味のある組織や
アイデアを効果的に運用・遂行する（　　　　　　　　　　）という、2つのマー
ケティング戦略の間に（　　　　　　）を生み出していくことが強く求められる。

③ 日本プロ野球選手会や日本プロサッカー選手会は、リーグ組織などとの労使交渉
を行う（　　　　　　）としての側面と、公共の利益を目的とした活動を展開する
（　　　　　）としての側面を有している。

**2. プロスポーツクラブで働く人々（例えば、フロントスタッフや普及・育成ス
タッフなど）が、自らのクラブを「地域から愛される存在」にしていくために
は、どのような力量（能力や知識、態度）を身につける必要があるでしょうか。
あなた自身の考えを書いてみましょう。**

....

....

....

....

プロスポーツクラブは誰のものか？

新潟医療福祉大学／山本悦史

▌「株式会社」として運営される J クラブ

J リーグに加盟するすべてのクラブは、「株式会社」として運営されています。プロスポーツクラブが「株式会社」の運営形態を採用することによって、資金調達の容易さと意思決定の迅速さといったメリットが得られる一方で、クラブの経営が株主の意向に左右されやすくなるといった問題が生じてしまうこともあります。

実際に、J クラブの株主構成に目を向けてみると、1 つの企業が保有する株式の割合が 50％を超えていることがあります（こうした企業を「親会社」と呼びます）。この場合、クラブの意思決定には、親会社の意向が強く反映されることになります。加えて、J リーグでは 2022 年、それまで実質的に認めてこなかった「J クラブの株式上場」が解禁されました。不適正株主（J リーグ理念に反する企業など）によるクラブ株式の大量保有を防止する規制などは存在するものの、国内外の様々な企業・投資家にクラブが買収される可能性が高まっているのです。

したがって、今後はプロスポーツクラブのガバナンス、すなわち、それぞれのクラブが、誰によって、どのような形で運営されているのかといった点に注目することが、これまで以上に重要になるといえます。ここでは、海外の事例などにも触れながら、プロスポーツクラブの運営形態のあり方について考えてみましょう。

▌ソシオ、サポーターズトラスト、50 + 1 ルール

スペイン（ラ・リーガ）の FC バルセロナをはじめとするプロサッカークラブでは、一般市民などから会員を募り、会員によって支払われる会費を基盤とした運営がなされてきました。クラブの会員は「ソシオ（socio）」と呼ばれ、チケットの優先獲得権や年間チケットの購入権だけではなく、クラブの会長・役員選挙に対する投票権を有している点に特徴があります。また、クラブの決算も、ソシオの代表（代議員）が出席する総会によって承認されるといった仕組みになっています。このように、世界的なビッグクラブにおいても、ソシオをオーナーとする民主的な運営が展開されてきたのです。

これに対して、イングランド（プレミアリーグ）では、莫大な資金力を有するオーナー（投資家）のもとで選手の補強が行われ、急速な成長を遂げるクラブが存在する反面、チケット料金の高騰や劣悪なスタジアム環境など、ファンの意向を無視した経営が行われてしまうこともありました。そこで力を発揮したのが「サポーターズトラスト（Supporters' Trust）」という組織です。ここでは、ファンが相互会社を設立し、クラブの株式を購入する（場合によっては取締役を派遣する）ことによって、ファンの経営参加（議決権の保有）が可能になっています。

また、ドイツ（ブンデスリーガ）においては、ほとんどのクラブが、登記社団を意味する「フェアアイン（eingetragener Verein: e.V.）」を母体とした会員主導の運営を行っています。1990 年代後半にクラブの企業化（株式会社化）が認められた際には、クラブ株式の過半数（議決権）をフェアアインが保有しなければならないとする「50 + 1 ルール」が定められました。

▌キーワードは「オーナーシップ（ownership）」

ここで求められるのは、「海外の事例は素晴らしい」という単純な理解ではなく、プロスポーツにかかわる多様な人々の権利をいかに保障していくのか、ということを冷静に見極める視点であるといえます。そこでキーワードになるのが「オーナーシップ（ownership）」という言葉です。それは、「プロスポーツクラブ（スポーツ）は誰のものか？」ということを"自分事（当事者）"として問うための視点でもあるのです。

第11章 スポーツイベントのマネジメント

なぜこの章を学ぶのですか？

　スポーツイベントには、日常的な練習成果を試す場やスポーツ体験の機会、観戦を楽しむ場、イベント運営を支える場、スポーツ企業の新製品PRの場など、様々なタイプと重要な目的があるため、各タイプに応じた目的の設定や顧客満足の方法論を理解する必要があります。

第11章の学びのポイントは何ですか？

　スポーツイベントを開催規模や製品形態で分類し、対象顧客や開催形態、およびオリンピックやワールドカップサッカーのようなメガ・スポーツイベントのマーケティング手法について学びます。また、国民スポーツ大会の事業マネジメントについても学習していきます。

考えてみよう

① メガ・スポーツイベントとしてのオリンピックでは、開催期間中にどのくらいの人がネット動画を再生するでしょうか。

② 国民スポーツ大会では、何種目の競技が行われ、どのくらいの参加者がいるでしょうか。

1 スポーツイベントの類型とイベントレガシー

　スポーツイベントには、オリンピックのような国際的なメガイベントから、世界各地の生活・民族文化に根づいた小規模イベント、参加者が体験できるもの、新商品の紹介など、様々なタイプがある。スポーツイベントは、各タイプに応じて「顧客は誰か、利益は何か」を明確にするとともに、顧客とステークホルダーの利益に資するマネジメントが重要である。

1 スポーツイベントの類型

　スポーツイベントには、オリンピックのような国際的なメガイベントから、世界各地の生活・民族文化に根づいた小規模イベント、参加者が体験できるもの、スポーツ用品の紹介など、様々なタイプがある。スポーツイベントを分類する場合、「開催規模」や「製品形態」を分類軸とすることができる。

　スポーツイベントは、スポーツ教室やサークル活動のように、定期的あるいは比較的長期的に実施される事業ではない場合が多い。スポーツイベント事業は一過性で単発的な「催事」であるといえよう。とりわけ、競技会型の中でも国民スポーツ大会や多くの国際大会においては、開催地が移動するスポーツイベントが多くある。したがって、イベント主催者が国際オリンピック委員会（IOC）や種目別の国際競技団体のような国際的スポーツ統括団体であったとしても、開催地でその都度編成される運営組織（大会組織委員

表 11-1　スポーツイベントの類型

開催規模による分類	
国際型	オリンピック大会、アジア大会、ワールドカップ、世界選手権等
全国型巡業型	国民スポーツ大会、日本選手権、全国高等学校体育大会
ホームタウン型	プロ野球、プロサッカー、プロバスケット
拠点型	全国高校野球選手権大会、全国高等学校ラグビー大会
地方／地域型	地方ブロック大会／都道府県大会・市区町村大会
単独型	市民マラソン、学校や町会による住民向けイベント
製品形態による分類	
競技会型	競技を通して勝敗を争う大会イベント
興行型	プロスポーツに代表される観客に見せるために競技する大会
フェア型	生涯スポーツとして様々なスポーツを体験できるイベント
見本市／展覧会	スポーツ用品／製品陳列／展示やデモンストレーションイベント

出典　齊藤隆志「スポーツイベントの類型とスポーツマネジメント」柳沢和雄・清水紀宏・中西純司編著『よくわかるスポーツマネジメント』ミネルヴァ書房　2017 年　p.80 を一部改変

会等）に実務がプロジェクトとして委託される。また、開催地や地元住民は、年１回あるいは数十年に１回といった参加頻度が比較的低い顧客や単発的な来場者を満足させることをはじめ、地元への波及効果とイベントレガシー[*1]の持続可能性などを重視したマネジメントに大きく期待している。

そのため、スポーツイベントの開催にあたっては、こうした事業特性を見極めたうえで、「顧客は誰か、利益は何か」を類型別に明確にするとともに、顧客とステークホルダーの利益に資するマネジメントが重要である。

開催規模別に見ると、国際型は国際統括団体（IOC や国際競技連盟等）が開催し、全国型は国内統括団体（（公財）日本スポーツ協会や国内競技連盟等）が開催する。ただし、財政、人材、スポーツ施設などの負担が開催都市に求められるので、コストに見合う波及効果やイベントレガシーについて、住民やステークホルダーに十分な説明が必要となる。

製品形態別に見ると、興行型の場合、プロ野球では（社）日本野球機構が、プロサッカーでは（公社）日本プロサッカーリーグ（Ｊリーグ）といった主催団体や所属するプロチームがそれぞれ観客に試合を見せるためにリーグ・ビジネスを展開している。

2 スポーツイベントの顧客と利益

競技会型や興行型イベントの直接的顧客は主に大会スポンサー、放映会社、競技者、ファン（観客、視聴者等）であり、フェア型や見本市型のそれは会場来場者や出展企業となる。顧客別の商品価値は、スポンサーにはブランドイメージアップ、放送会社には視聴率、競技者にはパフォーマンスを存分に発揮できる良好でフェアな競技環境、観客には質の高い競技内容や競技場内の独特の雰囲気の体験などが期待されている。これらの利益は相互に関連している。例えば、スポーツイベントに対する社会的な興味・関心が高いと、視聴率が高くなり、来場者数も多くなる。

競技者が最高のパフォーマンスを発揮すれば、観客はエキサイトし、関連して動画再生回数や「いいね」の数が増えるとともに、視聴率も高くなる。観客が多く集まると、話題性が高くなり、結果的にネットやテレビにおいてのスポンサーロゴの露出も多くなり、広告効果が高くなる。したがって、顧客ごとに異なるこうした利益を調整し、すべての顧客が満足できるマネジメントが重要である。

＊1　イベントレガシー
IOC は「レガシーとは長期にわたる、特にポジティブな影響」と定義しており、持続性や永続性を強調している。そしてオリンピック競技大会のよい遺産を、開催国と開催都市に残すことを推進することを１つの使命として『オリンピック憲章』に明記し、各大会の開催国はレガシープランの作成が求められている。

3　ステークホルダーの利益（波及効果とレガシー）

　スポーツイベントと利害関係にあるステークホルダーは、直接的顧客のほかにも、地方公共団体、地域経済にかかわる観光・旅行業界や建設業界、地元企業・商店、ボランティア、地元市民等が考えられる。それゆえ、スポーツイベント事業にかかわるステークホルダーにとっての主な利益は、その波及効果とイベントレガシーにあるといってもよい。

　このように、ステークホルダーがスポーツイベントに期待する波及効果には、経済的・教育的・観光的側面に対する正の影響がある一方で、環境破壊や経済的負債などの負の影響もある。したがって、この負の波及効果をできる限り最小化するとともに、波及効果よりも長期にわたり肯定的な効果があるといわれるイベントレガシーを次世代へと継承・発展させるためのマネジメントも同時に求められるのである。

4　スポーツイベントに参与するスポーツアクター

　スポーツアクターの観点から見れば、スポーツイベントは非日常的な体験である。そのため、"する"スポーツの場合は、スポーツ実践者として日頃の練習成果を試す場であり、"みる"スポーツの場合は、スポーツ観戦者として世界レベルの競技を観戦し、地元のひいきチームを応援する。また、"ささえる"スポーツの場合は、スポーツボランティアとして開催期間中に競技者やボランティア同士で友好を分かち合いながら社会貢献ができるため、単なる「お手伝い」を超えて生きがいを感じることができる。スポーツイベントに「する・みる・ささえる」という多様なかかわり方で参与することは、日常生活の目標となり、夢や感動を味わい、ふれあいや社会貢献などによって生活に豊かさをもたらすことになる。

　このように、非日常性を明確にしてマネジメントされているスポーツイベントの代表例としては、オリンピック大会や国民スポーツ大会がある。これらは、スポーツの「祭典」として統括団体によって公式に規定されており、祭典行事についての具体的な実施方法が定められている。そのため、祭典を彩る開閉幕式や表彰式は、単なる選手・チーム紹介や結果発表にとどまらない。開閉幕式では、厳正に選考された出場選手を競技会という特別な空間に誘うための歌舞や祝福が織りなすよう華やかに演出される。また表彰式では、勝者の栄光を讃えるために厳かに演出された特別プログラムが催される。

さらに、こうしたスポーツイベントは、生活者としての人々に「する・みる・ささえる」といったかかわり方による価値を創造するだけではなく、開催地にも開催後に比較的長期にわたってイベントレガシーとして社会的・文化的にポジティブな効果を残すことができる。

例えば、"する"は人々の競技生活をさらに動機づけるし、"みる"は競技観戦後にSNSで評論し、地域一体感や誇りを高め、スポーツを始めるきっかけとなるかもしれない。また、"ささえる"では、スポーツイベントを契機に市民ボランティアの組織化などが期待されるとともに、ボランティアの組織的活動を通して信頼関係や規範、人々のネットワークといったソーシャル・キャピタルも高くなる可能性がある。そして何よりも、スポーツイベント開催後には、多様性を包摂するという「ダイバーシティ＆インクルージョン」の考え方が広まることで差別や偏見がなくなることや、環境保護意識を醸成されることなどが期待されている。

2 メガ・スポーツイベントのマーケティング

メガ・スポーツイベントには、ファン、スポンサー企業、放送会社という重要な3種類の顧客が存在する。メガ・スポーツイベントのマーケティングでは、この三者の顧客満足を高め、それぞれからの収益を得るためのビジネスを展開する必要がある。特に、ファンエンゲージメントを高めることで、チケット人気、スポンサー契約料や放映権料を獲得することができる。

1 知的財産権のビジネスとしてのマーケティング

(1) メガ・スポーツイベントの顧客は誰か

メガ・スポーツイベントとは、国際型スポーツイベントの中でも開催費用や参加者などの開催規模が最大となるイベントを意味する用語である。このメガ・スポーツイベントには、ビジネスを進めるうえで、ファン、スポンサー企業、放送会社という重要な3種類の顧客が存在する。したがって、メガ・スポーツイベントのマーケティングでは、スポーツ需要創造を目的とする「ファン・マーケティング」活動と、「スポンサーシップ・マーケティング」「放映権マーケティング」というスポーツ資源調達のためのファイナンシャル・マネジメント活動が最も重要なビジネス活動であるといってもよい。

一般的に、マーケティングとは、「生産者と顧客との相互利益の交換」を容易にし、促進するための一連の諸活動であるといわれている。スポーツマ

ネジメントの視点では、エンドユーザー（最終顧客）であるスポーツファン・観戦者にスポーツを楽しむという経験価値を与えることが重要であるが、メガ・スポーツイベントのマーケティングにおいては、イベント主催者と重要な 3 種類の顧客が両得となるようなビジネス活動が必要不可欠である。

　それは、メガ・スポーツイベントの規模が大きくなればなるほど、開催経費が高額となってくるからである。例えば、2020（+1）年東京オリンピックの開催費用は 1.4 兆円と公表されており、東京 2020 大会組織委員会にとっては多くの収益を獲得することがビジネス的な成功となるのである。

（2）知的財産としてのメガ・スポーツイベント

　スポーツイベントは競技団体等が主催する競技会であり、競技会の大会ロゴや競技シーンの映像といったものには知的財産権[*2]が発生する。これらの知的財産権はイベント主催者が所有しているため、ゲームが展開されている時間中は競技場内への情報アクセスが制限されている。

　イベント主催者（知的財産権の所有者）以外の一般人や企業等は、競技シーンを無断で撮影したり、競技名を勝手に使用してビジネスしたり、また、正当な理由がないのに、許可なく競技場内に立ち入ったりすることなどはできない。したがって、スポーツイベントにおいて販売される商品（プロダクト）は、イベント主催者や選手・チームが本来所有する知的財産や施設使用に対して各顧客専用に設定した特別なアクセス方法を許可する"権利"と考えた方がよい。

　一般人や企業といった顧客は、お金を払って知的財産や施設使用にアクセスできる権利を購入する。いってみれば、メガ・スポーツイベントのマーケティングとは、「権利ビジネス」を中心とする、スポーツ資源調達のためのファイナンシャル・マネジメント活動なのである。このようなビジネスモデルは、興行型イベントを展開するプロスポーツ組織のリーグ・ビジネスでもよく見られる。

　とはいえ、プロスポーツ組織の場合は「地域密着型ビジネス」となることが多いが、メガ・スポーツイベントでは、開催規模が大きい「グローバルビジネス」として展開されている点が特徴的である。したがって、メガ・スポーツイベントにおける重要な 3 種類の顧客も、グローバルなレベルでの価値交換を期待しているといってもよいであろう。

　いずれにしても、メガ・スポーツイベントにおけるマーケティングの特徴は、ファン、スポンサー企業、放送会社という全く異なる顧客を満足させるための緻密なスポーツビジネス戦略を立てていくことにある。

＊2　知的財産権
「知的財産権」とは、知的な創作活動によって何かを創り出した人に対して付与される、「他人に無断で利用されない」といった権利のことである。

2 ファン・マーケティング

(1) ファンエンゲージメント

　スポーツチームや組織とファンのつながり（愛着度）をもとにした関係性のことを「ファンエンゲージメント」という。メガ・スポーツイベントにおいてのファンエンゲージメントは、デジタルプラットフォームにおける人々のレスポンスの量によって知ることができる。動画の再生数やテレビ視聴者が増えると、一般チケットの購入希望者も増える。さらには、放映権料とスポンサーシップの価値や、後述する「ホスピタリティプログラム」といったプレミアムチケットの価値も高くなるのである。

　したがって、メガ・スポーツイベントのマーケティングにおいて、ファン、スポンサー企業、放送会社といった重要な3種類の顧客をそれぞれ相手とするビジネス活動の相乗効果を上げるためには、ファンエンゲージメントをより高めるためのマーケティング活動が最も重要である。メガ・スポーツイベントの単純な営業収益から考えると、チケット販売がイベント主催者の売り上げとなる。しかし、昨今のデジタル環境の発展、およびスポンサー企業や放送会社との相互影響を考えると、単にチケット購入者を市場として捉えるよりも、当該イベントのファン全体を市場として考えた方がよい。

　『東京2020オリンピックマーケティングレポート（TOKYO 2020: AUDIENCE & INSIGHTS REPORT)』[1] によると、メガ・スポーツイベントのファンは競技場で試合を見る観客だけではないという。具体的には、東京オリンピックでは、合計1万200時間以上相当のコンテンツが制作され、そのうち3,800時間を超えるライブ中継とセレモニーが放送された。また、東京大会をテレビやインターネットを通じて視聴した人は，全世界で延べ30億5,000万人にもなる。オリンピック放送パートナーのデジタルプラットフォームでの公式報道だけでも、合計で280億回の動画再生が発生した東京2020オリンピックのWebおよびアプリケーションプラットフォームのおかげで1億9,600万人を超えるユニークユーザーを集め、さらにIOCのソーシャルメディアは、ビデオの再生回数、共有、コメント、「いいね」を含む61億のエンゲージメントを生み出した。

　このように、新しいテクノロジーとデジタルイノベーションを活用して、より多くのファンがオリンピックに参加し、東京2020オリンピック競技大会はこれまでで最もエンゲージメントの高いオリンピックとなった。

（2）チケッティングマーケティング

　ファンがスタジアムやアリーナ等で競技を直接観戦する権利を得るために購入する商品がチケット（座席占有権）である。このチケット販売がイベント主催者への直接的な営業収入である。つまり、イベント主催者は、ファンが競技場内に入場して指定座席に着座できる権利をチケットとして販売するとともに、座席の位置（見えやすさなど）からチケット価格をランクづけしている。これに対して、チケット購入者は、試合日（競技当日）とチケット価格に見合った指定座席を占有して競技を観戦することができるとともに、当該ゾーン内にある観戦者向けサービスを自由に利用することができる。

　それゆえ、チケット購入者は、競技中の選手たちを指定座席から直接観戦し、最高峰のスポーツ競技の決定的瞬間を目の前で体験することができる。さらに、競技場への入場時には、マッチプログラムをもらえたり、また、競技場内でしか体験できない独特な雰囲気に浸りながら飲食なども楽しめたりするわけである。

　国際サッカー連盟（FIFA）は、2022FIFA ワールドカップカタールにおいて、食事とチケットがパッケージ化された「ホスピタリティプログラム」を富裕層やビジネス層をターゲットとするサービスプログラムとして販売した。このホスピタリティプログラムでは、特別ラウンジやスイートルームなどの数種類の特別室での高級な食事サービスが提供される。今やメガ・スポーツイベントでは、富裕層やビジネス層をターゲットとする高額サービスプログラムが「プレミアムチケット」として重要なマーケティング手段となっている。

　また、メガ・スポーツイベントの開催地には富裕層や経営者が世界中から観光旅行もかねて来訪することが予測されるため、高級ホテルの宿泊などのハイクラスツーリズムと組み合わせたパッケージサービスの開発・提供は、今後のチケッティングマーケティングの重要な課題である。

3　スポンサーシップ・マーケティング

（1）スポンサー企業へ販売されるアクセス権

　スポンサー企業に対しては、競技場内の看板設置権、自社製品への大会ロゴ使用権、会場内においての単一業種の独占的製品プロモーション権、VIPルーム使用権といった様々な権利をパッケージ化して販売している。そして、イベント主催者と協賛契約を結んだスポンサー企業は、イベント主催者に対して協賛金を支払ったり、物品を供与したりするのである。これが「スポン

サーシップ・マーケティング」という基本的な仕組みである。

　これによって、スポンサー企業は、競技場内にいる観客の視野に自社ブランドロゴや自社製品が入ることをはじめ、競技のテレビ放送時の画面にロゴが映り込むことや、大会運営においてイベント主催者がスポンサー企業の商品を使用するなどのプロモーション機会を確保することができる。

（2）スポンサー企業の便益

　企業側からみたスポンサーシップの目的は、「関連企業とのネットワークづくり、企業イメージ等の向上、ブランド優位性の向上、社会貢献や従業員のモチベーションアップにある」[2]と報告されている。

　しかし近年では、社会貢献や従業員のモチベーションアップといった福利厚生の重要性は低く、ブランド優位性の確立をめざしたブランド認知度や企業イメージ等の向上がスポンサー側のビジネス・ベネフィットとなっている。

　メガ・スポーツイベントにおけるスポンサーシップは「企業のマーケティング・コミュニケーションの一環となり、スポンサー企業のブランド・エクイティ構築として重要であ」[3]り、イベントの成功はまさに、ブランド・エクイティ（ブランドの社会的価値や資産価値）を高めることにある。

（3）オリンピックパートナーのマーケティング

　例えば、オリンピック大会のスポンサー企業はオリンピックパートナーと称され、大会の呼称やマーク類、映像使用権、会場でのプロモーション活動などが認められている。つまり、オリンピックパートナーは、自社製品にオリンピックマークを貼付できるほか、オリンピック会場内で、映像技術やデジタル処理サービスを提供したり、自動車などを選手らの移動手段として活用したりすることもでき、スポンサー企業にとっては最新技術をグローバルにプロモーションできる格好のビジネス・チャンスとなっている。

　また、スポンサー企業は、会場周辺において、物品販売、飲食物提供、コンサートイベントなど、販促を目的とした独自の様々なエンターテイメント的な企画を演出することができる場合もある。このようなマーケティング・アプローチは、祭典競技としての祝祭性を競技場内にとどめず、祝祭空間を敷地（会場）周辺にまで広げ、来場者や周辺住民・観光客が会場外でもお祭り気分を味わうことができる機能として効果的である。

　スポンサー企業からすれば、企業イメージとスポーツイベントのポジティブな関連性を高めることで、自社のブランド・エクイティも高めている。

4　放映権マーケティング

（1）放映権とは

　一般に、イベント主催者は、各種スポーツイベントを独占的に放映できる権利、いわゆる、「放映権」を放送局（主にテレビ局）に販売することで収益を得ている。そして、放送局は、スポーツイベントにおける各試合を中継する放送番組を編成し、テレビ放送することで視聴率を高めようとしている。

　例えば、わが国の場合、日本国外で行われるメガ・スポーツイベントにおいて NHK と民間放送各社が共同制作する放送機構として「ジャパンコンソーシアム」（Japan Consortium：JC）を組織化して放映権を購入することが近年の慣例となっている。このようなわが国の JC や各国のテレビ放送会社に対して、イベント主催者や競技団体が放映権を販売するためのマーケティングが「放映権マーケティング」である。

　オリンピックの場合、JC が IOC から冬季・夏季の 2 大会ごとに放映権を直接購入している。しかし、2022FIFA ワールドカップカタールにおいては、放映権料が高騰したため、JC による購入を断念し、代わって NHK と民放 2 社（テレビ朝日とフジテレビジョン）、そして、ネット動画配信会社（ABEMA：アベマ）の 4 社で放映権を購入している。

（2）デジタル時代の放映権マーケティング

　スポーツイベント主催団体が収益化やファン獲得の新たな手段を模索する中で、その有力な打開策として期待されているのがインターネットとテクノロジーを駆使した動画配信サービスである。このような動画配信サービスは、これまで一般的だった地上波やケーブル放送などでの映像配信から進化した「OTT（オーバー・ザ・トップ）」と呼ばれ、インターネットを介して視聴者に直接提供されるメディアサービスである。

　OTT メディアサービスは、高速通信やスマートフォンなどの端末の普及により急速に広まっている。2022FIFA ワールドカップカタールの放映権を購入したのも OTT メディアサービスを行っているネット動画配信会社 ABEMA であり、一般の人々はスマートフォンやパソコンからいつでも視聴可能となった。

3 国民スポーツ大会のマネジメント

　国民スポーツ大会は、「スポーツ基本法」第26条に定められる「国民のための重要行事の一つ」として、(公財)日本スポーツ協会・文部科学省・開催地都道府県の三者共催で毎年行われる国内最大の総合スポーツイベントである。このような国民スポーツ大会を事業マネジメント・システムの観点から考えると、事業目的、組織、スポーツ資源、スポーツサービス、大会資産といった構成要素で捉えることができる。

1 国民スポーツ大会とは

　国民スポーツ大会[3]は、「スポーツ基本法」第26条に定められる「国民のための重要行事の一つ」として、(公財)日本スポーツ協会・文部科学省・開催地都道府県の三者共催で毎年行われる国内最大の総合スポーツイベントである。また、この国民スポーツ大会は、都道府県対抗形式による「スポーツの祭典」であり、各都道府県持ち回り方式で開催され、実施競技が正式競技、公開競技、デモンストレーションスポーツ、特別競技に区分されている。特に、正式競技は、各都道府県が競技得点の合計を競い合い、天皇杯（男女総合優勝）と皇后杯（女子総合優勝）をめぐる熱戦が繰り広げられる。

　こうした国民スポーツ大会を事業マネジメント・システムとして捉えてみると、その構成要素は事業目的、組織、スポーツ資源、スポーツサービス、大会資産で考えることができる。これらの構成要素から、わが国の代表的なスポーツイベントである国民スポーツ大会を考えてみよう。

2 トータルブランディングとしての「JAPAN GAMES」

　開催者の1つである(公財)日本スポーツ協会（JSPO）は、所管の国民スポーツ大会・日本スポーツマスターズ・全国スポーツ少年大会の統合化（連携・協働）を図る「JAPAN GAMES」（ジャパンゲームズ）としてリブランディングし、「スポーツは、もっとオモシロイ」をその理念として設定している。このようなトータルブランディングによって、スポーツに内在する「多様性」「継続性」「地域性」といった価値を「する・みる・ささえる」といった多様なかかわり方から共創するばかりではなく、人づくりや地域創造、そして、スポーツ文化の創造の実現までも可能となることを見込んでいる。

　また、「スポーツと、望む未来へ。」をコーポレート・メッセージに掲げる JSPO は、それぞれの大会間の連携・協働を図る「JAPAN GAMES」というトータルブランディングを通して、全世代を対象としたスポーツ大会を開催しているというブランド・イメージを広めることが可能になるとともに、スポーツが本来持っている「楽しさ」や「喜び」といったワクワクする気持ちを全世代に発信していくことができる。そのため、国民スポーツ大会が「JAPAN GAMES」という統合ブランドのうちの 1 つの「祭典競技」という位置づけになることは否めない。

3　国民スポーツ大会の事業目的

　国民スポーツ大会は、広く国民の間にスポーツを普及し、スポーツ精神を高揚して国民の健康増進と体力の向上を図り、併せて地方スポーツの推進と地方文化の発展に寄与するとともに、国民生活を明るく豊かにしようとすることが事業目的として設定されている。すなわち、国民スポーツの普及と地方スポーツを推進するものであり、様々な種目において全国レベルのスポーツ競技者が交流を深める場であるといってもよい。

4　組織とスポーツ資源

（1）組織

　前項のような事業目的を達成するために、開催県と会場地市町村それぞれが、大会運営組織として、「開催県実行委員会」および「会場地市町村実行委員会」を設置することから始まる。そして、このような大会運営組織は、開催の数年前に組織化され、大会終了後には解散するようになっている。

（2）スポーツ資源
①　参加者（ヒト）

　競技会に参加する参加者は「人的資源」として捉えることができる。大会の参加者は、都道府県選手団（本部役員、監督・選手）と役員（大会役員、競技会役員および競技団体が指定した競技役員）およびボランティアスタッフで構成されている。参加選手は都道府県を代表する者であり、参加選手や監督らによる参加選手団は、大会の式典時および競技中、国民体育大会ユニフォームを着用することになっている。2019（令和元）年に開催された第

74回国民体育大会では、冬季大会（北海道開催：イランカラプテくしろさっぽろ国体）が3,554名、本大会（茨城県開催：いきいき茨城ゆめ国体）が2万3,563名の参加者であった。

また、JSPOと開催県スポーツ協会は、相互に連携・協力して「ボランティア」ネットワークを構築することによって、大会運営を「ささえる」（支援する）ボランティアスタッフを募集している。2022（令和4）年に開催された第77回国民体育大会（栃木県開催：いちご一会とちぎ国体）においては、延べ7,000名のボランティアスタッフが従事したと報告されている [4]。さらに、JSPOは、ボランティアのネットワーク化を図り、全国規模の組織化システムを確立しようとしている。

② 競技の会場地・設備（モノ）

開催県内の市町村会場地の決定にあっては、同一競技は同一市町村内で開催することを原則とし、会場地市町村等の都合により分散する場合でも近接の市町村で開催することになっている。開催県の立地条件およびスポーツ推進の状況等から実施困難な競技がある場合、当該競技を近県またはブロック内の既存の施設を活用して実施することができる。いずれにしても、開催県内にある市町村等に設置された競技会場で競技が行われることになる。第74回国民体育大会大会においては、冬季大会が10か所に分かれて3種目、本大会が正式競技だけで79か所に分かれて37種目の競技が繰り広げられた。これらの会場地・設備のすべては「物的資源」と捉えることができる。

③ 予算経費（カネ）

大会の準備・運営経費は、国庫補助金、JSPO補助金、開催県（会場地市町村を含む）負担金または準備金・入場料等で賄うことになっており、「財務資源」として確保する必要がある。ただし、公開競技の実施にかかわる経費については、当該中央競技団体が負担することになっている。

また、JSPOと開催県実行委員会は、相互に連携・協力して、大会の活性化（国体の認知度の向上、国体ブランドの価値の向上）と開催地の財政負担軽減などを目的とした企業協賛も実施している。大会主催者であるJSPOは、「国体パートナープログラム」という企業協賛制度をスポンサーシップ・マーケティングとして展開している。こうした国体パートナープログラムでは、協賛金のランクに応じて、呼称使用権、国体標章等広告使用権、国体商標を用いたマーチャンダイジング（商品化）権、国体開催期間を中心としたPR諸権利（PR看板掲出、大会媒体利用広告、提供物品への企業・団体名の掲出）などが適宜、パッケージ化された権利サービス（企業協賛特典）として提供されている。

第77回国民体育大会においては、「国体パートナー（JSPOオフィシャル

パートナー：1,500 万円）」には 6 社、「国体パートナー（TOCHIGI：1,000万円以上）」には 13 社の協賛企業があるほか、「オフィシャルスポンサー（500万円以上 1,000 万円未満：14 社）」「オフィシャルサポーター（100 万円以上 500 万円未満：67 社）」、および協賛物品・サービスを提供する「オフィシャルサプライヤー（100 万円相当以上：64 社）」と「大会協力企業（10万円相当以上：48 社）」など、多くの企業がとちぎ国体に協賛し、熱心な応援活動を展開している。

5　スポーツサービスと大会資産

（1）参加型スポーツサービス

　それぞれ都道府県の代表選手が参加して、お互いに競い合う「参加型スポーツサービス」としては、正式競技、特別競技および公開競技といった競技プログラムが提供されている。加えて、総合開閉会式、各競技会開始式および表彰式といった大会式典は、代表選手や監督などのモチベーションを高めると同時に、観客の応援意欲や地元（郷土）愛を喚起し、国民スポーツの祭典として意味をもっているといってもよかろう。

（2）観戦型スポーツサービス

　国民スポーツ大会は、人々がスポーツをみることを推進する「観戦型スポーツサービス」としての側面もあるが、実際には「観覧自由」となっており、有料チケット制となっているわけではない。しかし、人気スポーツについては、「事前予約制」を取る場合もある。また、競技ダイジェストは、ネットで動画配信されており、いつでも、だれでも視聴できるようになっている。

（3）大会資産の活用

　大会資産には、過去の大会を含め、大会に関する標章、記録、データ、映像、作成物等があるが、その活用については JSPO が権利を有している。それゆえ、大会の撮影、放送およびその二次利用にあたっては、報道に関する内容を除き、JSPO の許可を得なければならない。

引用文献

1 ）International Olympic Committee(IOC)，TOKYO 2020：AUDIENCE & INSIGHTS REPORT，December 2021［online］

https://stillmed.olympics.com/media/Documents/International-Olympic-Committee/IOC-Marketing-And-Broadcasting/Tokyo-2020-External-Communications.pdf

2) N.L. Lough, R.L. Irwin, and G. Short, Corporate sponsorship motives among North American companies: A contemporary analysis. *International Journal of Sport Management*, vol.1, issue 4, 2000, 283-295.

3) 辻洋右「スポーツスポンサーシップ研究概説」『スポーツマネジメント研究』第 3 巻第 1 号　日本スポーツマネジメント学会　2011 年　pp.23-34

4) 下野新聞「大舞台支えるのは…延べ 7000 人のボランティア　最年少中学生『面白い』」2022 年 10 月 9 日付朝刊

参考文献

・齊藤隆志「スポーツイベントの類型とスポーツマネジメント」柳沢和雄・清水紀宏・中西純司編著『よくわかるスポーツマネジメント』ミネルヴァ書房　2017 年　pp.80-81

・水戸重之「スポーツと知的財産～オリンピック・マーケティングを中心に」『月刊パテント』日本弁理士会 2014 年

学びの確認

1. （　　　　　）に入る言葉を考えてみましょう。

① スポーツイベントと利害関係にある（　　　　　　　　）は直接的顧客のほかに、地方公共団体、地域経済にかかわる（　　　　　　　　）や建設業界、地元企業・商店、（　　　　　　）、地元市民等が考えられる。

② メガ・スポーツイベントのマーケティングにおいて、（　　　）（　　　　　　）（　　　　　）といった重要な 3 種類の顧客をそれぞれ相手とするビジネス活動の相乗効果を上げるためには、（　　　　　　　　）をより高めるマーケティング活動が最も重要である。

③ 国民スポーツ大会の目的は、広く（　　　　　）の間にスポーツを普及し、スポーツ精神を高揚して国民の健康増進と体力の向上を図り、併せて（　　　　　）の推進と地方文化の発展に寄与するとともに、国民生活を（　　　　　）にしようとするものである。

2. メガ・スポーツイベントのファンを増やすためには、イベント主催者は何をしたらよいか、アイデアを 3 つ以上書いてみましょう。

....

....

....

....

スポーツをみる力

日本体育大学／齊藤隆志

▌人はスポーツをどのように見るか

　動画再生回数や「いいね」の数がスポーツイベントの価値を決めるようになりました。では、どのようなスポーツ動画がファンに楽しんでもらえるのでしょうか。私たちは「みる力」をスポーツ観戦時における認知能力と定義して、どのような能力があるのか、あるいはどのようなプロセスになっているのかを研究しました。

　これまでの私たちの研究では、次のことがわかっています。スポーツ観戦で認知する能力には、知性的観戦能力、感性的観戦能力、価値判断力の3種類があること、そして、知性的観戦能力の認知プロセスを観戦技法として考えると、楽しく観戦しやすくなることの2点です。

　スポーツシーンを思い浮かべてください。直接観戦でも動画視聴でも、人は認知的観戦能力を用いてスポーツを見ています。観戦時にどのようなスポーツ場面をどのように認知しているかがわかれば、そのプロセスに応じて見方やコンテンツを工夫すればよいわけです。

▌3つの認知的観戦能力

　知性的観戦能力とは、分析的に見る力であり、選手技術や連携、チーム作戦などを理解できる力です。サッカーでフォーメーションがうまく機能しているかを理解でき、野球でピッチャーの投球フォームのどこが上手かわかります。

　感性的観戦能力とは、選手の表情を読み取り、美しい技に感嘆する力で、クローズアップされた表情から喜怒哀楽を察することができます。また、アーティスティックスポーツをはじめとして色々な種目においてフォームの綺麗さや卓越性にうっとりする美的感性もあります。

　最後が価値判断力です。価値判断力とは、フェアプレイであるかどうかを判断し、よいプレーであれば、相手選手にも敬意を表し讃える精神や心構えをもっていることです。

▌知性的認知プロセスと観戦技法

　では、観戦時の認知はどのようなプロセスで行われているのでしょうか。知性的観戦能力には注目、予測・推定、解釈、評価があること、さらに知性的観戦能力を使うにあたり、知識として競技経験知や観戦経験知、競技情報知があることがわかっています。そして、知性的観戦は知識を始点として、注目→予測・推定→解釈→評価の順で行えばスムーズに観戦を理解できると考えられています。

　はじめに、知識を活用して競技を見ようとします。そして、認知の始まりは注目からです。観戦者は関心のある競技者や興味あるプレーに焦点を絞ります。注目ポイントは個人技術、グループ・チーム戦術、心理面や駆け引きです。

　次に、その後の競技展開を予想したり、あるいは選手の意図を推し量ったりといった予測・推定をします。または、試合結果や記録などについて試合前に予測・推定します。そして、競技者やチームのパフォーマンスを解釈します。

　最後に、競技者の行動、判断の成果や意志の強さをすばらしい、想像以上だ、よくやったなどという内容で評価します。これらのプロセスを経て、ストーリーが観戦者の内面に意味形成されるのです。

　このプロセスを私は観戦技法と称しています。観戦技法を身につけるとより楽しくみることができます。このような研究が深まるとともに、情報技術が進化すれば、やがてAIが制作した極めてリアリティのあるスポーツ動画を私たちは楽しむことになるかもしれません。

参考文献
・齊藤隆志「スポーツ観戦時の知性的認知プロセスに関する研究：サッカー動画視聴の質的データ分析法を用いた概念モデルの作成」『日本体育大学紀要』第52巻　日本体育大学　2023年　pp.1041–1055
・齊藤隆志他「スポーツの認知的観戦能力の解明」『体育・スポーツ経営学研究』第33巻　日本体育・スポーツ経営学会　pp.1–19

第12章 スポーツ行政組織のマネジメント

なぜこの章を学ぶのですか？

　人々が日常的にスポーツ活動を取り入れるためには、スポーツとかかわるための施設や設備、指導者やクラブなどのスポーツ環境条件の整備が欠かせません。国や都道府県、市区町村などのスポーツ行政組織は、そうした条件整備のためのマネジメントを行う必要があります。

第12章の学びのポイントは何ですか？

　「スポーツを通じて幸福で豊かな生活を営む権利を全ての人々に保障すること」は、スポーツ行政の重要な役割です。こうした重要な役割を果たすためには、スポーツ法制度・政策や、スポーツ行政組織の体制などについて学ぶことが大切です。

考えてみよう

① これまでのスポーツとのかかわりの中で、スポーツ行政組織（国・都道府県・市区町村）からどのような支援を受けてきたかを考えてみましょう。

② 今後、より多くの人が日常的にスポーツを楽しむことができるようになるためには何が必要かを考えてみましょう。

1 スポーツに関する法制度・政策の歩み

　スポーツ行政は、法律に基づいて遂行されなければならないが、その根拠となる法律が「スポーツ振興法」であり、現在は「スポーツ基本法」である。また、「スポーツ基本法」に基づいて策定されたスポーツ政策が「スポーツ基本計画」であり、PDCA サイクルに基づいて総合的かつ計画的にスポーツの文化的普及・推進を進めていく必要がある。

1 「スポーツ振興法」とスポーツ振興政策の歩み

(1)「スポーツ振興法」と保健体育審議会「答申」

　わが国において「スポーツ」という名のつく初めての法律が 1961（昭和36）年に制定された「スポーツ振興法」である。この法律は、1964（昭和39）年の東京オリンピック開催を契機に策定され、「スポーツの振興に関する施策の基本を明らかにし、もつて国民の心身の健全な発達と明るく豊かな国民生活の形成に寄与することを目的とする」（第 1 条）。そのため、国や地方公共団体（都道府県・市区町村）は、スポーツの振興に関する施策の実施にあたって、国民の自発的なスポーツ活動を促すことができるような諸条件の整備に努めなければならない。加えて、第 4 条（計画の策定）では、「文部大臣は、スポーツの振興に関する基本的計画を定めるものとする」と規定された。

　しかし、この基本的計画は法的に策定されることなく、スポーツ振興の方向性は保健体育審議会の「答申」[*1] により示されてきた。はじめに、1972（昭和 47）年答申「体育・スポーツの普及振興に関する基本方策について」では、「日常生活圏域における体育・スポーツ施設の整備基準」が出され、地域スポーツ環境の整備に向けた方針などが示された。続く 1989（平成元）年答申「21世紀に向けたスポーツの振興方策について」では、日常生活圏域ごとの「スポーツ施設の整備の指針」[*2] などが示された。さらに、1997（平成 9）年答申「生涯にわたる心身の健康の保持増進のための今後の健康に関する教育及びスポーツの振興の在り方について」では、生涯にわたって主体的に健康の保持増進を図ることができるよう健康教育の体制づくりや生涯の各時期に応じてスポーツに親しむことのできる条件整備、他に国際競技力の向上の方針が示された。とはいえ、いずれの「答申」もその性格上、法的拘束力はなく、財源が不明確で、具体的な方策も欠如しており、実効性は低かった。

　このように、法律で基本的計画の策定が規定されているにもかかわらず、

＊1　答申
審議会などの諮問機関が重要政策、基本的施策等に関する行政組織の意思決定にあたって意見を述べるもので、法的拘束力はない。施策等を最終的に決定するのは諮問した行政組織で、その責任も行政組織が負うべきものであるが、基本計画が策定されずに責任の所在は不明確であった。

＊2　第 8 章第 2 節 2 参照。

「スポーツ振興基本計画」が2000（平成12）年9月に文部大臣告示として策定されるまでの約40年間は、保健体育審議会「答申」という形であり、スポーツ環境の整備計画としての効力は不十分であったといってもよい。

（2）スポーツ振興基本計画

　2000（平成12）年9月に文部大臣告示として策定された「スポーツ振興基本計画」では、2010（平成22）年までの10年間で達成すべき政策目標とそれを実現するための具体的方策が示された。約40年間策定されなかった基本的計画が策定されるようになった背景には、1998（平成10）年にスポーツ振興の財政的基盤を整備することを目的として制定された「スポーツ振興投票の実施等に関する法律」の公布・施行がある。いわゆる、「スポーツくじ」が2001（平成13）年より実施されることになり、その収益をスポーツ振興の財源としてどのように活用していくのかを示す必要性があった。

　この計画では、「生涯スポーツ社会の実現に向けた地域におけるスポーツ環境の整備充実方策」として、成人の週1回以上のスポーツ実施率の数値目標が設定され、その実現のために全国の各市区町村に少なくともひとつは総合型地域スポーツクラブを育成することが示された。また、「国際競技力の総合的な向上方策」として、オリンピック競技大会のメダル獲得率の数値目標が設定され、その実現のために一貫指導システムを構築し、ナショナルレベルのトレーニング拠点を設置して育成・強化を図ることや、学校と地域やスポーツ団体との連携の推進なども示された。その後、2006（平成18）年9月には、計画の見直しが行われ、子どもの体力低下や運動する子としない子の二極化問題への対策が追加された。

　スポーツ振興基本計画の制定以降、スポーツ振興の達成状況を確認できるような数値目標が設定されたことや、PDCAサイクルに基づいて総合的かつ計画的に政策が進められるようになったことには大きな意義がある。

2 「スポーツ基本法」とスポーツ基本計画

（1）スポーツ立国戦略

　2010（平成22）年8月に文部科学省は、今後のスポーツ政策の基本的方向性を示す「スポーツ立国戦略」を策定し公表した。スポーツを「これからの国家のあり方を内外に方向づけるきわめて重要な文化戦略の一環」として位置づけ、「新たなスポーツ文化の確立」をめざして今後おおむね10年間で実施すべき5つの重点戦略、政策目標、重点的に実施すべき施策や体制

整備のあり方などが示された[*3]。スポーツ立国戦略の策定にあたっては、ア
スリート、指導者、有識者、スポーツ団体、スポーツ関連企業、地方公共団
体のスポーツ行政担当者、地域スポーツクラブ関係者など、スポーツに携わ
る現場の人々からの意見を聴取する機会としてヒアリングが実施され、その
審議状況が公表されながら進められたことは新たな動きであった。

（2）「スポーツ基本法」

　2011（平成 23）年 6 月に「スポーツ基本法」が公布、同年 8 月に施行
されるという形で、「スポーツ振興法」が 50 年ぶりに全面改正された。そ
の主なポイントは、スポーツを「世界共通の人類の文化」（前文）と位置づけ、
スポーツのもつ意義や役割、効果等を明らかにするとともに、スポーツに関
する基本理念を規定したことや、スポーツが「国民が生涯にわたり心身とも
に健康で文化的な生活を営む上で不可欠なもの」として「スポーツを通じて
幸福で豊かな生活を営むことは、全ての人々の権利」（前文）であることを
規定したことが挙げられる。

　このように、わが国における積年のスポーツ行政課題でもあった「スポー
ツ権」が明記されたことには大きな意義があり、1978（昭和 53）年にユネ
スコ（国際連合教育科学文化機関）の第 20 回総会で採択された「体育・スポー
ツ国際憲章」第 1 条における「体育・スポーツの実践はすべての人にとっ
て基本的権利である」ことがようやく反映されたといってもよい。

　またこの法律では、「スポーツ立国を実現することは、二十一世紀の我が
国の発展のために不可欠な重要課題」（前文）であるとして、地域スポーツ
と競技スポーツの関係を中心に、スポーツにかかわる多様な主体の連携と協
働による「好循環」がわが国のスポーツの発展を支えることを示している。
さらには、障害者スポーツ、プロスポーツ、ドーピング防止、スポーツに関
する紛争の解決など、「スポーツ振興法」では定められていなかった、スポー
ツを取り巻く現代的課題に関する内容なども規定されている。

（3）スポーツ基本計画
①　第 1 期スポーツ基本計画

　2012（平成 24）年 3 月には、「第 1 期スポーツ基本計画」（以下「第 1
期計画」）が示された。「スポーツ基本計画」は、スポーツ基本法第 9 条に
かなり強い義務規定として定められた「スポーツの推進に関する基本的な計
画」に相当し、今後のスポーツ政策の方向性を示すものであり、国、地方公
共団体、および関係団体等が一体となって施策を推進していくための重要な
指針でもある。この第 1 期計画は、10 年間を見通したスポーツ推進の 7 つ

*3　スポーツ立国戦略
人（する人、みる人、
ささえる（育てる）人）
の重視、連携・協働の
推進を基本的な考え方
として、①ライフス
テージに応じたスポー
ツ機会の創造、②世界
で競い合うトップアス
リートの育成・強化、
③スポーツ界の連携・
協働により「好循環」
の創出、④スポーツ界
における透明性や公
平・公正性の向上、⑤
社会全体でスポーツを
支える基盤の整備とい
う、5 つの重点項目が
示された[1]。

＊4　第1期スポーツ
基本計画
スポーツ振興の基本方
針として、①子どもの
スポーツ機会の充実、
②ライフステージに応
じたスポーツ活動の推
進、③住民が主体的に
参画する地域のスポー
ツ環境の整備、④国際
競技力の向上に向けた
人材の養成やスポーツ
環境の整備、⑤オリン
ピック・パラリンピッ
ク等の国際競技大会等
の招致・開催等を通じ
た国際交流・貢献の推
進、⑥スポーツ界の透
明性、公平・公正性の
向上、⑦スポーツ界の
好循環の創出の7項
目を示し、各項目に政
策目標を設定²⁾。

＊5　第2期スポーツ
基本計画
「～スポーツが変える。
未来を創る。Enjoy
Sports, Enjoy Life
～」を中長期的なス
ポーツ政策の基本方針
として、①スポーツで
「人生」が変わる！、
②スポーツで「社会」
を変える！、③スポー
ツで「世界」とつなが
る！、④スポーツで「未
来」を創る！　を掲げ、
「スポーツ参画人口」
を拡大し、「一億総
スポーツ社会」の実現に
取り組むこととしてい
る³⁾。

＊6　第3期スポーツ
基本計画の詳細につい
ては後述（本章第3
節2)。

の基本方針＊4 を示したうえで、課題ごとに施策目標を設定して、策定後5年間に総合的かつ計画的に取り組むべき施策を掲げている。

② **第2期スポーツ基本計画**

2017（平成29）年3月には、「第2期スポーツ基本計画」（以下「第2期計画」）が公表された。第1期計画では、子どもの体力低下に歯止めがかかったことや、2012（平成24）年のロンドンオリンピック、2016（平成28）年のリオデジャネイロオリンピックで過去最多のメダル数を獲得したことなどの成果があった一方で、成人の定期的な運動・スポーツ実施率が数値目標を達成できなかったことなどの課題が浮き彫りにされた。また、2020年東京オリンピック・パラリンピック競技大会（以下「東京2020大会」）の招致決定（2013（平成25）年）、障害者スポーツに関する事業の厚生労働省から文部科学省への移管（2014（平成26）年）、スポーツ庁の創設（2015（平成27）年）などの成果もみられた。そのため、第2期計画では、こうした第1期計画の成果と課題なども継承しながら、東京2020大会後も見据えた5年間のスポーツ政策の指針＊5 が示された。

③ **第3期スポーツ基本計画**

2022（令和4）年3月には、「第3期スポーツ基本計画」が公表された。この第3期スポーツ基本計画は、2012（平成24）年度から5年間の第1期計画、および2017（平成29）年度から5年間の第2期計画を経て、2022（令和4）年度から2026（令和8）年度までの5年間で国等が取り組むべき施策・目標等を定めた計画となっている。そのため、第3期スポーツ基本計画では、東京2020大会のスポーツ・レガシーの継承・発展に向けて、重点施策として取り組むべき施策が示されるとともに、国民がスポーツを「する」「みる」「ささえる」ことを実現できる社会をめざすために必要な視点として、❶スポーツを「つくる／はぐくむ」、❷「あつまり」、スポーツを「ともに」行い、「つながり」を感じる、❸スポーツに「誰もがアクセス」できる、といったスポーツとのかかわりにおける「新たな3つの視点」が設定され、視点ごとの重点施策が示されている。そして、重点施策を含めた具体的な施策が「今後5年間に総合的かつ計画的に取り組む12の施策」として掲げられている＊6。

2　スポーツ行政の役割と仕組み

　「スポーツ基本法」では、「権利としてのスポーツ」が明文化され、多くの人々が自由にスポーツとかかわる権利を尊重し保障することがスポーツ行政の重要な役割として明確にされた。こうした重要な役割を果たすためには、国や地方公共団体（都道府県・市区町村）におけるスポーツ行政の組織体制などを理解することが重要である。

1　スポーツ行政の基本的な役割

　スポーツ基本法には、「スポーツを通じて幸福で豊かな生活を営むことは、全ての人々の権利であり、全ての国民がその自発性の下に、各々の関心、適性等に応じて、安全かつ公正な環境の下で日常的にスポーツに親しみ、スポーツを楽しみ、又はスポーツを支える活動に参画する機会が確保されなければならない」（前文）と記されている。

　スポーツ行政とはまさに、すべての人々（国民）に「スポーツを通じて幸福で豊かな生活を営む」権利を保障することをめざして、国や地方公共団体（都道府県・市区町村）が、人々の多様なスポーツ・レクリエーション活動を「公共福祉の観点」から捉えたうえで、「法の規制範囲」において、そうしたスポーツ・レクリエーション活動の環境条件を整備・充実し、文化としてのスポーツ・レクリエーションの普及・推進を図るための公的活動である。すなわち、スポーツ行政組織は、国や地方公共団体の公的活動として法律や法規に従って「規制作用（義務・制約）」を加えなければならない場面と、スポーツ・レクリエーション活動を楽しむ人々の自発性を尊重して、その際に必要となる諸条件（人的・物的・制度的条件など）を整備するという「助成作用（支援・奨励)」を働かせる場面に直面し、「どちらを重視すべきかといったジレンマ問題」[4] を常に抱えているのである。

　それゆえ、スポーツ行政組織には、国民・市民のニーズやスポーツを取り巻く現状等の把握・分析から得られたエビデンス（科学的根拠）に基づいて、スポーツ政策を形成し（Plan《計画》）、それを具体的に実施するための施策に従って事業を実践し（Do《実行》）、その成果やプロセスを客観的に評価し（Check《評価・診断》）、その結果に基づいて計画の見直しを図る（Action《反省・改善》）という PDCA サイクル（図12-3 参照）を通して、スポーツの文化的普及・推進を合理的かつ効率的に図ることが強く求められる。

2 スポーツ行政の仕組み

(1) 国レベルのスポーツ行政組織

　国レベルのスポーツ行政は、長きにわたって「文部科学省スポーツ・青少年局」が中心となって担ってきた。しかし実際には、厚生労働省（高齢者や障害者のスポーツ振興など）や経済産業省（スポーツ産業の振興など）、外務省（スポーツ分野での国際交流など）、国土交通省（スポーツ施設を含めた公園の整備など）などの省庁にもスポーツに関する行政が分散し、各省庁がそれぞれの役割を担ってきたことはいうまでもない。こうしたことから、省庁間の重複を調整して効率化を図り、各省庁のスポーツ関連施策を総合的・一体的に推進することができるような組織体制づくりが求められ、2015（平成27）年7月に文部科学省の外局として「**スポーツ庁**」が設置された。

　スポーツ庁は、これまで文部科学省において担ってきた業務（地域スポーツの振興、学校体育・武道の振興、国際競技力の向上、スポーツ界のガバナンス強化、オリパラムーブメントの推進など）に加えて、他省庁とも連携しながら、健康増進に資するスポーツ機会の確保、障害者スポーツの充実、スポーツによる地域おこしへの支援、産業界との連携によるスポーツ普及と競技力強化など、スポーツ行政の総合的な推進を図っている。それゆえ、スポーツ庁は、国のスポーツ政策や具体的な施策の展開とスポーツ組織・団体等の育成・活動調整という政策形成機能に重点を置いたスポーツ行政組織としての役割を担うために、政策課（企画調整室を含む）、健康スポーツ課（障害者スポーツ振興室を含む）、地域スポーツ課、競技スポーツ課、参事官（地域振興担当、民間スポーツ担当、国際担当）を配置している（図12-1参照）。

(2) 地方公共団体レベルのスポーツ行政組織

　地方公共団体（都道府県・市区町村）レベルのスポーツ行政は、「教育委員会」という教育行政組織が担ってきた。しかしながら、「地方教育行政の組織及び運営に関する法律（地教行法）」が2007（平成19）年6月に一部改正されたことから[*7]、条例の定めるところにより、地方公共団体の長がスポーツに関する事務（学校体育に関する事務は除く）の一部または全部を管理し、執行できるようになり（職務権限の特例）[*8]、知事や市区町村長などの首長部局が教育委員会に代わって、スポーツ行政を所管する組織としての役割を担うこともできる。

　2016（平成28）年度スポーツ庁委託調査「地方スポーツ行政に関する調査研究」報告書（2017年3月）によれば、都道府県におけるスポーツ政策

*7 「地方教育行政の組織及び運営に関する法律の一部を改正する法律」は、2007（平成19）年6月27日に公布され、2008（平成20）年4月1日から施行された。地教行法はその後も何度か改正されて、現行法（令和4年6月17日法律第68号）に至っている。

*8 現行法第23条第1項（法改正当時は第24条の2第1項）。

図 12-1　スポーツ庁の組織図

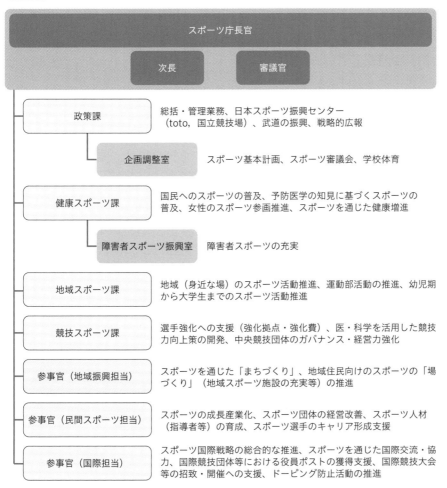

出典　スポーツ庁ウェブサイト「スポーツ庁組織図」
https://www.mext.go.jp/sports/b_menu/soshiki2/1362177.htm

主管部局は「首長部局」が 53.2%、「教育委員会」が 46.8% であるという[*9]。こうした背景には、スポーツにかかわる部署や業務などの一元化を進め、観光や文化を所管する他部署との連携・協力関係を強め、地域活性化やまちづくりのために一体的な取組を行うねらいがある。これに対して、市区町村におけるスポーツ政策主管部局は「首長部局」が 19.6%、「教育委員会」が 80.4% となっているが、人口 50 万人以上では「首長部局」が 84.0%、人口 20 〜 50 万人未満では「首長部局」が 60.0% と半数を超えており、人口規模が大きな市区町村ほど都道府県と同じような傾向がみられる[6]。

　また、スポーツ基本法第 10 条においては、「都道府県及び市町村の教育委員会（「地教行法」第 23 条第 1 項の条例に定めるところによる地方公共団体の長）は、スポーツ基本計画を参酌して、その地方の実情に即したスポーツの推進に関する計画（地方スポーツ推進計画）を定めるよう努めるものと

＊9　2012（平成 24）年度調査では、「首長部局」が 34.0%、「教育委員会」が 66.0% となっており、首長部局が増える傾向にある[5]。

する」とされ、少し遠慮がちの努力義務規定が示されている。

　また、スポーツ庁の「第3期スポーツ基本計画 参考データ集」によれば、2020（令和2）年12月現在、スポーツ推進（振興）を目的とした「単独の計画」を策定している都道府県の割合は93.6％、つまり44都道府県で地方スポーツ推進計画が策定されている。残りの6.4％（3県）については他の計画にスポーツ分野が盛り込まれている。一方、市区町村では、スポーツ推進（振興）を目的とした「単独の計画」を策定している割合が33.2％（571）、他の計画にスポーツ分野が盛り込まれている割合が55.4％（953）となっている。また、いずれの計画もない市区町村が11.4％（196）あり、計画的なスポーツ行政がなされていない可能性が高い[7]。こうした結果は、都道府県レベルのスポーツ行政組織は政策形成機能とそれを具体化したスポーツ推進事業を計画的に展開するという経営機能を備えているのに対して、市区町村レベルのスポーツ行政組織は慣例化されたスポーツ推進事業を前例踏襲的に実施するだけの経営機能しか発揮できていない、ということを示唆している。

3　スポーツ政策のマネジメント

　スポーツ行政組織は、スポーツ政策を「政策体系」（政策−施策−事務・事業）として捉え、PDCAサイクルに基づく「スポーツ政策を生かすマネジメント」を行う必要がある。現行の第3期スポーツ基本計画の策定および実施に至るプロセスを通じて、スポーツ政策を生かすマネジメントについて理解する。

1　スポーツ政策を生かすマネジメント

　スポーツ行政組織には、国民・市民の多様化・高度化するニーズの中で、最適なスポーツ政策の選択を行い、限られた予算（税金）や人材などの各種資源を有効活用しながら、効果的なスポーツ事業を展開するという「スポーツ政策を生かすマネジメント」が求められる。

　「政策（Policy）」とは、「行政組織（機関）の大局的な目的や方針・方向性を示す抽象的な表現（存在）」[8]を意味するが、法令やスポーツ基本計画には、「政策」にあたる部分だけではなく、政策を実現するための具体的な手段や方策、取組内容のまとまりを示す「施策（Program）」や、施策の目的や内容を実現するための個別的手段で具体的な予算と直結した「事務・事

業（Task/Project）」にあたる内容も含まれる。そのため、スポーツ政策を
生かすマネジメントの実践には、「政策－施策－事務・事業」を「目的－手
段関係」（3層構造）からなる「政策体系」として捉え、「事務・事業評価－
施策評価－政策評価」といった3階層による体系的な行政評価を行うこと[9]
が求められる。また、体系的な行政評価のためには、あらかじめ各階層で定
められた適切な基準と評価指標に基づいて、その妥当性や達成状況について
国民・市民らの生活者や競技団体などのステークホルダー（利害関係者）の
観点から評価・検証を行うことも欠かせない（図12-2参照）。

　それゆえ、スポーツ行政組織がスポーツ政策を合理的・効率的にマネジメ
ントしていくためには、PDCAサイクルに基づく「政策循環」が不可欠で
ある。それは、国民・市民のニーズやスポーツを取り巻く現状等のエビデン
スに基づいて「政策」を策定し、その「政策」を具体的に実施するための「施
策」を決定し（Plan《計画》：政策形成）、限られた行政資源の最適化を図
りながら「施策」に沿って「事業」を行い（Do《実行》：政策実施）、「事業」
「施策」「政策」の各階層の達成状況やプロセスの妥当性について利害関係者
の観点から客観的に評価を行い（Check《評価・診断》：行政評価（政策評価、
施策評価、事務・事業評価））、評価の結果（エビデンス）および社会状況に
基づいて「政策体系」の再編成や行政組織の体制の見直しを図る（Action《反
省・改善》：政策改善）、という循環的なプロセスである（図12-3参照）。

図 12-2　行政活動の体系と行政評価の考え方

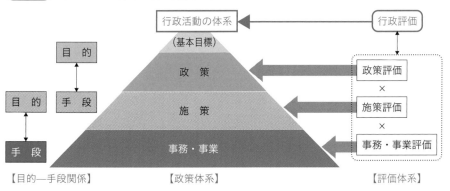

出典　中西純司「スポーツ政策とスポーツ経営学」『体育・スポーツ経営学研究』第26巻　日本体育・スポーツ経営
　　　学会　2012年　p.5

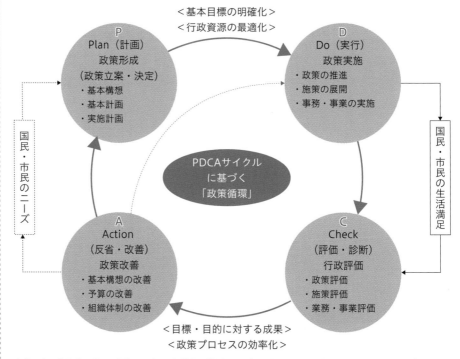

図 12-3 PDCA サイクルに基づく政策プロセスのサイクル

＜基本目標の明確化＞
＜行政資源の最適化＞

P
Plan（計画）
政策形成
（政策立案・決定）
・基本構想
・基本計画
・実施計画

D
Do（実行）
政策実施
・政策の推進
・施策の展開
・事務・事業の実施

PDCAサイクル
に基づく
「政策循環」

国民・市民のニーズ

国民・市民の生活満足

A
Action
（反省・改善）
政策改善
・基本構想の改善
・予算の改善
・組織体制の改善

C
Check
（評価・診断）
行政評価
・政策評価
・施策評価
・業務・事業評価

＜目標・目的に対する成果＞
＜政策プロセスの効率化＞

出典　中西純司「スポーツ政策とスポーツ経営学」『体育・スポーツ経営学研究』第 26 巻　日本体育・スポーツ経営学会　2012 年　p.6

2 「第 3 期スポーツ基本計画」の展開

（1）計画策定のプロセス

　スポーツ庁長官は、2021（令和 3）年 4 月 21 日にスポーツ審議会に対して「第 3 期スポーツ基本計画の策定について」諮問し、スポーツ審議会「スポーツ基本計画部会」は計 12 回の審議と、「関係団体からのヒアリング」「パブリックコメント」（2021 年 12 月 21 日～ 2022 年 1 月 19 日）などの結果（意見総数 670 件）を踏まえ、「第 3 期スポーツ基本計画について（答申）」（2022（令和 4）年 3 月 3 日）を取りまとめた。そして、文部科学大臣は、この答申を受けて、2022（令和 4）年 3 月 25 日に、先にも説明した「第 3 期スポーツ基本計画」（以下「第 3 期計画」）を公表した。

　この第 3 期計画の策定にあたっては、第 2 期計画で掲げられた 4 つの政策目標および各施策の進捗状況や成果目標・指標の達成状況などについて総括的な評価がなされた。例えば、（国際）競技力強化の戦略的支援やスポーツ国際戦略、スポーツ・インテグリティの確保に向けたアクションプランの策定などの取組は着実に進められたが、成人・障害者の週 1 回・週 3 回以

上のスポーツ実施率は、成人の週 3 回以上を除いて、目標値には及ばず[*10]、週 1 回に満たない層や非実施層へのアプローチの必要性が指摘された。また、第 2 期計画期間中の社会状況[*11]の分析もなされ、新型コロナウイルスの蔓延による、日常的なスポーツ活動の制限や、東京 2020 大会の開催是非論も含めた 1 年延期と無観客開催などを踏まえ、「なぜ国としてスポーツの発展をめざすのか」（スポーツの基本的価値）を再確認する必要性も強調された。

　こうした総括的な評価と社会状況の分析結果などに基づいて、第 3 期計画では、国民が「スポーツに『自発的』に参画し、『楽しさ』や『喜び』を得ることは、人々の生活や心をより豊かにする『Well-being』の考え方にもつながるものである」[10]ことをスポーツの基本的価値として捉えるとともに、スポーツを通じた地域活性化、健康増進による健康長寿社会の実現、経済発展、国際理解の促進などの「スポーツが社会活性化等に寄与する価値」[10]についても明確にしている。そのうえで、第 3 期計画は、「生涯を通じてスポーツを『好き』でいられる環境を整えていくことが不可欠である」[10]ことを基本に、「今後 5 年間に総合的かつ計画的に取り組む施策」（今後の施策目標および具体的施策）までも含めて策定され、今後、PDCA サイクルに基づく政策循環によって合理的・効率的に展開されていくであろう。

（2）計画の概要

　第 3 期計画では、東京 2020 大会のスポーツ・レガシーの継承・発展に重点的に取り組むことに加え、全ての人々がスポーツを「する」「みる」「ささえる」ことを実現できる社会をめざすために、スポーツとのかかわりにおいて、❶社会の変化や状況に応じて、既存の仕組みにとらわれずに柔軟に対応するというスポーツを「つくる／はぐくむ」という視点、❷様々な立場・背景・特性を有した人・組織が「あつまり」、「ともに」活動し、「つながり」を感じながらスポーツに取り組める社会の実現を目指すという視点、❸性別、年齢、障害の有無、経済的事情、地域事情等にかかわらず、全ての人がスポーツにアクセスできるような社会の実現・機運の醸成を目指すという視点、といった 3 つの「新たな視点」が必要であるとされ、視点ごとに定めた重点施策に取り組むことを掲げている（ 表 12-1 参照）。

　第 3 期計画における「今後 5 年間に総合的かつ計画的に取り組む施策」は、「東京 2020 大会のスポーツ・レガシーの継承・発展」および 3 つの「新たな視点」の 4 つの施策のもとに 12 の具体的施策内容が策定され[*12]、「目的－手段関係」から捉えられる。例えば、「東京 2020 大会のスポーツ・レガシーの継承・発展」に関して「持続可能な国際競技力の向上」を実現するために、「（3）国際競技力の向上」で、中央競技団体（NF）が策定する中長期の強

* 10　成人の週 1 回以上のスポーツ実施率 65 % 程度（障害者は 40 % 程度）、週 3 回以上のスポーツ実施率は 30 % 程度（障害者は 20 % 程度）を目標値としていたが、2021（令和 3）年度の成人の週 1 回以上のスポーツ実施率は 56.4 %（障害者は 31.0 %）、週 3 回以上のスポーツ実施率は 30.4 %（障害者は 16.5 %）であった[10]。

* 11　「人口減少・高齢化の進行」「地域間格差の広がり」「DX など急速な技術革新」「ライフスタイルの変化」「持続可能な社会や共生社会への移行」が挙げられる[10]。

* 12　【スポーツの振興を図るための施策】(1)多様な主体におけるスポーツの機会創出、(2)スポーツ界におけるDX の推進、(3)国際競技力の向上、(4)スポーツの国際交流・協力【スポーツによる社会活性化・社会課題の解決を図るための施策】(5)スポーツによる健康増進、(6)スポーツの成長産業化、(7)スポーツによる地方創生、まちづくり、(8)スポーツを通じた共生社会の実現【スポーツ振興およびスポーツによる社会活性化・社会課題の解決を実現するための必要となる基盤や体制を確保するための施策】(9)担い手となるスポーツ団体のガバナンス改革・経営力強化、(10)スポーツの推進に不可欠な「ハード」「ソフト」「人材」、(11)スポーツを実施する者の安全・安心の確保、(12)スポーツ・インテグリティの確保[10]。

表 12-1	第 3 期計画における「新たな三つの視点」を支える重点施策

1. スポーツを「つくる／はぐくむ」
社会の変化や状況に応じて、既存の仕組みにとらわれずに柔軟に見直し、最適な方法・ルールを考え、創り出す。
◆多様な主体が参加できるスポーツの機会創出
◆自主性・自律性を促せるような指導ができる質の高いスポーツ指導者の育成
◆スポーツ界における DX の導入

2. スポーツで「あつまり、ともに、つながる」
様々な立場・背景・特性を有した人・組織があつまり、ともに課題に対応し、つながりを感じてスポーツを行う。
◆スポーツを通じた共生社会の実現
◆スポーツ団体のガバナンス・経営力強化、関係団体等の連携・協力を通じた我が国のスポーツ体制の強化
◆スポーツを通じた国際交流

3. スポーツに「誰もがアクセスできる」
性別や年齢、障害、経済・地域事情の違い等によって、スポーツの取組に差が生じない社会を実現し、機運を醸成。
◆地域において、住民の誰もが気軽にスポーツに親しめる「場づくり」等の機会の提供
◆アスリート育成パスウェイの構築及びスポーツ医・科学、情報等による支援の充実
◆本人が望まない理由でスポーツを途中であきらめることがないような継続的なアクセスの確保

出典　文部科学省「第 3 期スポーツ基本計画」（令和 4 年 3 月 25 日）より筆者作成
https://www.mext.go.jp/sports/content/000021299_20220316_3.pdf

化戦略に基づく競技力向上を支援するシステムの確立や、NF におけるアスリート育成パスウェイ（アスリートが競技開始からトップレベルに至るまでの道筋）の構築等を通して、世界で活躍するトップアスリートを継続的に輩出することなどを掲げ、その取組を通じて政策目標の「夏季及び冬季それぞれのオリ・パラ競技大会並びに各競技の世界選手権等を含む主要国際大会において、過去最高水準の金メダル獲得数、メダル獲得総数、入賞数及びメダル獲得競技数等の実現を図る」[10] としている。

　同様に、スポーツを「つくる／はぐくむ」視点に関しては、「多様な主体が参画できるスポーツの機会創出」を実現するために、「(1) 多様な主体におけるスポーツの機会創出」として、「①広く国民一般に向けたスポーツを実施する機会の創出」のために、Sport in Life コンソーシアム[*13] を通じて、関係機関・団体等の連係と、国民のスポーツ実施促進に係る取組を推進することや、「②学校や地域における子供・若者のスポーツ機会の充実と体力の向上」のために、運動部活動の地域連携・地域移行[*14] を着実に推進すること、「体育の授業等を通じて運動好きな子供や日常から運動に親しむ子供を増加させ、生涯にわたって運動やスポーツを継続し、心身ともに健康で幸福な生活を営むことができる資質や能力（いわゆる「フィジカルリテラシー」）の育成を図る」[10] ことなどを掲げ、その取組を通じて政策目標の「国民のスポーツ実施率を向上させ、日々の生活の中で一人一人がスポーツの価値を享受できる社会を構築する」[10] ことの実現をめざしている。

　そのため、第 3 期計画で示された施策は、「スポーツ立国の実現を目指したスポーツの振興」として予算が計上され（約 354 億 8,000 万円）、国レベ

＊13　地方公共団体、スポーツ団体、経済団体等が連携してスポーツ振興に取り組んでいくために、関係団体で構成するコンソーシアム。Sport in Life プロジェクトの一環として行われている[10]。

＊14　第 6 章第 3 節 3 参照。

ルでの事務・事業として具体的に実施するほか、地方公共団体での地方計画の策定およびそれを具体化したスポーツ推進事業の実施や、競技団体や民間団体等での事業実施などを通して具体的に展開される。なかでも、2023（令和5）年度スポーツ庁予算（案）（1月発表）[11] *15 によれば、先の側注（＊12）で挙げた施策（1）の「①広く国民一般に向けたスポーツを実施する機会の創出」に関しては、「多様な主体によるスポーツ参画の促進と共生社会の実現」として「Sport in Life 推進プロジェクト【拡充】」に約2億6,234万円が計上され、「国、地方自治体、スポーツ団体、企業等の国民のスポーツ振興に積極的に取り組む関係団体で構成するコンソーシアムを設置し、加盟団体の自主的な連携による活動を促進させる仕掛けを施し、スポーツ実施者の増加に向けた推進力、相乗効果を創出する」ことが目標とされている。同様に、「②学校や地域における子供・若者のスポーツ機会の充実と体力の向上」に関しても、「運動部活動の地域連携や地域スポーツクラブ活動移行に向けた環境の一体的な整備等」として「地域スポーツクラブ活動体制整備事業等【拡充・新規】」に約12億9,490万円が計上され、運動部活動の地域連携・地域移行への対応を進めている。

＊15　本予算（案）は2023（令和5）年3月28日に（案）の通りに成立した。

　加えて、施策（10）の「①地域において、住民の誰もが気軽にスポーツに親しめる『場づくり』の実現」と「②地域のスポーツ環境の構築」に関しては、「スポーツの成長産業化・スポーツによる地域創生」として「地域において誰もが気軽にスポーツに親しめる場づくり総合推進事業」（約5,800万円）や「スポーツによる地域活性化・まちづくり担い手育成総合支援事業【拡充】」（約2億418万円）に対して予算計上されている。さらに、施策（3）の「①中長期の強化戦略に基づく競技力向上を支援するシステムの確立」と「②アスリート育成パスウェイの構築」に関しては、「持続可能な競技力向上体制の確立」として「競技力向上事業【拡充】」に対して100億5,000万円が計上され、東京2020大会のスポーツ・レガシーの継承・発展を図ろうとしている。

　このように、第3期計画は、「目的−手段関係」からなる「政策体系」が構築・実践され、体系的に評価されるという、PDCAサイクルに基づく「政策循環」が行われることで、文部科学省（スポーツ庁）による「スポーツ政策マネジメント」が進められているといってもよい。

引用文献

1 ）文部科学省「スポーツ立国戦略の概要」
　　https://www.mext.go.jp/a_menu/sports/rikkoku/__icsFiles/afieldfile/2010/09/16/1297
　　182_01.pdf
2 ）文部科学省「スポーツ基本計画（概要）」2012 年
　　https://www.mext.go.jp/component/a_menu/sports/detail/__icsFiles/afieldfile/2012/
　　10/16/1319399_2.pdf
3 ）文部科学省「第 2 期スポーツ基本計画 概要」2017 年
　　https://www.mext.go.jp/sports/content/1383656_001.pdf
4 ）中西純司「スポーツ政策とスポーツ経営学」『体育・スポーツ経営学研究』第 26 巻　日本体育・スポーツ経
　　営学会　2012 年　p.3
5 ）野村総合研究所「スポーツ政策調査研究（地方スポーツ政策に関する調査研究）報告書（平成 25 年 3 月）」（文
　　部科学省委託調査「地方スポーツ政策に関する調査研究（平成 24 年度）」）2013 年　p.25
　　https://www.mext.go.jp/a_menu/sports/chousa/detail/1333390.htm
6 ）政策研究所「平成 28 年度スポーツ政策調査研究『地方スポーツ行政に関する調査研究』報告書（平成 29 年
　　3 月）」（スポーツ庁委託調査「地方スポーツ行政に関する調査研究事業（平成 28 年度）」）2017 年　p.5
　　https://www.mext.go.jp/sports/b_menu/sports/mcatetop01/list/detail/1386546.htm
7 ）文部科学省「第 3 期スポーツ基本計画　参考データ集」
　　https://www.mext.go.jp/sports/content/000021299_20220316_5.pdf
8 ）中西純司「第 4 章 1.（2）スポーツ政策を生かす経営」山下秋二他編『改訂版 スポーツ経営学』大修館書店
　　2006 年　pp.81-83
9 ）同上書　p.82
10）文部科学省「第 3 期スポーツ基本計画」（令和 4 年 3 月 25 日）
　　https://www.mext.go.jp/sports/content/000021299_20220316_3.pdf
11）スポーツ庁「令和 5 年度スポーツ庁予算（案）」
　　https://www.mext.go.jp/sports/content/20230120-spt_sseisaku01-000027027_1.pdf

参考文献

・入澤充「第 2 編　スポーツ政策」笠原一也・園山和夫監修　入澤充・吉田勝光編著『スポーツ・体育 指導・執
　務必携』道和書院　2019 年　pp.261-263
・内海和雄「保健体育審議会「答申」の背景と内容―スポーツ政策における公共性と民営化の拮抗―」東京商科大
　學一橋論叢編輯所『一橋論叢』第 121 巻第 2 号　岩波書店　1999 年　pp.280-298
・笠原一也「第 8 章　地域におけるスポーツ振興」日本スポーツ協会『公認スポーツ指導者養成テキスト 共通科
　目 I』日本スポーツ協会　2022 年　pp.149-158
・菊幸一・齋藤健司・真山達志・横山勝彦編『スポーツ政策論』成文堂　2011 年
・中西純司「理論編：スポーツ政策としての地方スポーツ推進計画」『みんなのスポーツ』第 35 巻 6 号　全国スポー
　ツ推進委員連合　2013 年　pp.12-14
・浪越信夫・冨田幸博編著『スポーツ行政・政策マニュアル』文化書房博文社　1999 年
・森田容子・清水恵美「第 1 章　スポーツ政策」笹川スポーツ財団『スポーツ白書』笹川スポーツ財団　2020 年
　pp.24-40
・文部科学省「スポーツ振興基本計画」（平成 13 年度～ 23 年度）
　https://www.mext.go.jp/a_menu/sports/plan/06031014.htm
・文部科学省「スポーツ立国戦略の概要」
　https://www.mext.go.jp/a_menu/sports/rikkoku/__icsFiles/afieldfile/2010/09/16/1297182_01.pdf
・吉田勝光「第 3 編　行政機関の通知等」笠原一也・園山和夫監　入澤充・吉田勝光編著『スポーツ・体育 指導・
　執務必携』道和書院　2019 年　pp.321-323

学びの確認

1. (　　　　) に入る言葉を考えてみましょう。

① 1961（昭和 36）年に制定された（　　　　　　　　）は、1964（昭和 39）年
の（　　　　　　　　）開催を契機に制定されたわが国のスポーツ振興に関する施
策の基本を初めて明らかにした法律で、この法律に基づいて 2000（平成 12）年に
（　　　　　　　　）が策定された。

② 上記①の法律を全面改正し、2011（平成 23）年に制定された（　　　　　　）
では、スポーツを通じて幸福で豊かな生活を営むことが、全ての人々の（　　　）
であることが明文化され、これに基づいて 2012（平成 24）年に第 1 期（　　　）
が策定された。

③ 国や地方公共団体が策定するスポーツ政策は「(　　　)−(　　　)−(　　　　)」
の 3 層構造からなる政策体系であるため、スポーツ行政組織がこのスポーツ政策を
合理的・効率的にマネジメントしていくためには、(　　　　　　　) に基づく「政
策循環」が不可欠である。

④ スポーツ行政の総合的な推進を図るために、2015（平成 27）年に（　　　　　）
が（　　　　　　）省の外局として設置され、その中心的な役割を担っている。地方
公共団体のスポーツ行政は長く（　　　　　）が担ってきたが、近年では都道府県
や人口規模の大きい市区町村を中心に知事や市区町村長などの（　　　　）が担う
地方公共団体も増えている。

2. 第 3 期スポーツ基本計画に示された「今後 5 年間に総合的かつ計画的に取り組む施策」の内容やそれを実現するための事業（予算規模も含めて）等を調べてみましょう。

....

....

....

....

スポーツをみる権利

太成学院大学／長谷川健司

■ スポーツ中継の変化

2022FIFA ワールドカップカタール大会では、日本代表が優勝経験国のドイツ、スペインに相次いで勝利してグループステージを1位通過、ノックアウトステージではクロアチアにPK戦で敗れて目標のベスト8には届かなかったものの、大いに盛り上がりました。一方で、試合中継においては転換期を迎えた大会でした。2018ロシア大会までは、全ての試合がテレビ中継で放送されてきましたが、2022カタール大会の日本での地上波放送は全64試合のうち41試合にとどまり、動画配信大手ABEMAの参入によって全試合が無料放映されました。

また、2022カタール大会出場をかけたアジア最終予選では、日本代表のアウェーの試合は動画配信サービスを行うDAZN（ダゾーン）が独占放送権を獲得したため、ワールドカップ出場を決めたオーストラリア戦も無料放映されることはなく、多くの人々が試合を視聴できない状況になりました。このような地上波放送の減少の背景には放映権料の高騰があり、民間放送（民放）各局が高額の放映権料に見合った広告収入を確保することができずに赤字となるため、無料放映ができなくなってきています。

代わって、ABEMAやDAZNのようなOTT（Over the Top）といわれるインターネット回線を通じた動画配信サービスが拡大しています。2022カタール大会のABEMAのように広告収入で放映され、無料で利用可能なサービスもありますが、視聴の際に課金が必要な有料サービスが拡大しています。魅力的なコンテンツの放映権料が上昇することで収入増になり、賞金の増額や選手の環境改善、およびスポーツビジネスの発展などにつながる一方、有料サービスの契約をしていない（できない）人は試合などを見られず、スポーツ普及の観点からは課題といえます。

■ ユニバーサル・アクセス権

公共放送を中心に放送市場が発展してきたヨーロッパでは、衛星テレビ放送によるスポーツの有料放送が広がってきた1990年代から「ユニバーサル・アクセス権」について議論されてきました。ユニバーサル・アクセス権とは「誰もが自由に情報にアクセスできる権利」ですが、国民がスポーツをみる権利もこれに含まれます。

しかしながら、有料放送事業者がスポーツの人気コンテンツの独占放送権を獲得することにより、視聴料を支払わなければ国民的関心が高い競技であっても視聴できない状況は、スポーツ情報への自由なアクセスが国民に保障されず、ユニバーサル・アクセス権の侵害にあたると考えられ、英国では1996年の放送法改正、欧州連合（EU）では1997年の「国境なきテレビ指令」（現「視聴覚メディア・サービス指令」）において、オリンピックやサッカーワールドカップといった国民的関心の高い競技大会については、誰もが無料で視聴できる環境を整備するよう定められています。

日本でも検討の必要性は以前より指摘されてきましたが、残念ながら、大きな議論には至っていません。トップアスリートたちのパフォーマンスや歓喜の瞬間を一部の限られた人しかみられない状況は、スポーツ価値の文化的享受と質的発展・向上をめぐる「格差」や「不平等」を助長しかねません。

そのため、今後、「スポーツを通じて幸福で豊かな生活を営む権利を全ての人々に保障する」というスポーツ行政の公的役割を果たしていくためには、どのようなスポーツイベントやメディアを「ユニバーサル・アクセス」の対象とするのかについて、「みるスポーツのビジネス」としての成長発展とのバランスを考慮しながら慎重に検討・議論する必要があるでしょう。

第13章 スポーツ団体のマネジメント

なぜこの章を学ぶのですか？

　私たちがスポーツを楽しむことができるのは、スポーツを守り育て、次世代に継承していくための組織が存在するからです。この組織が「スポーツ団体」であり、豊益潤福なスポーツライフの形成・定着にはこれらのスポーツ団体の計画的かつ継続的なスポーツ推進活動が大きくかかわっているといっても過言ではありません。

第13章の学びのポイントは何ですか？

　本章では、「なぜ、スポーツ団体が必要なのか」「スポーツ団体の役割とは何か」「中央競技団体やスポーツ統括団体はどのような組織を構成し、どのような事業を実践しているのか」などについて学習します。また、スポーツ団体が持続可能な組織的活動を展開していくための創意工夫や公平かつ公正な組織運営を実践するための取組などについても学びを深めます。

＼ 考えてみよう ／

1 スポーツ団体の必要性は、「スポーツ」と「遊び」の違いにあるといえます。それでは、スポーツと遊びの違いとは何でしょうか。

2 これまでに運動部活動等でスポーツとかかわってきた人は多いでしょう。あなたが知っているスポーツ団体の名称を挙げてみましょう。

1 スポーツ団体の役割と分類

なぜ、スポーツ団体が必要なのかについて学ぶ。また、スポーツ団体は、スポーツの文化的な普及・推進や競技力向上、社会貢献といった役割を果たすことが重要であり、競技団体、スポーツ統括団体、地域スポーツ団体といったように分類することができる。

1 スポーツ団体の役割

（1）スポーツ団体とは

なぜ、スポーツ団体が必要なのだろうか。友達や家族と公園や空き地で遊ぶのは、個人的で自由な活動であるため、複数人による集団を形成することはあっても、「遊び」を管理するための組織は不要である。一方、私たちが現在、「スポーツ」と呼んでいる近代スポーツは、19 世紀の英国において、子どもたちの自由な遊びに時間的・空間的な制限となるルールを設けることで誕生し、世界中に広まっていったといわれている。

このように、人々が集まり、ルールに則ったスポーツを定期的・継続的に実施するようになると、少年野球やスポーツ少年団のような小規模のスポーツ集団が生まれることは想像に難くないことである。スポーツ集団が生まれると、スポーツを文化として普及・推進したり、その環境を整備したり、ルールや会員・チームを管理したり、競技大会を開催したり、対外的な競技力を向上させたりする活動が必要になることはいうまでもない。

それゆえ、こうしたスポーツを「する・みる・ささえる」人々を支援し、豊益潤福なスポーツライフを形成・定着していくためには、様々なスポーツアクター（個人・集団・組織）を統括し、スポーツプロダクト（特に、スポーツサービス）を生産・供給するために、スポーツ資源調達とスポーツ需要創造に関する調整活動を担う「スポーツ団体」が必要不可欠なのである。

（2）スポーツ団体の役割

① スポーツの文化的な普及・推進

スポーツという文化は、ある一部の特定の人のものではなく、誰にでも開かれ、楽しめるものでなければならない。また、スポーツ基本法[*1] 前文や基本理念（第 2 条）では、「スポーツを通じて幸福で豊かな生活を営むことは、全ての人々の権利であること」が明記され、すべての人にその権利が保障されている。そのため、スポーツ基本法第 5 条には、スポーツ団体が、スポー

*1　スポーツ基本法
2011（平成 23）年に成立。1961（昭和 36）年に制定されたスポーツ振興法を改正し、スポーツに関し基本理念を定め、国及び地方公共団体の責務並びにスポーツ団体の努力等を明らかにするとともに、スポーツに関する施策の基本となる事項を定めたもの。

ツを行う者の権利利益の保護や、スポーツの文化的な普及・推進に対して主体的に取り組む努力とそのための事業を行うことが規定されている。いってみれば、スポーツ団体は、地域の実情を考慮しながら、スポーツを「する・みる・ささえる」という多様なかかわり方を普及・推進していくことによって、人々の興味・関心等に対応した生涯スポーツ社会の実現をめざしたスポーツ環境づくりという調整活動を担う役割を果たすことが重要なのである。

② 競技力の向上

スポーツは、人間の可能性の極限を追求するという意義を有している。そのため、競技スポーツにおいて選手やチームが「スポーツマンシップ」と「フェアプレー精神」で繰り広げる極限への挑戦は、みる人にも大きな感動や夢、楽しみや喜び、活力などを与えるという鑑賞的価値がある。しかしながら、スポーツ医・科学やデジタルテクノロジー等の急速な進化、およびグローバル化に伴い、国際競技力の向上を選手や指導者の努力だけに期待するのは困難になってきている。したがって、スポーツ団体は、選手やチームが国際競技力の向上に集中して取り組めるような「ハイパフォーマンス・サポート戦略」などを策定し実行していくという調整活動を行うことが肝要である。

③ スポーツによる社会貢献

「障害者基本計画」[*2] では、障害の有無にかかわらず、国民の誰もが相互に人格と個性を尊重し支え合う「共生社会」の実現が必要視されている。また最近では、企業や国・地方公共団体だけではなく、市民社会の一人一人の行動に至るまで、SDGs（Sustainable Development Goals：持続可能な開発目標）[*3] が注目され、求められている。当然のことながら、スポーツ界においても、社会的弱者を擁護する取組や世界の貧困をなくすこと、およびジェンダー平等の実現などは、重要な社会的目標であるといってもよい。特に、スポーツ団体は、税金や補助金等を用いて公的な活動を展開することが多いため、スポーツの文化的価値を広く社会に還元するという社会貢献活動を実践していくという調整活動を行う必要がある。

2 スポーツ団体の分類

(1) スポーツ団体の分類

このように、スポーツ団体は、スポーツの文化的な普及・推進を中心に、競技力の向上や社会貢献活動の展開などの主な役割を果たすために様々な事業を営む団体であり、どのような目的を達成するのかによって分類することができる。第1は、特定のスポーツ種目の普及・推進を直接的に担う競技

＊2　障害者基本計画
障害者基本法に基づき2002（平成14）年に策定。「ノーマライゼーション」と「リハビリテーション」を継承するとともに、「共生社会」の実現をめざすこととしている。

＊3　SDGs（Sustainable Development Goals：持続可能な開発目標）
2015（平成27）年9月の国連サミットで加盟国の全会一致で採択された「持続可能な開発のための2030アジェンダ」に記載された、2030（令和12）年までに持続可能でよりよい世界を目指す国際目標のこと。17のゴール・169のターゲットから構成され、地球上の「誰一人取り残さない（leave no one behind）」ことを誓っている。

団体である。第 2 は、競技団体の中でもプロスポーツ・リーグの運営に携わる（公社）日本プロサッカーリーグ（J リーグ）や（一社）日本野球機構（プロ野球）などがある。第 3 は、国内外を問わず、ある特定の大会・イベントの開催や興行等に特化した国際オリンピック委員会（International Olympic Committee：以下「IOC」）や（公財）日本オリンピック委員会（Japan Olympic Committee：以下「JOC」）、および（公財）日本スポーツ協会（Japan Sport Association：以下「JSPO」）などである。最後は、スポーツを通じた教育（青少年の健全育成）や生涯スポーツの普及・推進などを目的とした、スポーツ少年団や総合型地域スポーツクラブなどの地域スポーツ団体（地域スポーツクラブ）である。

（2）競技団体

　競技団体は、各スポーツ種目を統括し、その普及・推進と競技力の向上等を目的として事業を営む（種目別）スポーツ団体である。そのため、このスポーツ団体は、（公財）日本陸上競技連盟や（公財）日本サッカー協会などの各スポーツ種目を国内で統括する「中央競技団体」（National Federations：以下「NF」）と、この中央競技団体に加盟する都道府県および市区町村競技団体で構成されている。また、野球やサッカーように、中央競技団体とは別に、プロスポーツ・リーグやチーム・クラブといったスポーツ団体を擁する競技もある[4]。2023（令和 5）年 1 月現在で、後述するJSPO に加盟する中央競技団体は 61 である。

*4　第 10 章参照。

（3）スポーツ統括団体

　「スポーツ統括団体」とは、個々の（種目別）スポーツ団体等を統括し、個々のスポーツ団体だけでは実現できない、スポーツ資源調達とスポーツ需要創造に関する調整活動を行うスポーツ団体である。一般に、（種目別）競技団体や地域スポーツ団体は、スポーツアクターに対してスポーツサービスを直接提供し、スポーツアクターとのスポーツ価値共創によって生産するという一連の調整活動を行っている。しかし、JOC や JSPO などのスポーツ統括団体は、国のスポーツ政策と連動して、スポーツの文化的な普及・推進、国際競技力の向上、社会貢献活動の展開といったスポーツ団体の目的に対して国レベルのグランドデザインやビジョンを提示し、その実現に向けて、加盟スポーツ団体の調整活動に対する様々な支援・統制（ルールづくり）活動を行うことで、間接的にスポーツサービスの生産と提供にもかかわっている。

2 中央競技団体（NF）のマネジメント

　各スポーツ種目の普及・推進と競技力向上をめざす中央競技団体は、どのような組織を形成し、どのようなスポーツマネジメントや公正・公平性を保つためのガバナンスを具体的に展開しているのかについても学習を深めていきたい。

1 組織マネジメント

　大日本体育協会が1911（明治44）年にスポーツ統括団体として創立された後、しばらくの間、NFは存在せず、陸上競技や水泳の全国大会（スポーツサービス）は大日本体育協会が主催・管理していた。その後、各スポーツ種目の普及・推進と競技力向上等を競技種目別にマネジメントしていく必要性が高まり、日本漕艇協会が1920（大正9）年に、さらには、1921（大正10）年から1925（大正14）年にかけて、日本サッカー協会、日本テニス協会、日本水泳連盟などがNFとして組織化されていった。

　こうしたNFはこれまで、当該種目で顕著な競技成績をあげた競技経験者等がボランティアで役員等を務めるといった形で、いわば、閉鎖的な組織マネジメントがなされてきた観がある。

2 スポーツマーケティングとスポーツガバナンス

（1）スポーツマーケティング活動の展開

　NFはこれまで、国際競技大会等での好成績が、スポーツに興味・関心を持つ人々や企業等を増やし、スポーツを「する・みる・ささえる」といったスポーツ需要の喚起と経営基盤（人的資源や財務資源など）の安定化をもたらすと考えてきた。そのため、NFのスポーツ需要創造は、スポーツを「する」という観点から、競技レベルの高い一部のアスリートを対象にした競技大会（プログラムサービス）を主催・管理するという「プロダクトアウト」の発想で行われてきたといってもよい。

　しかしながら、スポーツ実施率の低下や少子・高齢化といった需要環境の変化を予測すると、これからは、幅広い視点からスポーツの文化的価値の質的向上を図ることによって、潜在的なスポーツ需要にも対応していくことが強く求められる。加えて、東京2020（＋1）オリンピック・パラリンピッ

ク競技大会後は、強化等にかかる補助金の減少や、露出目的等のスポンサー収入の減少が予想される。それゆえ、NF は、権利ビジネスを基軸としたスポーツ資源調達活動（特に、財務資源の調達）と、それらの資源を活用して、各種目の競技人口や観客数等の増大を図るという「マーケットイン」の発想によるスポーツ需要創造活動を戦略的に展開していく必要がある。

（2）スポーツガバナンスのあり方

　スポーツが大きな社会的影響力を持つようになったことから、スポーツ団体は、スポーツ指導者による体罰・暴力やハラスメントをめぐる問題、および組織による補助金・助成金等の不正利用などの不祥事を未然に防止し、スポーツの豊かな普及・推進を図るために、組織マネジメントの健全性の確立・維持とスポーツの文化的価値の擁護に主体的に取り組んでいく必要がある。このように、スポーツ界におけるインテグリティ（誠実性・健全性・高潔性）、いわゆる、「スポーツインテグリティ」を統治・協治・共治するための調整活動が、スポーツガバナンスといわれるものである。

　スポーツ庁は、2019（令和元）年に、適切な組織・事業運営を行ううえでの原則・規範となる「スポーツ団体ガバナンスコード」を NF と一般スポーツ団体のそれぞれに向けて策定・公表した[5]。このうち、NF 向けガバナンスコードは 13 原則から構成されているが、とりわけ、これからの NF としてのグッドガバナンスとしては、原則 2：外部理事の目標割合（25％以上）および女性理事の目標割合（40％以上）の設定や理事が原則として 10 年を超えて在任することがないよう再任回数の上限設定、原則 6：法務・税務・会計等の体制の構築、および原則 8：利益相反[6] の適切な管理が、スポーツ組織としての健全性・適正性を確立・維持するうえで重要である。

　また、スポーツの文化的価値を擁護するためのグッドガバナンスとしては、原則 9：通報制度の構築、原則 10：懲罰制度の構築、および原則 12：危機管理・不祥事対応体制の構築が示されている。しかし、これらの原則の適用が必ずしもスポーツ団体の不祥事を未然に防止するとは限らない。それゆえ、スポーツ団体には、このガバナンスコード遵守の自己説明・公表に加え、それを適用した組織マネジメントの実践や人材育成・教育、および環境整備等の確立が強く求められる。

　今こそ、NF や（種目別）競技団体などのスポーツ団体は、スポーツインテグリティを擁護するためのグッドガバナンスを実践することによって、スポーツ界における真摯さを絶対視する「グッドオーガニゼーション」[1] へと進化していく好機である。

＊5 「中央競技団体（NF）向け」は 2023（令和 5）年 9 月 29 日に改定された。
https://www.mext.go.jp/sports/content/20230929-spt_kyosport-000032114_1.pdf

また、「一般スポーツ団体向け」は 2023（令和 5）年 11 月 30 日に改定された。
https://www.mext.go.jp/sports/content/20231201-spt_kyosport-300001060_1.pdf

＊6　利益相反
一方が利益を得るときに、もう一方は不利益を得ること。

3 日本水泳連盟のマネジメント

　ここでは、NF の一つである（公財）日本水泳連盟を例にとりながら、スポーツ団体のマネジメントのあり方について解説していきたい。

(1) 組織マネジメント

　（公財）日本水泳連盟（Japan Swimming Federation：以下「JASF」）は、日本の水泳界を統括する団体として、1924（大正 13）年に大日本水上競技連盟の名称で創設された。戦後の 1945（昭和 20）年には、新たに日本水泳連盟を創立し、1949（昭和 24）年には、国際水泳連盟への復帰を果たした。現在では、水泳および水泳競技（競泳・飛込・水球・アーティスティックスイミング・オープンウォータースイミング・日本泳法）の健全な普及・発展を図り、47 都道府県の水泳連盟と（一社）日本スイミングクラブ協会、（一社）日本マスターズ水泳協会、（一社）日本パラ水泳連盟が加盟するJASF として成長している。

　そのため、JASF の組織は、科学委員会、競技委員会、地域指導者委員会、生涯スポーツ・環境委員会、競技力向上コーチ委員会、アスリート委員会、総務委員会、広報委員会など、20 の委員会から構成され、各事業の展開と適切なスポーツガバナンスの実践とともに、水泳界の統括を行っている。また JASF は、国外では世界水泳連盟（AQUA）[*7] やアジア水泳連盟（AASF）に、そして国内では JSPO と JOC に加盟している。

(2) スポーツ資源調達のためのマーケティング活動

　JASF は、スポンサーシップ、ライセンス事業といった権利ビジネスを独自のスポーツ資源調達のためのマーケティング活動として展開している。例えば、スポンサーシップには、オフィシャルスポンサーのほかに、オフィシャルサプライヤー[*8]、水泳日本代表オフィシャルパートナー、水泳日本代表オフィシャルスポンサー、および競泳・水球・アーティスティックスイミングそれぞれの日本代表オフィシャルスポンサーといった区分がある。また、連盟公認キャラクター「ぱちゃぽ」を活用したライセンス事業を関連企業等と連携して展開し、JASF のブランディング強化と知的財産（権）の管理までも実施している。

　特に、多様なスポンサーシップの区分を設定することで、企業が協賛・支援しやすい仕組みを構築している点は高く評価することができる。そのため、2015（平成 27）年度の収入合計 18 億円のうち、事業収益は 12 億 3,700

万円（69％）である。また、この事業収益のうちスポンサーシップ収入は
7 億 3,300 万円（59％）で、収入合計全体の 40％を占めており、補助金・
助成金に頼らず、自主財源を確保する創意工夫を行っている。

（3）スポーツ需要創造のためのマーケティング活動

①　普及・推進事業

　JASF にとって、❶普及・推進事業と❷選手強化事業はスポーツ需要創造
のためのマーケティング活動の両輪であるといってもよい。そのため、水泳
人口を増やすための基盤となる普及・推進事業では、各種指導者資格の認定
のほか、公認競技役員・審判員資格の登録や、資格所有者向け研修会の開催
などの指導者養成事業が実施されている。また、競技志向の高いシニア世代
を対象とした日本スポーツマスターズ事業や、2012（平成 24）年に社会貢
献活動の一つとして始まり、競技人口を拡大するきっかけともなる「水泳の
日」のイベント開催、および（株）ニチレイが支援する「泳力検定」制度な
どの生涯スポーツ事業を実施し、様々な年代や志向のスポーツアクターに対
して参加型スポーツサービスを生産し提供している。

②　選手強化事業

　JASF は、シニア・ジュニアの選手強化事業として、競技力向上コーチ養
成事業や各競技別の 5 部門[*9] それぞれにおいて、国際大会等への選手派遣
事業や強化合宿等を実施している。また、（独）日本スポーツ振興センター
（Japan Sport Council：JSC）のハイパフォーマンス・サポート事業と連
携した医・科学的サポートや、各地のメディカルサポート体制の構築、およ
びアンチ・ドーピング活動などを行っている。特に、国際競技力の向上は、「み
るスポーツ」としての鑑賞的価値を高めることになると同時に、そうしたア
スリートの活躍によってメディアバリューも高まり、新たなスポンサー企業
の獲得にまでつながるなど、財源確保としても重要である。このように、❶
普及・推進事業と、❷選手強化事業というスポーツ需要創造活動は、スポー
ツ資源調達にもつながる重要なマーケティング活動であるといってもよい。

（4）スポーツによる社会貢献活動

　JASF は、スポーツ環境啓発活動への取組を通じた社会貢献を行っている。
具体的には、エココンテストやマイボトルの推進運動、オープンウォーター
スイミング会場におけるビーチクリーンなどである。また、2023（令和 5）
年から、不要な衣類を回収する「Wear to Fashion」へも参画し、水着やチー
ムウェア等を回収してリユース・リサイクルにつなげる取組も始めた。
　このように、JASF などのような NF が SDGs に積極的に取り組み、持続

*9　各競技別の 5 部
門
競泳・飛込・水球・アー
ティスティックスイミ
ング・オープンウォー
タースイミングの 5
部門のこと。

可能な社会の実現に寄与することは、スポーツの文化的価値の向上をめざすスポーツ団体の社会的使命でもある。

3 スポーツ統括団体のマネジメント

スポーツ統括団体である（公財）日本スポーツ協会と（公財）日本オリンピック委員会は、どのような経緯で設立されたのかについて学ぶとともに、スポーツ統括団体として、どのような組織（構造）を創り、どのようなスポーツマネジメントを具体的に展開しているのかについても学習を深めていきたい。

＊10　嘉納治五郎
(1860 年～ 1938 年)
講道館柔道の創始者でもあり、日本人初のIOC 委員となる。東京高等師範学校（現筑波大学）の校長をつとめた。

＊11　国民体育大会・国民スポーツ大会
2018（平成 30）年 6月 13日に、「国民体育大会」（NATIONAL SPORTS FESTIVAL）の名称を 2023 年から「国民スポーツ大会」（JAPAN GAMES）に変更する「スポーツ基本法の一部を改正する法律（改正スポーツ基本法）」が国会において成立した。2024（令和 6）年に開催される佐賀県大会は、国民体育大会の名称が「国民スポーツ大会」に変わる最初の本大会となる。

＊12　スポーツ宣言日本―21 世紀におけるスポーツの使命―
（公財）日本スポーツ協会
https://www.japan-sports.or.jp/about/tabid994.html#01
（公財）日本オリンピック委員会
https://www.joc.or.jp/about/sengen/

1 日本スポーツ協会（JSPO）のマネジメント

(1) 組織概要

1909（明治 42）年、国際オリンピック委員会（IOC）のピエール・ド・クーベルタン（Pierre de Coubertin）会長（当時）から、日本からもオリンピック競技大会に参加してほしいという依頼があり、1911（明治 44）年に、嘉納治五郎[*10] を初代会長とする「大日本体育協会」がわが国のアマチュアスポーツを統括する団体として設立された。その後、1927（昭和 2）年には「財団法人大日本体育協会」という民間団体として認可されたが、1942（昭和 17）年には、戦時体制への移行に伴って政府の外郭団体となり、「財団法人大日本体育会」に改組された。戦後の 1946（昭和 21）年には、京阪神地域を中心とする近畿地区において第 1 回国民体育大会を開催すると同時に、日本オリンピック委員会の設立までも決定し、1948（昭和 23）年には、「日本オリンピック委員会」を内部組織として包含した「財団法人日本体育協会」へと名称を変更し、純民間団体として再始動している。

1989（平成元）年には、1980（昭和 55）年のモスクワオリンピックのボイコットを契機に、オリンピック競技大会等への選手団の編成・派遣とオリンピック・ムーブメントの推進を担っていた日本オリンピック委員会が財団法人として分離・独立することが文部大臣より許可され、（財）日本体育協会は、国民体育大会[*11] の開催、スポーツ指導者の育成、スポーツ少年団の育成など、国民スポーツの普及・振興、特に生涯スポーツの推進を担うスポーツ統括団体となった。そして、2011（平成 23）年に創立 100 周年を迎えた（財）日本体育協会は、スポーツの力でグローバルな人類的課題の解決に貢献するために、JOC との連名で「スポーツ宣言日本」[*12] を公表する

とともに、公益法人制度改革に伴って「公益財団法人」に移行し、特定公益増進法人*13 としての「（公財）日本体育協会」となった。さらに、2018（平成30）年4月1日には、「スポーツ宣言日本」がめざす社会像の実現に向けて、先人達が守りつないできたわが国のスポーツ文化を次世代に伝え継ぐために、（公財）日本体育協会から現在の「（公財）日本スポーツ協会（JSPO）」へと改称した（図13-1参照）。

　この JSPO には、2023（令和5）年1月時点で、61 の中央競技団体、

*13　特定公益増進法人
「公益の増進に著しく寄与する特定の法人」の略称で、公益法人や公共法人などのうち教育または科学の振興、文化の向上、社会福祉への貢献、その他公益の増進に著しく寄与する法人として定められたものを意味し、税制上の寄附に関する特例制度がある。

図 13-1　JSPO を中心としたスポーツ界の組織

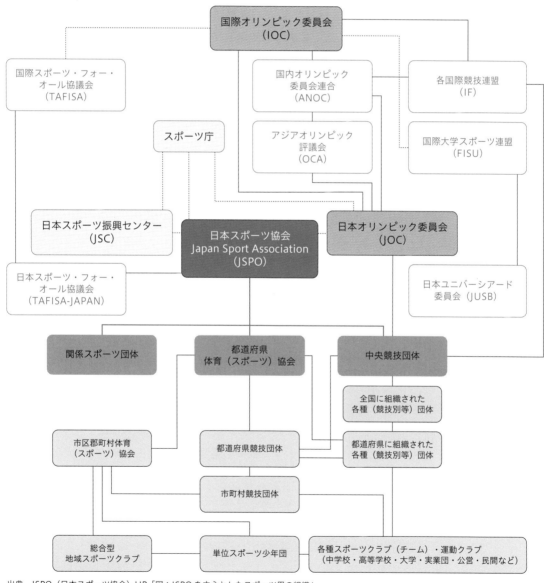

出典　JSPO（日本スポーツ協会）HP「図：JSPO を中心としたスポーツ界の組織」
https://www.japan-sports.or.jp/about/tabid142.html

47 の都道府県スポーツ協会、7 つの関係スポーツ団体、6 つの準加盟団体、3 つの承認団体が加盟している。

（2）組織マネジメント

　JSPO の組織（図）は、事業報告や決算の承認のほか、業務執行の決定を行う評議員会と理事会から主に構成され、理事会のもとに、指導者育成委員会や国民体育大会委員会、地域スポーツクラブ育成委員会、およびアンチ・ドーピング委員会などの 14 委員会と日本スポーツ少年団を設置している。そして、日常的な業務を担う事務局体制が、スポーツプロモーション部やスポーツ指導者育成部、地域スポーツ推進部、国対推進部、およびブランド戦略部などの 7 部 12 課と、スポーツ科学研究室やイノベーション推進室、および暴力等相談室の 3 室から構成されている。

　2023（令和 5）年には、国のこれまでのスポーツ基本計画も踏まえたうえで、「JSPO 中期計画 2023–2027」を策定し、加盟団体とともに達成すべきビジョンとプランを定めた。そして、JSPO がスポーツ統括団体としてこの中期計画を実現するためには、加盟団体に対して事業の提示や補助金を配分するといった支援と統制（ルールづくり）といった調整活動が必要である。例えば、公認スポーツ指導者養成事業では、スポーツ指導者を 2027（令和 9）年度までに 300,000 人以上認定するという目標が定められ（統制）、この事業に応じた補助金の配分も含めて（支援）、加盟団体である都道府県スポーツ協会と中央競技団体との連携・協力が必要不可欠である。

（3）スポーツマーケティングとスポーツガバナンス

①　スポーツマーケティング活動の展開

＊14　本章 p.234 の側注＊11 参照。

　JSPO は、国民スポーツ大会[14] や日本スポーツマスターズの開催、スポーツ少年団の育成、アクティブチャイルドプログラムの実施、総合型地域スポーツクラブの育成と登録・認証、スポーツ指導者の育成、スポーツ医・科学研究の推進、および表彰・顕彰制度などの生涯スポーツ推進事業を展開している。そして、これらの事業を通じて、競技者や指導者のほか、地域のスポーツ愛好家まで、幅広く国民のスポーツ需要を創造するための多様なスポーツサービスを生産・提供するというマーケティング活動を展開している。

　加えて、JSPO は、こうしたスポーツ需要創造を確実なものとするために、財源確保（スポンサーシップ・マーケティング）を主目的とするスポーツ資源調達活動として「JSPO スポーツ・アクティブ・パートナー・プログラム」という協賛制度（JSPO SAP プログラム）を設定し運用している。この JSPO SAP プログラムでは、JSPO 主催事業等にロゴを表記したり、呼称権

や標章使用権といった権利を与えたりして、JSPO の理念に協賛する「基本プログラム」と、JSPO 主催事業（国民体育大会や総合型クラブ、スポーツ指導者、スポーツ少年団など）の参加者等へのアプローチ（広告掲載や PR 看板・のぼり等への掲出、販売ブース出展など）として設定された「選択プログラム」（パートナープログラム）の 2 つが準備されている。このように、従来のスポンサー料を支払う企業協賛による認知度の向上にとどまらず、JSPO がもつ資源やスポーツの文化的価値を協賛企業のマーケティング活動に活用してもらうことによって協賛企業のブランド価値向上までも図れるよう工夫されている。

　2023（令和 5）年 4 月時点では「オフィシャルパートナー」（年間 1,500 万円）が 10 社、基本プログラムの一部が提供される「オフィシャルサプライヤー」（年間 300 万円）が 12 社となっているが、2021（令和 3）年度決算報告書では協賛金収入が全体の 7％程度となっており、さらなるスポーツ資源調達活動が JSPO には求められるであろう。

②　スポーツガバナンスのあり方

　JSPO（当時：（公財）日本体育協会）は、IOC をはじめ、（公財）日本障害者スポーツ協会（現：（公財）日本パラスポーツ協会）、（公財）日本中学校体育連盟、（公財）全国高等学校体育連盟との共同で「スポーツにおける暴力行為根絶宣言」を 2013（平成 25）年 4 月 25 日に採択した。これを機に、JSPO はこれまで、スポーツ統括団体として、スポーツの文化的価値を擁護するために、スポーツ界の暴力・ハラスメント行為等の根絶に向けた取組に着手してきた。例えば、スポーツ現場における暴力行為等に関する相談に対応するために、「スポーツにおける暴力行為等相談窓口」が設置され、Web（相談フォーム）や電話・FAX などで対応するようにしている。また 2013（平成 25）年には、スポーツ指導者に対しても「スポーツ指導者のための倫理ガイドライン」を公表している。しかしながら、2022（令和 4）年度の相談件数は 373 件という過去最多になり[2]、暴力・暴言・ハラスメント等の不適切行為は後を絶たない状況にあるといってもよい。こうした中、JSPO は、JOC を含む関連 5 団体と共同で、「スポーツ・ハラスメント」という不適切行為をなくすために、「NO!　スポハラ」活動を 2023（令和 5）年 4 月 25 日より開始している[3]。

　さらに最近では、競技者の盗撮、性的目的の写真・動画の悪用、悪質な SNS 投稿等の卑劣な性的ハラスメント行為が行われるようになり、アスリートが安心して競技に取り組むことができない状況が深刻化してきている。このような卑劣な行為で心を傷つけられるアスリートを守り、被害がこれ以上拡大しないようにするために、JOC を中心に、JSPO を含め関連 6 団体が

連携・協力し、スポーツ界全体で取り組む第一歩として「アスリートの盗撮、写真・動画の悪用、悪質な SNS 投稿は卑劣な行為です」というステートメントを作成・公開している。特に、JOC サイト内には、アスリート盗撮目撃情報の「通報窓口」が設置されている。

翻って、JSPO は、スポーツ統括団体としての健全性を維持するために、スポーツ庁が 2019（令和元）年 6 月に策定し、2023（令和 5）年 9 月に改定した「スポーツ団体ガバナンスコード＜中央競技団体向け＞」[*15] に適合した法人運営に取り組むと同時に、JSPO 加盟団体規程に基づいて、加盟団体に対してもスポーツ団体ガバナンスコードの遵守（適合状況）について4 年ごとの受審と自己説明・公表を義務づけている。加えて、JSPO は、加盟団体が高度化・専門化する組織運営に適切に対応することで、スポーツ団体としてのインテグリティを実現するとともに、イノベーションの推進によって組織的な発展を図ることができるよう、「JSPO 加盟団体経営フォーラム」を 2021（令和 3）年 3 月より開催している。

このように、JSPO は、組織マネジメントの健全性の確立・維持とスポーツの文化的価値の擁護といったスポーツインテグリティを統治・協治・共治するというスポーツガバナンスを実践しているのである。

＊15　本章 p.231 の側注＊5 参照。

2 日本オリンピック委員会（JOC）のマネジメント

（1）組織概要

第 3 節第 1 項でも述べたように、大日本体育協会は、オリンピック競技大会への参加依頼を契機に、わが国のアマチュアスポーツの統括団体として1911（明治 44）年に設立されたが、現在の JOC のような「国内オリンピック委員会」（National Olympic Committee：以下「NOC」）としての役割を果たしていた。1912（明治 45）年に開催されたストックホルムオリンピック競技大会には、嘉納治五郎会長を団長に、選手を含めて 4 名が初めて出場している。

日本オリンピック委員会は、1952（昭和 27）年に制定された日本オリンピック委員会規程に基づいて、（財）日本体育協会の執行機関から独立し、所管事項に関する決定および実施の権限を有する一機関として規定されたが、自らの予算をもたない、あくまでも（財）日本体育協会の内部組織という位置づけであった。その後、1980（昭和 55）年のモスクワオリンピック競技大会のボイコットを契機に、国内オリンピック委員会としての自主性と自立性を確保するために、法人格をもった民間団体として独立する機運が高

まり、1991（平成 3）年に（財）日本体育協会から完全に独立・脱退し、「財団法人日本オリンピック委員会」が設立された。また、2011（平成 23）年には、公益法人制度改革に伴って「公益財団法人」へと移行し、特定公益増進法人としての現在の JOC となった。この独立によって、国際競技力の向上を図るための選手強化と財源確保を中核事業とするスポーツ統括団体に位置づけられた。

　この JOC は、現在、オリンピック・ムーブメント事業、選手強化事業、そして、オリンピック競技大会およびそれに準ずる国際総合競技大会等への選手派遣事業を柱として活動し、2023（令和 5）年 4 月時点で、55 の正加盟団体、5 つの準加盟団体、7 つの承認団体によって構成されている。

（2）組織マネジメント

　JOC は、評議員会と理事会、および常務理事会によって、事業報告や決算の承認のほか、業務執行の決定を行っている。また、JOC が行う各種事業に応じて、選手強化本部（4 つの専門部会）、オリンピック・ムーブメント事業本部（2 つの専門部会）、日本ユニバーシアード委員会、および専門員会（倫理委員会、加盟団体審査委員会、アスリート委員会、国際委員会）が設置されている。そして、日常的な業務を行う事務局体制が、強化部や国際部、オリンピック・ムーブメント推進部などの 6 部と NF 総合支援センター室から構成されている。JOC は、オリンピック競技大会に参加するために、国際オリンピック委員会（IOC）に加盟する NOC であり、国内オリンピック委員会連合（ANOC）、アジア・オリンピック評議会（OCA）にも加盟している。

　この JOC は、国のこれまでの「国際競技向上施策」なども踏まえたうえで、「JOC Vision 2064：スポーツの価値を守り、創り、伝える」を 2021（令和 3）年に策定・公表した。ここでは、「東京 2020 大会をみた子どもたちが、未来の社会を動かす中心にいてほしい」という思いを込めて、「オリンピズムが浸透している社会の実現」「憧れられるアスリートの育成」「スポーツで社会課題の解決に貢献」という 3 つの活動指針が設定されている。加えて、2022（令和 4）年には、こうしたビジョンと活動方針を具体化し、「1 オリンピックの価値発信」「2 アスリートの育成・支援」「3 国際交流の推進」「4 JOC 組織力・基盤強化」「5 NF（中央競技団体）連携・支援」といった 5 つの PILLAR（柱）を立てた「JOC 中期計画 2022-2024」も第 1 次中期計画として発表し、今後、加盟団体をはじめとする多くの関係団体・組織等とともに長期的に追い求める「ありたい姿」を提示した。

　それゆえ、JOC がスポーツ統括団体としてこの第 1 次中期計画を実行し

ていくためには、適切な財源確保と加盟団体であるNFに対する選手強化や
サポート事業の提示および補助金の配分といった支援と統制などの調整活動
を円滑に行うことによって、JOCの組織力・基盤強化とアスリートの育成・
強化支援などを推進していくことが肝要である。

（3）スポーツマーケティングとスポーツガバナンス

①　スポーツマーケティング活動の展開

　JOCは、スポーツの本質的な価値を広く発信し、よりよい社会づくりに
貢献していくという"JOC Vision"（ありたい姿）を長期的に追求していく
ために、第1次中期計画（2024年度の「あるべき姿」）に従って各種事業
を展開している。例えば、「オリンピックの価値（オリンピズム）」を発信す
るために、オリンピック教室やオリンピアン研修会、およびオリンピックコ
ンサートなど、全国で様々な主体が草の根的な「オリンピック・ムーブメン
ト事業」を広く実施している。また、「憧れられるアスリート」を育成・強
化するために、JOCエリートアカデミーやJ-STARプロジェクト、および
インテグリティ教育などのアスリート育成支援事業や、ナショナルトレーニ
ングセンター（NTC）での継続的な強化支援やスポーツ医・科学支援、
JOCナショナルコーチアカデミーの充実、および先端技術・データ等を活
用した選手強化デジタルプラットフォームの構築といったアスリート強化支
援事業などを主に実施し、NFと密に連携・協力しながら国際競技力の向上
を図っている。

　このように、JOCは、広く国民やアスリート等に対するオリンピズムの
普及・推進を図るためのスポーツサービスと、国際レベルの一部のトップア
スリートの育成・強化を目的としたスポーツサービスを生産・供給する事業
を展開することによって、オリンピズムの普及・推進を図っている。そのた
め、JOCは、安定した財源確保をする必要があり、JOCが有するブランド
資産を活用した権利ビジネスのマーケティング活動を行っている。例えば、
「JOC Vision 2064」に向けた活動の拡大とオリンピズム普及のための
「TEAM JAPANブランド」を核とするJOCマーケティングプログラムを
開発し、その収入をJOC事業への支出とNFへの配分に活用している。

　具体的には、❶協賛企業が国内でJOC保有のマークやTEAM JAPANに
関する知的財産、およびアスリート（TEAM JAPANシンボルアスリート）
の肖像等を自企業のプロモーション活動に使用できる「TEAM JAPANパー
トナーシッププログラム」と、❷JOC契約企業にJOC保有のマークや
TEAM JAPANに関する知的財産を使用して商品化できる権利を提供し、
TEAM JAPAN公式ライセンス商品として製造・販売することのできる

「TEAM JAPAN ライセンシングプログラム」である。

　これら JOC マーケティングプログラムへの協賛企業は、2023（令和5）年4月時点で、TEAM JAPAN ゴールドパートナーが3社、TEAM JAPAN オフィシャルパートナーが3社、そして、TEAM JAPAN オフィシャルサポーターが2社となっている。

②　スポーツガバナンスのあり方

　第3節第1項でも述べたが、JOC も 2013（平成25）年4月25日に採択した「スポーツにおける暴力行為根絶宣言」に従って、NF と連携・協力しながらコンプライアンス（法令遵守）とガバナンスの強化を徹底している。JOC がスポーツ界の不祥事の根絶を徹底することは、21世紀における生涯スポーツ社会の要請であり、アスリートの希望でもあるといえよう。そのため、JOC は、JSPO と同じようにスポーツ団体ガバナンスコードの適合状況の受審（4年ごと）と自己説明・公表を NF に対して義務づけると同時に、NF 総合支援センターを中心に NF に対する補助金・助成金の適正な活用に関する支援等を行うという組織的なグッドガバナンスを徹底している。

　また、JOC マーケティング活動の根幹となる知的財産（オリンピックシンボル、大会エンブレム、大会名称、大会マスコット、ピクトグラム、大会モットー、オリンピックに関する用語、画像および音声等）は、各種法律（商標法や不正競争防止法、および著作権法等）で保護されており、「オリンピック憲章」に基づいて IOC とともに JOC が管理することになっている。しかし、故意であるか否かを問わず、契約していない企業等が、IOC や JOC の許諾を受けずにこの知的財産を無断で使用したり、イメージを流用したりする「アンブッシュマーケティング」を展開する場合がある。JOC は、こうした「ずる賢い」企業等による知的財産権の侵害から、契約企業のマーケティング収入の減少をはじめ、JOC の選手強化や各種事業等への悪影響を未然に防止するために、「アンチ・アンブッシュマーケティングガイドライン」を発行することによって、知的財産権を擁護するというグッドガバナンス活動を展開している。

　翻って、JOC は、「スポーツにおける暴力の根絶」に向けた「通報相談処理規程」に従って「通報相談窓口」を開設し、アスリートの権利や利益を保護し公正な環境を確保するためのコンプライアンス活動を実施している。また、2023（令和5）年4月25日より「NO! スポハラ」活動も開始した。加えて、アスリートへの写真・動画による性的ハラスメント防止にも積極的に取り組み、アスリート盗撮目撃情報の「通報窓口」までも設置している。さらには、スポーツの文化的価値を擁護し、「TEAM JAPAN シンボルアスリート」に相応しい公正でクリーンなアスリートを育成・強化支援するため

に、（公財）日本アンチ・ドーピング機構（JADA）や（一社）日本スポーツフェアネス推進機構（J-Fairness）と連携・協力しながら、アスリートやサポートスタッフ等に対する「アンチ・ドーピング」の教育と啓発活動を実施している。

　このように、JOC においても、スポーツ統括団体としての組織マネジメントの健全性の確立・維持とスポーツの文化的価値の擁護といったスポーツインテグリティに対するグッドガバナンスが積極的に実践されているといってもよい。

引用文献

1）中西純司「第 12 章　スポーツ資産の活用とソーシャルガバナンス（3．地域スポーツの「グッドガバナンス」）」山下秋二・中西純司・松岡宏高編著『図とイラストで学ぶ　新しいスポーツマネジメント』大修館書店　2016 年　pp.146-149
2）日本スポーツ協会ウェブサイト「【暴力行為等相談窓口】2022（令和 4）年度の相談件数が過去最多に」（2023 年 4 月 14 日）
　　https://www.japan-sports.or.jp/cleansport/news/tabid1360.html?itemid=4771
3）NO! スポハラ ホームページ
　　https://www.japan-sports.or.jp/spohara/

参考文献

・新日本有限責任監査法人『スポーツ団体のマネジメント入門―透明性のあるスポーツ団体を目指して―』同文舘出版　2015 年
・スポーツ庁「スポーツ団体ガバナンスコード」
　https://www.mext.go.jp/sports/b_menu/sports/mcatetop10/list/1412105.htm
・西原康行「スポーツ団体の役割・分類と全体構造」柳沢和雄・清水紀宏・中西純司編著『よくわかるスポーツマネジメント』ミネルヴァ書房　2017 年　pp.172-173
・日本オリンピック委員会ホームページ
　https://www.joc.or.jp/
・日本オリンピック委員会「JOC Vision 2064」の策定について
　https://www.joc.or.jp/news/detail.html?id=14087
・日本オリンピック委員会「JOC 中期計画 2022-2024」
　https://www.joc.or.jp/about/pdf/midtermplan2022-2024.pdf
・日本水泳連盟ホームページ
　https://swim.or.jp/
・日本スポーツ協会ホームページ
　https://www.japan-sports.or.jp/
・日本スポーツ協会「JSPO 中期計画 2023-2027」
　https://www.japan-sports.or.jp/Portals/0/data0/about/pdf/jspo_mid-term_plan2023-2027.pdf
・日本体育協会編『日本体育協会七十五年史』1986 年

学びの確認

1.（　　　　）に入る言葉を考えてみましょう。

① スポーツ団体に求められる役割は、スポーツの文化的な（　　　　）、
（　　　　）の向上、スポーツによる（　　　　）であり、主に（　　　　）
や（　　　　）はスポーツアクターにスポーツサービスを直接的に生産・
供給するのに対して、（　　　　）は、これらのスポーツ団体に対して様々
な支援・統制（規制）を行うという役割を果たしている。

② 中央競技団体は、（　　　　）を基軸としたスポーツ資源調達活動と、
（　　　　）の発想によるスポーツ需要創造活動を展開していく必要があ
る。

③ （財）日本体育協会は、日本オリンピック委員会の分離・独立によって、主に
（　　　　）の推進を担うスポーツ団体となった。

④ IOC や JOC の許諾を受けずに、オリンピックシンボル等の知的財産を無断で使
用したり、イメージを流用したりすることを（　　　　）という。

2. スポーツ庁「スポーツ団体ガバナンスコード＜中央競技団体向け＞」の13
のガバナンスコードの原則・規定・解説を確認したうえで、複数の中央競技団
体のガバナンスコード遵守状況の自己説明を比較してみましょう。

スポーツ指導者の資格と制度

帝京平成大学／馬場宏輝

スポーツ指導者とは

スポーツ指導者は、豊かなスポーツライフを実現する上で重要な役割を果たします。自由な遊びには仲間が必要でも指導者は必須ではありません。人々が競い合う為だけではなく、安全に正しく楽しく安心してスポーツをするためにも、スポーツ指導者に求められる役割はますます大きくなっていくことでしょう。

スポーツ指導者の資格

筆者は、スポーツ指導者の資格の研究をライフワークにしています。そのきっかけは卒業論文でした。ちょうど社会体育指導者の知識技能審査事業（いわゆる国のお墨付き）がはじまるタイミングで、スポーツ指導者の資格が公的なものになるのはどういうことか研究したのがきっかけです。現在は、国のお墨付きがなくなり、資格が乱立している状況といえるでしょう。

スポーツ指導者資格と制度

筆者のスポーツ指導者資格と制度の研究の現時点での結論としては、資格には数を増やすことを目的とした資格と、数を限定することによって価値を高める資格との二つに分類し、それぞれに制度が必要であるという立場をとっています。そして、それらを全体としてまとめた「スポーツ制度」なるものが存在しなければ、スポーツ界においてスポーツ指導者とスポーツ指導者の資格を十分に活用することは難しいといえるでしょう。

ソフトパラフェンシング

筆者は、東京2020パラリンピック競技大会で車いすフェンシング競技のNTO（国内競技役員）としてボランティア参加しました。コロナ禍ということもあり約一週間ホテルと競技会場の往復だけの生活で会場は無観客となりましたが、メガスポーツイベントに参加するという貴重な経験をしました。

この貴重な経験を私達の手で何か残すことができないかと思い、体育・スポーツ経営学の知識を活かし、関係者で「東京2020レガシープロジェクト」を立ち上げました。そしてレガシーの一つして、車イスフェンシングをモチーフにした「ソフトパラフェンシング」という新しいパラスポーツを開発しました。このソフトパラフェンシングを普及させるために、日本ソフトパラフェンシング協会を設立しました（現在、筆者が会長を務める）。

特別で高価な道具を必要とせず、身近にあるものを活用して道具を自作することで、老若男女・障がいの有無に関わらず、ハンデをつけることで一緒に楽しめるのが特徴です。

公認審判員（普及審判員と育成審判員）

ソフトパラフェンシングは、厳密なルールのもと勝者と敗者を決めることを目的としていません。選手登録をして競技会を開くといった事業を想定していないことから、競技の普及のために普及審判員を養成しています。この資格は小学生以上が対象で、講習会に参加すれば無料で認定します。そして普及審判員を認定するための育成審判員も養成しています。

小学校の先生に育成審判員の資格を取得していただくと、児童に普及審判員の認定が出来ます。図工の時間で道具を作成し、体育や休み時間に友達と競技を楽しみ、総合的な学習の時間で、資源の再利用による道具の作成や障がいのある方の理解や、体力や運動能力の違いをお互いに認め合い、ハンデをつけることで誰でも一緒に競技できるという、思いやりや共生社会、多様性を学ぶための教材として活用していただけないかと考えています。日本ソフトパラフェンシング協会のスローガンは「つくる楽しみ、遊ぶ楽しみ、学ぶ楽しみを、あなたと一緒に。」です。

詳しくは、日本ソフトパラフェンシング協会のホームページをご覧ください。

第14章 パラスポーツのマネジメント

なぜこの章を学ぶのですか？

障害者スポーツは、東京2020大会を契機にパラスポーツとして表現されることが多くなりました。パラスポーツは、障害の有無にかかわらず誰もがスポーツに参加できる環境づくりに向けた「もうひとつのスポーツ」であり、その普及と振興を考えていくことが重要です。

第14章の学びのポイントは何ですか？

本章では、パラスポーツの振興ビジョンに基づいて、パラスポーツの普及・振興に向けた官民支援のあり方をはじめ、そのために必要な資源調達・活用とプロダクト開発のマネジメント方法について学んでいきます。

考えてみよう

① 障害者スポーツとパラスポーツという言葉が意味する内容や、この2つの言葉の関係性（類似点や相違点）について考えてみましょう。

② パラスポーツの普及・振興に向けた活動は、誰が・どこで・何を・どのように行っているのでしょうか。また、その魅力づくり（プロダクト開発）には、どのような工夫が必要になるのかを考えてみましょう。

246

1 パラスポーツ環境のデザイン

　スポーツ基本法の策定以降、医療・福祉政策からスポーツ政策への展開をみる障害者スポーツは、東京 2020 大会を契機にパラスポーツとして表現されるようになった。このパラスポーツは、健常者との共生社会（ソーシャルインクルージョン）をめざした新たなスポーツ概念として認識することが必要であり、その普及・振興には多様な主体による連携・協働を生み出すことが求められる。

1 パラスポーツの振興ビジョン

（1）日本パラスポーツ協会の振興ビジョン

　わが国の身体障害者スポーツ[*1]の普及・振興を図る統括組織として「財団法人日本身障者スポーツ協会」が創設されたのは、1964（昭和 39）年東京パラリンピック（夏季）が開催された翌年であった。その後、同協会は、1998（平成 10）年長野パラリンピック（冬季）が開催された翌年に、3 障害（身体、知的、精神）全てのスポーツ振興を統括する全国組織として「財団法人日本障害者スポーツ協会」へと改名するとともに、国際舞台で活躍できる選手の育成・強化を担う内部組織として「日本パラリンピック委員会」（Japanese Paralympic Committee：JPC）も設置するなど、わが国の障害者スポーツを積極的に牽引してきた。そして同協会は、東京 2020 大会[*2]のレガシーを継承し、障害者スポーツのより一層の普及・振興を図るために、2021（令和 3）年 10 月に「公益財団法人日本パラスポーツ協会」（Japanese Para Sports Association：以下「JPSA」）へと名称変更し、現在に至っている。

　JPSA[1] は、「2030 年ビジョン」において、これまで使用してきた障害者スポーツという言葉を「パラスポーツ」に置き換え、パラスポーツを「一般に行われているスポーツをベースに障害の種類や程度に応じてルールや用具を工夫しているスポーツ＋障害のある人のために考案されたスポーツ」という従来の障害者スポーツの特徴と、「障害のある人もない人も共に実践して楽しめるスポーツとして発展していく可能性を秘めているスポーツ」という新たな障害者スポーツの将来性をも内包した概念として捉えている。

　それゆえ、障害者スポーツから今後のさらなる展開として掲げるパラスポーツの振興では、障害の有無にかかわらず様々な人々との共生社会の実現をめざすというスポーツの新たな価値、いわゆる、「ソーシャルインクルー

*1　障害者スポーツ
障害者スポーツで使用する「しょうがい」の用語は、「障がい」「障害」「障碍」などがあるが、本章では、固有名詞以外は、法律上の「障害」を使用した。

*2　東京 2020 大会
「東京 2020 オリンピック・パラリンピック競技大会」の略称。

ジョン」の理念に基づいたマネジメントを展開していくことが求められる。

（2）医療、福祉、スポーツを越境した環境づくり

　わが国のパラスポーツ振興は、先に示した JPSA をはじめ、都道府県・指定都市においてパラスポーツに関する各種組織が相互関連性をもちながら、その環境づくりが進められてきた。なかでも、都道府県・指定都市の各種組織によって構成される「パラスポーツ協会協議会」「パラスポーツ指導者協議会」「パラスポーツセンター協議会」「パラスポーツ競技団体協議会」といった４つの協議会は、JPSA と共にパラスポーツ振興の基本的な仕組みとして位置づけることができる[*3]。そのため、JPSA[2)] は、これらのネットワーク関係を考慮して、行政・教育・スポーツ・医療・福祉・パラスポーツ等の関係組織・団体・人材との連携の必要性を「身近な地域でのパラスポーツ環境づくりの推進に向けた環境デザイン」として提示している（図 14-1 参照）。

　このように、わが国のパラスポーツ環境は、都道府県・指定都市において

＊3　これらの協議会は、1999（平成11）年の日本身体障害者スポーツ協会の寄付行為（現在：JPSA定款）の改定によって、下部組織として位置づけられた。また名称は2023（令和5）年12月に「障害者スポーツ」から「パラスポーツ」へと変更された。

図 14-1　身近な地域でのパラスポーツ環境づくりの推進に向けた環境デザイン
　　　　　―活力ある共生社会の実現に向けて―

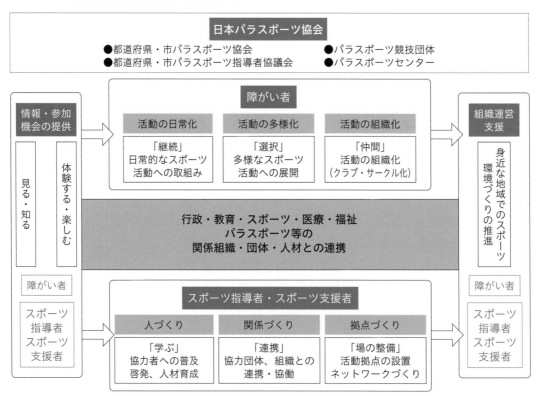

出典　日本パラスポーツ協会ウェブサイト「パラスポーツ振興概要」
　　　https://www.parasports.or.jp/promotion/promotion_sports_outline.ht

普及・振興活動を展開する 4 協議会を発足するという水平的なガバナンス[*4]と、各協議会を JPSA の下部組織として位置づけた垂直的なガバナンスを同時進行的に機能させることによって、網の目のような組織間ネットワーク体制を構築してきた。加えて、JPSA は、地域における身近なパラスポーツ環境づくりに向けて、当該地域における行政・教育・スポーツ・医療・福祉・パラスポーツ等の関係組織・団体・人材との連携・協働関係を創造していくというガバナンス機能の重要性を示している。いってみれば、地域社会の多様なアクター間の連携・協働・牽制を生み出すための「ソーシャルガバナンス」[*5] 機能の発揮が今まさに求められているのである。

2　パラスポーツの普及・振興に向けた官民支援のあり方

(1) パラスポーツの普及・振興に向けた政策

これまで医療・福祉政策として位置づけられてきた障害者スポーツは、近年、スポーツ政策としても位置づけられるようになった。それは、2011（平成 23）年に制定された「スポーツ基本法」において、「スポーツを通じて幸福で豊かな生活を営むことは、全ての人々の権利」（前文）であり、「障害者が自主的かつ積極的にスポーツを行うことができるよう、障害の種類及び程度に応じ必要な配慮をしつつ推進されなければならない」（第 2 条第 5 項）ことがその基本理念の 1 つとして明示されたからである。

そして、スポーツ基本法に基づいて 2012（平成 24）年に策定・告示された「第 1 期スポーツ基本計画」[4)] では、「年齢や性別、障害等を問わず、広く人々が、関心、適性等に応じてスポーツに参画することができる環境を整備すること」が基本的な政策課題として掲げられ、具体的な事務・事業として、「健常者と障害者のスポーツ・レクリエーション活動連携推進事業」（2012（平成 24）～ 2014（平成 26）年）によるインクルーシブ[*6] スポーツプログラムの開発や、「地域における障害者スポーツ普及促進事業」（2015（平成27）年)による総合型地域スポーツクラブ[*7]を受け皿としたパラスポーツ活動の導入促進、「特別支援学校等を活用した障害児・者のスポーツ活動実践事業」（2016（平成 28）年）による特別支援学校内のクラブ活動活性化の促進など、身近な地域におけるパラスポーツ環境の整備方策が矢継ぎ早に展開された。

続く「第 2 期スポーツ基本計画」[5)] では、「スポーツを通じた共生社会の実現」が政策課題として掲げられ、障害者をはじめ、配慮を必要とする多様

＊4　ガバナンス
「統治」を示す言葉であり、ここではお互いの組織が相互連携・相互牽制を行う状態を意味している。

＊5　ソーシャルガバナンス
ソーシャルガバナンスとは、政府、企業、NPO や地域組織を含めた「社会に共存する様々なアクター（担い手）が相互の協調と協力によって社会秩序を保ち公益を実現する社会運営の仕組み」[3)] である。

＊6　インクルーシブ
あらゆる人が孤立したり、排除されたりしないように援護し、社会の構成員として包み、支え合うこと。

＊7　総合型地域スポーツクラブ
第 7 章参照。

な人々がスポーツを通して社会参画できるような環境を整備することや、障害者の週1回以上の定期的なスポーツ実施率を19.2%から40.0%に向上させるといった数値目標がはじめて提示された。そして、こうした政策課題や数値目標の達成に向けて、知的障害者を主な対象とした地域スポーツ環境の整備をめざした「Special プロジェクト 2020」（2017（平成29）～2020（令和2）年）や、総合型地域スポーツクラブを主な受け皿とする、地域におけるパラスポーツ環境の整備に向けた「障害者スポーツ推進プロジェクト」（2018（平成30）年～継続中）などの施策が展開されるようになった。

　さらに、この「スポーツを通じた共生社会の実現」は、「第3期スポーツ基本計画」[6] においても継続的な政策課題として掲げられ、特に、東京2020大会のスポーツ・レガシーの継承・発展に向けて重点的に取り組むべき施策の1つとして位置づけられている。加えて、障害者のスポーツ実施率を向上させる施策とともに、一般社会における障害者スポーツの理解啓発に取り組むこと（新たに障害者スポーツを体験したことのある者の割合を5.7%から20.0%程度に向上させる数値目標）を掲げており、その目標達成に向けた具体的施策として、先に示した「障害者スポーツ推進プロジェクト」（2018（平成30）年～継続中）や、JPSA支援（パラスポーツ指導者養成への支援）を拡充させた取組までも進めている。

　このように、パラスポーツの普及・振興に向けた政策は、スポーツ基本法の制定以降、スポーツ基本計画として多様な政策・施策の展開がなされてきた。とりわけ、東京2020大会を契機に、「**スポーツを通した共生社会の実現**」に向けた新たなパラスポーツ政策（パラアスリートの活躍支援や、地域におけるパラスポーツ環境の整備など）が進められていることは否めない。

（2）東京 2020 大会のレガシー

　東京2020大会の誘致決定（2013（平成25）年）を契機に、日本財団は、「一般財団法人日本財団パラリンピックサポートセンター」を2015（平成27）年に設立し、パラアスリートに対する100億円規模の支援（2021（令和3）年度まで実施）を表明するとともに、同サポートセンターへの職員出向（4名）を実現することによって、東京2020大会の開催に向けた支援体制（パラリンピック関係の競技団体や選手等）の構築を進めてきた。また、東京2020大会後の2022（令和4）年には、「**公益財団法人日本財団パラポーツサポートセンター**」へと法人格の変更を行うことで、公益性を重視した支援活動を継続している。具体的には、❶パラリンピック競技団体（28団体）関係者が利用できる共同オフィスの運営と各競技団体への助成、❷パラリンピック競技の日本代表チームやクラブチームの練習活動の支援、パラ

スポーツの普及・推進を図るためのパラスポーツ専用体育館の運営、❸「あすチャレ！」*8 の全国的開催といった 3 つの活動が展開され、パラアスリートの競技支援やパラスポーツに対する社会的認知の拡大などを図る重要な取組になっている。

　翻って、東京 2020 大会の開催都市であった東京都では、2016（平成28）年にパラスポーツの理解促進方策として「TEAM BEYOND」プロジェクトを立ち上げた。このプロジェクトは、「パラスポーツで、未来を変えよう！」をコンセプトに、アスリートも、観る人も、支える人も、みんなが 1 つのチームとなってパラスポーツを盛り上げていくことをめざしたものである。特に、2018（平成 30）年からは、企業・団体の支援によりパラスポーツが社会にさらに根づくことをめざしたセミナー・交流会やワークショップなどの普及啓発事業が積極的に展開され、東京 2020 大会後も多くの企業・団体によるパラスポーツ活動の継続的な支援の輪が広がっている。

　このような東京 2020 大会のレガシーともいえる財団や企業・団体などの民間組織によるパラスポーツ活動を創造する仕組みは、国（スポーツ庁）の新たなパラスポーツ政策までも融合した、「多主体協働共生」に基づくパラスポーツマネジメントの実践を求めているといってもよい。

＊8　あすチャレ！パラアスリートが講師となり、パラスポーツの体験を通した「小・中・高・特別支援学校向けの教育プログラム」や、「企業・団体・自治体・大学向けの研修プログラム」を開発・展開する事業。

2 パラスポーツ資源調達のマネジメント

　人的資源（ヒト）・物的資源（モノ）・財務資源（カネ）・情報資源（情報）といった 4 つのスポーツ資源の充実は、パラスポーツの普及・振興にとって重要な課題である。なかでも、ヒト（指導者の養成）とモノ（施設の整備・充実）というスポーツ資源については、障害者スポーツ領域において独自に進められてきたため、その現状と課題について確認する。

1 パラスポーツ指導者の養成

（1）公認パラスポーツ指導者資格制度

　パラスポーツ指導者の養成は、財団法人日本身体障害者スポーツ協会（現JPSA）によって 1966（昭和 41）年に「身体障害者スポーツ指導者講習会」として始められ、1985（昭和 60）年には「公認身体障害者スポーツ指導者制度」として設立され、資格種別や対象を拡大させるなどして今日に至っている。2023（令和 5）年 3 月現在、障害者スポーツを支える公認パラスポーツ指導者資格には、❶初級パラスポーツ指導員（2 万 1,450 名）、❷中級パ

ラスポーツ指導員（4,209 名）、❸上級パラスポーツ指導員（888 名）、❹パラスポーツコーチ（210 名）、❺パラスポーツトレーナー（233 名）、そして❻パラスポーツ医（615 名）といった 6 つの種別があるが [7]、一般のスポーツ指導者数と比べてみても充実しているとは言い難い状況にある。

　第 1 に、パラスポーツ指導員（初級・中級・上級）は、各種障害に対する基礎的な知識やパラスポーツ実践の際に必要な基本的技術をもち、地域のパラスポーツ振興を支える人材の養成をめざした資格である。この資格は、障害者のスポーツ参加のきっかけづくりを支援する初級レベル、地域のパラスポーツ振興のリーダーとして指導現場で十分な知識・経験に基づいて指導・支援をする中級レベル、そして、パラスポーツの高度な専門知識とマネジメント力をもち、パラスポーツの普及・発展におけるキーパーソンとしての役割を担う上級レベルに分かれており、活動年数や経験を積み重ねることによってステップアップしていくことができる。

　第 2 のパラスポーツコーチは、各種パラスポーツ競技選手の強化・育成に寄与する人材の養成をめざした資格であり、競技団体のコーチとしての経験に加えて、中級・上級パラスポーツ指導員の資格取得者が挑戦することができる。第 3 に、パラスポーツトレーナーは、パラスポーツ活動に必要な健康管理と安全管理の支援に寄与する人材の養成をめざした資格であり、(公財) 日本スポーツ協会（Japan Sport Association：JSPO）の公認アスレティックトレーナーをはじめ、理学療法士、作業療法士、柔道整復師、あん摩マッサージ指圧師、鍼師、灸師等の有資格者が挑戦することができる。

　最後のパラスポーツ医は、医学的見地からパラスポーツ活動における健康の維持・増進および競技力の向上に寄与する人材の養成をめざした資格であり、医師免許を有して 5 年以上経過した者が挑戦することができる。

(2) 公認パラスポーツ指導者養成カリキュラムのマネジメント

　こうした公認パラスポーツ指導者資格を取得するための養成講習会（基準カリキュラム）の多くは、JPSA が実施主体となっているが、なかでも、初級・中級パラスポーツ指導員の養成については、都道府県・特定都市の各協会・協議会等が実施主体となることができ、JPSA が示す基準カリキュラム（初級 21.0 時間以上、中級 57.0 時間以上）に従って当該地域の特色を加味した独自の養成講習会を実施できるようになっている。特に、中級パラスポーツ指導員の資格取得では、スポーツに関連する資格・免許を有する人材がパラスポーツ指導員の資格取得に挑戦しやすい制度へと改正が進められてきた。具体的には、2001（平成 13）年度より JSPO の公認スポーツ指導者、2002（平成 14）年度より（公財）日本理学療法士協会会員理学療法士を対

象とした基準カリキュラム（29.5 時間以上）がそれぞれ別途作成されている。加えて、2022（令和 4）年度からは、中学校・高等学校教員（保健体育教員免許状の所持者）で、講習会が開催される地域ブロックにある学校に在勤の教員も受講可能となり、資格取得ができるようになった。

　さらに、JPSA[8] は 2020（令和 2）年に、JSPO[9] が 2019（令和元）年 4 月に改定した公認スポーツ指導者制度で用いられた「コンピテンシー・ベース」の考え方[*9] に従って、「公認障がい者スポーツ指導員（現：公認パラスポーツ指導員）基準カリキュラム」を変更している。例えば、公認初級パラスポーツ指導員基準カリキュラムでは、「人間力」を構成する領域内容（9.0 時間以上）が「思考・判断」領域（スポーツのインティグリティと指導者に求められる資質、パラスポーツの意義と理念）と「態度・行動」領域（コミュニケーションスキルの基礎、障害のある人との交流、パラスポーツ推進の取組、パラスポーツに関する諸施策）として設定されている。

　今後、JPSA は、こうした「人間力」というコンピテンシー（資質能力）をもった公認パラスポーツ指導者が先に示した官民支援に基づく各種パラスポーツ活動の現場で従事し活躍できるよう、パラスポーツに関する知的情報の提供と基準カリキュラムのさらなる充実を図っていく必要がある。

2　パラスポーツ施設の整備

（1）障害者専用・優先スポーツ施設のネットワーク化

　パラスポーツ施設としては、①身体障害者福祉センター（A 型）、②身体障害者福祉センター（B 型）、③旧勤労身体障害者体育施設、④旧勤労身体障害者教養文化体育施設（サン・アビリティズ）、⑤都道府県および政令指定都市リハビリテーションセンター、⑥障害者厚生センターなどの「障害者専用・優先スポーツ施設」が全国に 150 か所整備されている[10]。しかし、現在、約 1160.2 万人ともいわれる障害児・者（身体障害児・者：約 436.0 万人、知的障害児・者：約 109.4 万人、精神障害者：約 614.8 万人）[11] に対して地域の身近なスポーツ環境の構築を勘案した場合、全国 150 か所の障害者専用・優先スポーツ施設だけでは困難を要することは想像に難くない。

　それゆえ、パラスポーツ施設という物的資源を充実させていくためには、こうした障害者専用・優先スポーツ施設のネットワーク化を図ることが肝要である。例えば、笹川スポーツ財団[12] [13] は、障害者専用・優先スポーツ施設と地域スポーツ施設とのネットワーク化を提案している。具体的には、❶「ハブ施設」（JPSA の障害者スポーツセンター協議会に加盟している 24 施

＊ 9　JSPO は、2019（令和元）年 4 月に公認スポーツ指導者養成制度を改定した際に、グッドコーチに求められる「コンピテンシー」（資質能力：思考・判断、態度・行動、知識・技能）を重要視し、なかでも、「人間力」と称する「思考・判断」（スポーツの意義と価値の理解、コーチングの理念・哲学など）と「態度・行動」（対自分力、対他者力）に関する内容の比重を増やしたコンピテンシー基盤カリキュラムへの転換を図っている。

設）、❷「サテライト施設」（❶以外の障害者専用・優先スポーツ施設や全国にある公共スポーツ施設5万1,611施設）、および❸「既存の社会資源」（❶❷の施設タイプ以外の社会施設：公民館、福祉施設、特別支援学校、一般校など）として分類し、各施設タイプと各種専門指導者の配置を紐づけていくといった方法である。実際に、東京都障害者総合スポーツセンターや東京都多摩障害者スポーツセンターにおいては、このようなネットワーク化の仕組みに関する導入検証が進められており [14)]、障害児・者が身近な地域で運動・スポーツに親しめるパラスポーツ施設の整備充実が期待されている。

（2）パラスポーツ施設のサービスマネジメント

　パラスポーツ施設が提供するスポーツサービス（パラスポーツサービス）には、障害者が施設を利用するうえでのバリア（障壁）や困りごとの解消・軽減等を図るための「合理的配慮」[*10] の提供が求められる。それゆえ、パラスポーツ施設は、施設を利用する障害者と共に創る**スポーツサービス・クオリティ**[*11] のマネジメントに専念しなければならない。具体的には、❶物理的施設・設備やスタッフの身だしなみや見た目（外見や容姿）などの「可視性」、❷約束されたサービスを正確に首尾一貫して実行する能力を示す「信頼性」、❸スタッフの専門的な知識・技術や親切で丁寧な態度、および自信に満ちた心配りといった「保証性」、❹施設利用者の個人的問題や気持ちを理解したうえで行う配慮や気配りを意味する「共感性」、❺施設利用者の要望に迅速に対応し的確なサービスを提供しようとする意欲的な姿勢・態度や心構えを示す「応答性」という5つの質的側面を調整する必要がある。

　とりわけ、パラスポーツサービスの場合、障害者は、一般的には表層的な機能としてしか認識されない「可視性」を本質的な機能として評価したり、指導者やスタッフのホスピタリティ態度や個別的な対応である「共感性」を高く評価したりする [15)]、といわれている。そのため、パラスポーツ施設の整備・充実には、地域スポーツ施設とのネットワーク化もさることながら、こうしたスポーツサービス・クオリティを保証するためにも、公認パラスポーツ指導者資格をもった人的資源の調達・活用が不可欠である。

＊10　合理的配慮
合理的配慮とは、障害のある方が、配慮を求める意志を申し出ることで、適度な範囲で社会的障壁（物理的・制度的・文化的・情報的・意識的なバリア）を取り除くために必要な配慮をすることである。この合理的配慮の提供は、2006（平成18）年に国際連合で採択された「障害者の権利に関する条約」の条文に明記されたことを契機に、わが国でも「障害者差別解消法」が2016（平成28）年4月1日に施行された（なお、2021（令和3）年5月に改正された「改正障害者差別解消法」が2024（令和6）年4月1日に施行され、事業者も法的に義務化された）。

＊11　スポーツサービス・クオリティ
第3章第3節2参照。

3　パラスポーツの魅力づくり

　パラスポーツ活動というスポーツプロダクトの開発には、パラスポーツの魅力づくりが強く求められるため、スポーツを対象者に合わせて工夫する「アダプテッド・スポーツ」の発想や、スポーツを「つくる／はぐくむ」プロセスへの参加・参画機会の確保などを用いたスポーツ需要創造活動が必要不可欠である。

1　「アダプテッド・スポーツ」の発想による魅力づくり

（1）アダプテッド・スポーツ活動の創造

　障害者スポーツの捉え方は、"Handicapped Sports"、"Disability Sports"、"Behind Sports" といった「障害のある人たちのスポーツ」から、"Adapted Physical Education（APE）" や "Adapted Physical Activity（APA）" といった「各個人の身体状況に合わせて創られる身体活動」へと大きく変化してきた [16]。特に、1970 年代頃から英語圏の国々で用いられるようになった APA は、障害者をはじめ、高齢者、運動初心者、低体力者、幼児などの多様な人々の身体活動（スポーツ）全般を指す言葉として定着したものである。いってみれば、こうした多様な対象者の特性に合わせて身体活動（スポーツ）を適応（適合）させるという "adapt" の考え方は、「誰もがスポーツに参加することを目指した理念である "Sport for Everyone"」にも適合しているのである [17]。

　わが国では、この APA を踏まえて、2003（平成 15）年頃から障害者のスポーツが「アダプテッド・スポーツ」（Adapted Sports）という用語で表現されるようになったのである。最新スポーツ科学事典 [18] によれば、「アダプテッド・スポーツは、身体に障害のある人などの特徴にあわせてルールや用具を改変、あるいは新たに考案して行うスポーツ活動を指す。身体に障害がある人だけではなく、高齢者や妊婦等、健常者と同じルールや用具の下にスポーツを行うことが困難な人々がその対象となる」と定義されており、それは、スポーツに人を合わせるのではなく、人にスポーツを合わせていくという新たなスポーツ文化（スポーツの楽しみ方）を生み出す方法論的概念である（図 14-2 参照）、ともいえよう。

　それゆえ、アダプテッド・スポーツ活動では、従来のインテグレーション [*12] やバリアフリー [*13] といったような「健常者と障害者の壁を統合する考え方」だけではなく、インクルージョン [*14] やユニバーサルデザイン [*15]

＊12　インテグレーション
異なる複数のものを組み合わせること、すなわち、統合すること。

＊13　バリアフリー
障害者や高齢者等が生活していく上で障壁（バリア）となるものを除去（フリーに）すること。

＊14　インクルージョン
包括や一体性、包含を意味する。

＊15　ユニバーサルデザイン
メイス（R.Mace） [19] は、1）誰でも使えて手にいれることができる、2）柔軟に使用できる、3）使い方が簡単にわかる、4）使う人に必要な情報が簡単に伝わる、5）間違えても重大な結果にならない、6）小さな力でも利用できる、7）十分な大きさや広さが確保されている、といった 7つをユニバーサルデザインの原則として示している。こうした原則を加味すれば、「年齢や障害の有無などにかかわらず、できるだけ多くの人が利用可能であるように、後からではなく最初からデザインする（されている）こと」を意味している。

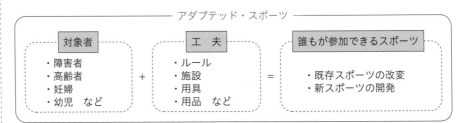

図 14-2 アダプテッド・スポーツの概念

出典 植木章三「第 1 章 アダプテッド・スポーツ総論」植木章三・曽根裕二・高戸仁郎編著『イラスト アダプテッド・スポーツ概論』東京教学社　p.5 をもとに筆者作成

という「障害の有無にかかわらず、すべての人を包摂する発想」に基づくパラスポーツマネジメントの実践が求められる。例えば、視覚障害者の陸上競技は、ガイド（伴走）ランナーがついたり、音を出して走る方向を教えたりするなど、健常者と障害者の壁を統合する考え方を適用した実践例である。一方、卓球バレー[16]や風船バレー[17]など、参加者全員が何らかの役割をもって協力しながら相手コートに返球するルールで成立するスポーツは、障害の有無や性別、年齢を超えてすべて人が楽しむという発想を重視した実践例といえるであろう。

　こうしたパラスポーツマネジメントの実践は、障害者と健常者の共存・共生空間を演出するアダプテッド・スポーツ活動の需要創造を図ることができるとともに、パラスポーツの魅力づくりにも貢献できるといってもよい。

（2）パラスポーツ競技にみるプロダクト開発

　パラスポーツ競技は、「既存のスポーツのルールや道具を改変した競技」と「障害種別に応じ新たなスポーツ種目として開発された競技」に大別され、アダプテッド・スポーツの発想[18]が適用されている。例えば、「車いす」を使ったテニスやバスケットボール、およびラグビーなどは、前者の代表的な競技種目である。これに対して、視覚障害者を対象としたゴールボールや、重度障害者を対象としたボッチャなどは、後者の代表的な競技種目である。

　前者の競技種目で使用される「車いす」は各競技の特性に合わせた仕様となっており、なかでも、車いすラグビーでは、タックルが伴うため、攻撃選手と守備選手で異なる車いすの使用が認められ、車いすの多様性が見られる。また、車いすテニスではツーバウンドでの返球、車いすラグビーでは前方へのパスが認められるなど、既存のスポーツとは異なるルール改変もされている。さらに、車いすバスケットボールでは、各選手の障害の程度（クラス分け）に応じて、軽度であれば高い点数（4.5 点）、重度であれば低い点数（1.0 点）がそれぞれ付与され、チームでの持ち点（合計）が 5 人で 14 点以下と

＊16　卓球バレー
卓球台をコートに 1 チーム 6 名が椅子に座り、転がすと音が出る卓球ボールを使用してネットの下を転がすことで返球するバレーボール。

＊17　風船バレー
バドミントンコートを使用し、1 チーム 6 名の全員が風船ボールに触れなければ返球できないルールに従って対戦するバレーボール。

＊18　スポーツプロダクトの開発という観点（第 3 章第 3 節 1 の図 3-2 参照）からすれば、この発想は「基本製品」の演出・設定という捉え方もできる。

256

されているため、チーム編成においても公平性が担保されている（クラス分けや持ち点は違うが、車いすラグビーも同様である）。いわば、重度障害選手の試合参加を促進するためのルール設定なのである。

　一方、視覚障害者を対象としたゴールボールは、1 チーム 3 人の選手が視力の差をなくすためにアイシェード（目隠し）をつけ、6 人制バレーボールコートにおいてバスケットボール（7 号球）の 2 倍の重さの専用球（鈴入り）を転がすように投げ合う競技である。また、重度障害者を対象としたボッチャは、赤・青のボール（各 6 球）を投げたり転がしたり（重度障害で投げることのできない選手はランプ（勾配具）やアシスタント（介助者）を用いて投球）しながら、ジャックボール（目標球）と呼ばれる白いボールに近づける競技である。これら 2 競技はパラリンピック独自の競技種目であり、なかでも、ボッチャは、重度障害者のパラリンピック参加を可能にした競技種目であるといえよう。

　このように、パラスポーツ競技にみるプロダクト開発は、障害者をはじめとした様々な人々のスポーツ活動へのアクセスを可能にする"Sport for Everyone"の実現に向けたスポーツイノベーションであるといってもよい。

2　「つくる／はぐくむスポーツ」の魅力づくり

（1）一般社団法人世界ゆるスポーツ協会の創新的な取組

　スポーツには「する・みる・ささえる」といった多様なかかわり方（楽しみ方）がある。「第 3 期スポーツ基本計画」[20] では、それらに加えて、「スポーツを『つくる／はぐくむ』」といったかかわり方を今後のスポーツ文化の成熟に必要な新たな視点の 1 つとして提示している。

　例えば、こうした「つくる／はぐくむスポーツ」のかかわり方を重視する実践は、「（一社）世界ゆるスポーツ協会」の創新的な取組に見出すことができる。同協会では、「スポーツ弱者を、世界からなくす」ことをコンセプトに、❶「老・若・男・女・健・障」誰でも参加できる、❷勝ったら嬉しい・負けても楽しい、❸プレイヤーも観客も笑える、❹第一印象がキャッチー、❺何らかの社会課題の解決につながっている、といった 5 つの要件[21] を満たす多種多様な「ゆるスポーツ」（Yuru Sports）を様々な人たちの参画によって開発している。具体的には、下肢障害者（パラリピアン）と共に開発したイモムシになりきってプレイする「IMOMUSHI RUGBY」や、NPO 法人日本ブラインドサッカー協会と共同開発をしたゾンビのお面を装着し音の鳴るボールを使った「ゾンビサッカー」（ZOMBIE SOCCER）など、これま

でに 300 人ほどのスポーツクリエイターと称する、いわゆる、「つくる／はぐくむスポーツ」を楽しむ人たちによって、80 競技以上のゆるスポーツが創出されている [22]。

このように、ゆるスポーツプロダクトの開発プロセスへの参画は、誰もが自分自身の能力に合わせたスポーツ需要創造活動であると同時に、ソーシャルインクルージョンの実現に向けた挑戦でもある。

（2）一般社団法人 UDe-Sports 協会の挑戦

「（一社）UDe-Sports 協会」は、寝たきりの生活をおくる重度障害者のスポーツや社会参画に対する問題意識をもった医療従事者たち（理学療法士など）が、e-Sports を用いた余暇支援を継続していく中で、障害者支援だけではなく、障害、年齢関係なく、誰もがごちゃ混ぜになれる世界をめざして、「ユニバーサルデザインに基づく e-Sports」（Universal-Design electronic sports：UDe-Sports）の開発と普及に取り組んでいる。具体的にいえば、同協会は、福祉や介護の現場で培ってきた技術を駆使した電子機器（誰もが使いやすいコントローラー）の創作からゲームソフト（誰もが簡単に楽しめるゲーム）の開発までを手がけるとともに、版権等の問題等もクリアすることによって、現在、UDe-Sports を全国 100 か所以上の施設（医療機関、高齢者施設、障害者施設など）に常設することができている [23]。

この UDe-Sports は、ユニバーサルデザインの原則に基づいて、使用者（ゲーム参加者）や設置者（各施設）の**エンパワメント**[*19] を促しながら、誰もが気軽に参加して一緒に活動できる共存・共生・共有空間（ごちゃ混ぜの世界）を演出する「**ユニバーサルスポーツ**」の創造であり、まさに「つくる／はぐくむスポーツ」とのかかわり方を楽しむ新たなスポーツプロダクト開発への挑戦であるといってもよい。

＊19 エンパワメント
個人や組織がもつ潜在的な力を最大限に引き出し、自らの判断で積極的に行動すること。

引用文献

1) 日本パラスポーツ協会『JPSA「2030 年ビジョン」～活力ある共生社会の実現に向けて～』日本パラスポーツ協会　2022 年　p.1
2) 日本パラスポーツ協会ウェブサイト「パラスポーツ振興概要」
   https://www.parasports.or.jp/promotion/promotion_sports_outline.html
3) 日本国際交流センター『ガバナンスの課題―グローバリゼーション時代のシビル・ソサエティの役割―』日本国際交流センター　1998 年　p.3
4) 文部科学省「スポーツ基本計画」2012 年
5) 文部科学省「第 2 期スポーツ基本計画」2017 年
6) 文部科学省「第 3 期スポーツ基本計画」2022 年
7) 日本パラスポーツ協会「地域別・資格別登録者数一覧（令和 5 年 3 月 31 日付）」
   https://www.parasports.or.jp/leader/data/2023/ 地域別・資格別登録者数一覧 _20230331.pdf
8) 日本パラスポーツ協会『公益財団法人日本パラスポーツ協会公認パラスポーツ指導者制度（令和 5 年度版）』

　　　日本パラスポーツ協会　2023 年
　9 ）日本スポーツ協会ウェブサイト「公認スポーツ指導者制度の改訂について」
　　　https://www.japan-sports.or.jp/coach/tabid1198.html
10）笹川スポーツ財団『障害者専用・優先スポーツ施設に関する研究 2021 報告書』公益財団法人笹川スポーツ財団　2021 年　pp.5-6
11）厚生労働省『令和 5 年版厚生労働白書』2023 年　日経印刷　p.223
12）笹川スポーツ財団『障害者専用・優先スポーツ施設に関する研究 2018 報告書』笹川スポーツ財団　2018 年　pp.60-61
13）前掲書 10）p.53-55
14）笹川スポーツ財団『東京都における障害者スポーツ施設運営に関する研究』笹川スポーツ財団　2022 年
15）金山千広・中西純司「公共スポーツ施設と障害者のサービス品質評価―インクルージョンの段階にみた施設の特徴―」『立命館産業社会論集』第 50 巻第 1 号　立命館大学産業社会学会　2014 年　pp.155-172
16）行實鉄平「障害者スポーツの可能性」森川洋・金子元彦・和秀俊『障害者スポーツ論』大学図書出版　2014 年　p.122
17）行實鉄平「第 8 章 アダプテッド・スポーツ」高橋徹編著『スポーツ文化論』みらい 2022 年　p.114
18）日本体育学会監『最新スポーツ科学事典』平凡社　2006 年　p.17
19）R. Mace, Universal Design: Barrier Free Enviroments for Everyone. *Designers West*. 33(1), 1985, 147-152.
20）前掲書 6）pp.14-17
21）澤田智洋『ガチガチの世界をゆるめる』百万年書房　2020 年　pp.61-66
22）同上書　p.62
23）UDe-Sports 協会ウェブサイト「協会について」
　　　https://ude-sports.com

参 考 文 献

・M. ベビア（野田牧人訳）『ガバナンスとは何か』NTT 出版　2013 年
・植木章三「第 1 章 アダプテッド・スポーツ総論」植木章三・曽根裕二・髙戸仁郎編著『イラスト アダプテッド・スポーツ概論』東京数学社　2022 年
・金子知史「パラリンピック支援」（日本財団ウェブサイト「日本財団 60 年史」）2022 年
　https://www.nippon-foundation.or.jp/who/about/history/60years/1-topics-4-1
・サイエンスアゴラ「障害者支援の技術を競って、広める～サイバスロンが目指す当事者参加型の福祉機器開発」
　https://scienceportal.jst.go.jp/gateway/sciencewindow/20201104_w01/index.html
・在日スイス大使館ウェブサイト「CYBATHLON―人を動かし、技術を進める」
　https://stofficetokyo.ch/cybathlonseriesjp-main
・神野直彦・澤井安勇編著『ソーシャルガバナンス―新しい分権・市民社会の構図―』東洋経済新報社　2004 年
・study LABO ウェブサイト「障がい者と先端技術の研究者が挑む国際競技大会【サイバスロン】、日本の大学も参加！」
　https://studyu.jp/feature/theme/cybathlon/
・世界ゆるスポーツ協会ホームページ
　https://yurusports.com/
・高松祥平「スポーツ指導者のコンピテンシーに関する実証的研究」神戸大学大学院人間発達環境学研究科博士論文　2018 年
・東京オリンピック・パラリンピック準備局『企業・団体によるパラスポーツ振興の取組事例集 TEAM BEYOND COMPANY REPORT』VOL.2　2022 年
　https://www.para-sports.tokyo/enterprise/examples/
・日本財団パラスポーツサポートセンター「事業紹介」
　https://www.parasapo.or.jp/project/
・日本パラスポーツ協会『パラスポーツの歴史と現状』日本パラスポーツ協会　2023 年
・矢部京之助「序章 アダプテッド・スポーツとは何か」矢部京之助・草野勝彦・中田英雄編著『アダプテッド・スポーツの科学～障害者・高齢者のスポーツ実践のための理論』市村出版　2004 年

┃┃ **1. (　　　　　　) に入る言葉を考えてみましょう。**

① パラスポーツとは、「一般に行われているスポーツをベースに障害の種類や程度に
応じて（　　　　　　　）を工夫しているスポーツ＋障害のある人のために（　　　　）
されたスポーツ」という従来の（　　　　　　　）の特徴と、「障害のある人もな
い人も（　　　　　　　）楽しめるスポーツとして発展していく可能性を秘めている
スポーツ」という新たな障害者スポーツの（　　　　　　　）を内包した概念である。

② わが国のパラスポーツ環境は、都道府県・指定都市において活動を展開する「障
害者スポーツ協会協議会」、「（　　　　　　　　　　　　　　　）」、「障害者スポーツセン
ター協議会」、「（　　　　　　　　　　　　　　）」を発足させることによる
（　　　　　　　　　　）と、その各協議会が全国組織である JPSA の下部組織とし
て位置づけることによる（　　　　　　　　　　）を同時進行的に機能させることで
網の目のようなネットワーク体制を構築してきた。

③ アダプテッド・スポーツの実践においては、従来の（　　　　　　　　　　）やバ
リアフリーといった健常者と障害者の壁を（　　　　　）マネジメントとしての
adapt だけではなく、インクルージョンや（　　　　　　　　　　）といった障害の
有無にかかわらず全ての人を（　　　　　　）という adapt の発想に基づくマネジ
メントも求められる。

④ メイスは、ユニバーサルデザインの原則として、1)「（
　　　　　　）」、2)「柔軟に使用できる」、3)「（　　　　　　　　　）」、4)「使
う人に必要な情報が簡単に伝わる」、5)「（　　　　　　　　）」、6)「小さな力
でも利用できる」、7)「（　　　　　　　　　）」といった 7 つを示している。

**2. パラリンピックで実施されている種目や障害者スポーツの種目を参考に、障
害の有無にかかわらず誰もが参加できる新たなパラスポーツを具体的に考えて
みましょう。**

....

....

....

....

機器技術者と重度障害者の共創によるスポーツ

久留米大学／行實鉄平

■ はじめに

　パラリピアンの競技パフォーマンスは、彼らが障害者であることを疑ってしまうほど、超人的で素晴らしいものですが、同時に、彼らの身体的な欠損を補う最新技術が詰まった特殊な道具（車いすや義足など）の存在や、それを使いこなす技術も非常に魅力的なものです。

　このコラムでは、サイバスロンという機器技術者と身体障害者（特に、重度障害者）方々の共創によるスポーツ競技について紹介したいと思います。

■ サイバスロン（Cybathlon）

　サイバスロンとは、コンピューターを意味する「サイバー（cyber）」と、競技を意味する「アスロン（athlon）」の造語であり、身体障害者（パイロット）が最先端テクノロジー（ロボット技術）を搭載した電動の義手や義足、車いすなどを用いて「日常生活に必要な動作」に挑む競技の総称です（サイエンスアゴラ、online）。

　2013年にロバート・リナー教授（スイス連邦工科大学チューリッヒ校）によって考案された、このサイバスロンは、障害当事者と福祉機器の技術開発者が一堂に会して交流できるプラットフォームの機会として、第一回国際競技大会が2016年にスイスのチューリッヒで世界25か国66人のパイロットと技術者のチームの総勢400人の参加者を得て開催されました。また、2020年の第2回大会では、新型コロナウイルスの影響によりオンライン大会となりましたが、20か国51チームの参加を得て開催されています（在日スイス大使館、online）。

　現在、サイバスロンには6つの競技が設定されています。まず、1つ目は、首から下の運動機能が麻痺したパイロットが脳の信号をキャッチする脳波計を用いてビデオゲームのアバター（自分の分身となるキャラクター）を走らせたり止めたりしてゴールまでのタイムを競う「脳コンピュータインターフェースレース」。2つ目は、脚に障害を抱えたパイロットの通常では動かない脚に電気刺激を与えることで、自転車のペダルを漕ぎ操作する「機能的電気刺激自転車レース」。3つ目は、腕を欠損したパイロットが電動義手を動かし、従来の義手では不可能であったモノを掴むという動作、例えば、電球をねじ込む、缶切りで缶を開けるなど、異なる力や動きを必要とする日常の動作に挑戦する「パワード義手レース」。4つ目は、大腿部を欠損したパイロットがモーターによって膝の曲げ伸ばしができる電動義足を装着し、階段を昇り降りしながら物を運び、バランスをとるなど、自然な動作も課題に取り入れる「パワード義足レース」。5つ目は、自力での歩行が困難なパイロットがモーターを搭載した骨格機器、いわゆる、パワードスーツを身につけて、階段やスロープを昇り降りするといった日常生活のモビリティ動作を競う「パワード外骨格レース」。最後に6つ目は、下肢障害のパイロットが電動車いすで勾配のある坂道や階段を進み、車いすに取り付けたロボットアームでドアを開閉するなどの動作を競う「パワード車いすレース」です。

　このように最先端テクノロジーを用いて障害者の日常生活に即した動きを競うサイバスロンは、技術者にとって「インクルーシブデザイン（機器開発に技術者だけではなく障害当事者にも関与してもらい、その知見や知識を取り入れてデザインする方法論）」を拓く一方で、障害者にとっても、例えば、「パワード車いすレース」では、目や舌で車いすを操作するパイロットも参加するなど、いわゆる、重度障害者の参加を可能としており、「誰にとっても平等な社会参画」の実現を予期できる取組なのです。

第1章　現代社会とスポーツの文化的価値

1　① 人間的貧困、リスク

　　② 不便益、（以下順不同）スポーツ観、スポーツ行動様式体系、スポーツ物的事
　　　物体系

　　③ ホモ・ルーデンス、スポーツライフ、する・みる・ささえる

　　④ 応益・応能、スポーツ・リテラシー（スポーツ享受能力）

2　解答省略

第2章　スポーツをめぐる人間行動の理解

1　① スポーツ生活者、スポーツ消費者、スポーツ市民

　　② 文化的要因、社会的要因、個人的要因、心理的要因

2　解答省略

第3章　スポーツマネジメントの考え方

1　① 豊益潤福、経営・管理

　　② 組織化、評価・統制

　　③ スポーツ需要創造、調整機能（活動）

　　④ 参加型、エージェントサービス

　　⑤ 不可分性（同時性）、消滅性（一過性）、CRATER（クレーター）

2　解答省略

第4章　スポーツマネジメントの理論と実践技術

1　① 人的資源、財務資源

　　② プロダクト・ポートフォリオ分析（PPA）、金のなる木、財務資源

　　③ セグメンテーション、STP分析

　　④ 快楽消費、カスタマージャーニー・マップ

　　⑤ スポーツスペース業、アンブッシュ産業

2　解答省略

第5章　スポーツ組織を動かすパワーマネジメント

1　① 意思、協調、目的

　　② 構造的、生理学、全体構想

　　③ マネジメント機能別、スポーツサービス別

　　④ 計画（Plan）、実行（Do）、評価（Check）、改善（Action）

　　⑤ スポーツ資本、スポーツインテグリティ、統治

2　解答省略

第6章　学校体育・スポーツのマネジメント

1　① カリキュラム

② Check（評価）− Action（改善）、標準の設定、診断（分析評価）、修正・改善活動

③ クラブサービス、プログラムサービス、エリアサービス（以上順不同）、関連的スポーツサービス（具体例：省略）

2　解答省略

第7章　総合型地域スポーツクラブのマネジメント

1　① 年代別、種目別、志向別

② チーム型、組織型

③ 既存スポーツ団体への丁寧な説明に基づく合意形成、スポーツ団体をすべて一本化、自主運営、地域住民の誰もが参加できる総合的な

2　解答省略

第8章　公共スポーツ施設のマネジメント

1　① 付属、付属、付帯、公共、民間

② 性格、近隣、地域

③ 委託、PFI、PFI、指定管理者、ネーミングライツ

④ 新しい公共

2　解答省略

第9章　民間スポーツ・フィットネスクラブのマネジメント

1　① 経済的価値、社会的価値、Well-being（ウェルビーイング）

② 成長、新しい価値

③ マーケティング、オペレーション

④ ポートフォリオ、指定管理予定者

2　解答省略

第10章　プロスポーツ組織のマネジメント

1　① レベニューシェアリング、サラリーキャップ、ウェーバー式ドラフト

② マネジリアル・マーケティング、ソーシャル・マーケティング、相乗効果

③ 労働組合、公益法人

2　解答省略

第 11 章　スポーツイベントのマネジメント

1　① ステークホルダー、観光・旅行業界、ボランティア
　　② ファン、スポンサー企業、放送会社、ファンエンゲージメント
　　③ 国民、地方スポーツ、明るく豊か
2　解答省略

第 12 章　スポーツ行政組織のマネジメント

1　① スポーツ振興法、東京オリンピック、スポーツ振興基本計画
　　② スポーツ基本法、権利、スポーツ基本計画
　　③ 政策、施策、事務・事業、PDCA サイクル
　　④ スポーツ庁、文部科学、教育委員会、首長部局
2　解答省略

第 13 章　スポーツ団体のマネジメント

1　① 普及・推進、競技力、社会貢献、競技団体、地域スポーツ団体、スポーツ統括団体
　　② 権利ビジネス、マーケットイン
　　③ 生涯スポーツ
　　④ アンブッシュマーケティング
2　解答省略

第 14 章　パラスポーツのマネジメント

1　① ルールや用具、考案、障害者スポーツ、共に実践して、将来性
　　② 障害者スポーツ指導者協議会、障害者スポーツ競技団体協議会、水平的なガバナンス、垂直的なガバナンス
　　③ インテグレーション、統合する、ユニバーサルデザイン、包摂する
　　④ 誰でも使えて手に入れることができる、使い方が簡単にわかる、間違えても重大な結果にならない、十分な大きさや広さが確保されている
2　解答省略

索　引

はじめて学ぶ
スポーツマネジメントの基礎と実践

2024 年 4 月 15 日　初版第 1 刷発行

編　著　者　　中西純司

発　行　者　　竹鼻均之

発　行　所　　株式会社みらい

　　　　　　　〒500-8137　岐阜市東興町40 第 5 澤田ビル

　　　　　　　TEL 058-247-1227（代）

　　　　　　　FAX 058-247-1218

　　　　　　　https://www.mirai-inc.jp

装丁・本文デザイン　　小久保しずか

イラスト　　　MiMi

印刷・製本　　株式会社　太洋社

ISBN978-4-86015-603-9　C3075　Printed in Japan